우리는 영리한 동물이 아니라 신성한 존재다.
단지, 길을 잃었을 뿐이다.

당신은 길 잃은 神이다

발 행	2018년 8월 9일
개 정	2024년 3월 1일

지은이 서창덕
유튜브 서창덕 리얼명상 @user-vs5lc2em2v
다음 블로그_blog.daum.net/infinitepower
다음 카페_풍월크리야 요가 cafe.daum.net/PranaKriyaYoga
이메일_ss7881@hanmail.net

펴낸이 강을주

펴낸곳 까치원색

등 록 제 20106-000004호

주 소 부산광역시 중구 대청로135번길 7-1. 1층

전 화 051-464-0514

촬 영 김천일
편 집 이지향
표지디자인 한국캘리그라픽디자인센터

가격 30,000원

ISBN 978-89-97695-36-2

※이 책은 저작권법에 따라 보호받는 저작물이므로
무단 전재와 무단 복제를 할 수 없습니다.

당신은 길 잃은 神이다

까치원색

재발간사

이 책은 리얼(Real)이다

이 책 ≪당신은 길 잃은 신이다≫을 처음 낸 게 2018년 8월이다. 지금이 2024년 2월이니 횟수로 벌써 6년이나 지났다. 책을 낸 뒤로 참으로 꿈같은 일들이 많았다.

무엇보다 이 책으로 인해 나는 30년 넘게 다녔던 직장을 그만뒀다. 책을 읽은 독자가 내 책의 내용과 비슷하다며 마하라지의 ≪혼의 과학≫이란 책을 가져왔는데, 그 책에 너무 큰 감동과 충격을 받은 나는 그해 연말에 평생 다녔던 직장에 사표를 내고 히말라야의 끝 북인도 리시케시로 떠났다. 그 경험을 작년 연말에 ≪그럼에도, 사랑하라≫는 책으로 썼다. 물론 이 외에도 많은 일이 있었다. 그러니 한마디로 이 책은 내 인생을 바꾼 책이다.

6년 전, 처음 이 책 ≪당신은 길 잃은 신이다≫의 원고를 들고 많은 출판사 문을 두드렸지만, 내용이 낯설고 어려워 자비로 부산의 금정출판사에서 초판 2천 부를 찍었다. 내용도 어렵고 책의 가격도 비싼 편이라 우려가 컸지만, 다행히 그동안 꾸준히 입소문을 타고 알려져 작년 중반에 책이 모두 소진되었다.

이후에도 책을 찾는 독자들이 많았다. 그러나 이 책을 출판한 사장이 지병으로 유명을 달리했고, 나도 두 번째 책 ≪그럼에도, 사랑하라≫을 쓰느라 여유가 없어 차일피일 미루었다. 그 사이 이 책은 희귀본이 되었고, 급기야 중고로 거래되는 가격이 10만원이 넘어가는 상황이라 이번에 재발간을 하게 되었다. 덕분에 6년 만에 이 책을 꼼꼼히 다시 읽게 되었다. 내가 쓴 책이지만 오랜만에 재밌게 읽었다. 물론 아쉽고 부족한 부분이 없지 않다. 그러나 그마저도 의미가 있어 크게 고치지는 않았다.

또, 지난 6년 동안 이 책의 독자로부터 다양한 반응이 있었다. 그래서 이번 기회에 책에 대한 약간의 설명을 덧붙이려 한다.

먼저, 이 책은 결코 쉬운 책이 아니다. 나름 여러 재밌는 개인의 체험들이 끼어 있어 쉽게 읽히기도 하지만, 절대 그게 전부가 아니라는 거다. 책에서도 언급했지만, 집필 당시 나는 하늘에서 천기누설에 대한 경고를 받는 희한한 일들을 겪었고, 괴로운 나머지 여러 번 집필을 포기했다가, 고민 끝에 하늘의 경책을 피하려 불교를 비롯해 이런저런 동서양의 경전과 수련법을 인용하게 되었다. 바로 공자님이 쓰셨다던 술이부작법(述而不作法)이다. 지금 생각하면 오히려 그게 이 책의 가치를 한 단계 더 높이는 계기가 되었다. 이러한 이유로, 본문에 등장하는 내밀하게 연결된 의미는 깊이 들여다봐야 감지할 수 있다. 늘 그렇듯 숨은 진리(眞理)는 겸손한 마음이 아니면 접근을 허락하지 않는 법이다.

그리고 무엇보다, 이 책은 리얼(Real)이다. 기존의 책들처럼 경전을 읽고, 머리로 이해하고, 마음으로 깨닫는 데 만족하지 않는다. 경전의 이론을 구체적인 수련법을 통해 나의 몸으로 직접 체득하고, 체험을 통해 경전을 해석하고, 나아가 현실의 실생활에 적용하고, 실천하는 실전의 명상이고, 실전의 수련법이다. 그래서 리얼명상이다. 실생활과 동떨어진 진리는 공염불이다. 이러한 방식이 기존과 달라 대부분 낯설어하고, 의심한다. 그래도 드물지만, 진실한 구도자는 통쾌해하고 전율한다. 그런 수행자에게 이 책을 강권한다.

사실, 이 책에 나오는 내용의 대부분은 비밀이다. 비밀법, 또는 밀교라고도 하는데 천기누설이라 자세하게 출판된 적이 없고, 있더라도 헷갈리게 내용을 뒤섞거나, 아주 조금만 노출해 천기누설의 책임을 회피했다. 그래서 길을 찾는 수행자들을 더 어렵게 했다. 그러나 이 책은 다르다. 변화를 경험했던 사람들, 또는 이러한 변화의 과정에 있는 사람에게 이 책은 적지 않은 도움이 될 것이라 확신한다.

그동안 다양한 사람이 나를 찾아왔다. 주로 수련 중에 빛이나 소리를 체험한 사람들이었는데 국선도를 한 사람도 있었고, 천주교나 기독교 또는 위파사나를 하던 스님도 있었다. 처음엔 북 카페나 강의실을 빌려 지도를 하다가 4년 전부터 부산에 수련원을 열었다. 코로나가 맹위를 떨치던 시기와 겹쳐 주위에서 우려가 컸지만 언제나 그렇듯 나는 개의치 않았다. 늘 나는 꼭 해야 하는 일이면 어떤 어려움이 닥쳐도 반드시 해내야 했고, 포기는 결론의 고려대상이 아니었다.

수련장을 운영하는 게 절대 간단한 일이 아니었다. 수련장을 찾는 사람들의 목표와 생각은 다 달랐다. 빛이나 소리를 체험한 사람들도 궁극의 깨달음을 원하는 사람들은 극소수였다. 아픈 사람들도 많았다. 말기 암환자를 비롯해 심장병, 공황장애, 우울증 등 대부분 현대의학의 치료가 어려운 사람들이었다. 각성한 내 몸이 그들의 고통을 고스란히 받아 냈다.

또 비법만을 탐하는 사람들도 적지 않았다.

대부분 목적이 달성되면 쉽게 마음을 바꿨다. 나도 산전수전 다 겪었다고 생각했는데 속세와는 차원이 다른 실망과 좌절감에 상처를 많이 입었다. 그러나 늘 그렇듯 그런 모든 고난은 더 밝은 미래를 위한 밑거름이었고 부족한 내 지도력 탓이었다. 나는 그 과정을 통해 나의 부족함을 채웠고, 내게 준 하늘의 사명을 더 깊이 수용했다.

올해는 2024년 갑진년이다. 일찍이 청산선사께서 온 누리가 밝아오니 그릇을 깨끗이 닦아 밝을 선물 받자고 하셨다. 기후재난, 지진, 전쟁 등으로 곧 망할 것처럼 파국을 향해 달려가는 것 같지만, 한쪽에선 소리 없이 밝은 인류가 깨어나고 있다. 내가 올린 유튜브 동영상이나 책을 보고 고맙다고 전화를 걸거나 찾아오는 사람들도 빠르게 늘어나고 있다.

"수행에 직장과 가정은 장애가 아니다."

바로 이 장의 뒷면에 나오는 프롤로그의 제목이다. 이 글을 썼던 당시의 나는 은행 지점장이었다. 그래서 책을 냈을 때 놀라는 사람들이 많았다. 요즘의 은행 지점장이라는 자리가 실적과 스트레스로 여유가 없는데 어떻게 십여 년간 이렇게 깊은 수련을 하며 이런 방대한 자료의 책을 쓸 수 있었냐는 거다.

그것이 가능했던 이유가 바로 국선도와 크리야요가라는 수련법 때문이다. 나는 이 두 수련법의 결합을 스마트폰의 기술에 비유한다. 그 정도로 두 수련법을 결합했을 때의 효과는 놀랍다. 나는 세계의 다양한 수련법들을 체험하다 환상적인 수련의 조합을 찾았다. 이 수련 덕분에 나는 하루 한 끼만 먹고 수면 시간도 하루 3~4시간이면 충분했다. 남들보다 적게 먹고 적게 잠을 자니 남는 시간만 활용해도 충분했다. 가정과 직장을 병행하며 짧은 시간만 투자해도 높은 깨달음에 도달할 수 있으며, 그것이 가능함을 나는 이 책의 내용으로 증명하고 있다.

깨달음을 찾는 길에는 수련법이 너무나 중요하다. 깨달음을 얻겠다고 무턱대고 앉거나, 간단한 화두나 참선으로 마음 하나 돌려세우면 끝이라고 생각하거나, 직장과 가정을 버리고 올인 해도 부족한 수련법을 평생 취미처럼 수련하는 것은, 대부분 큰 실패로 귀결된다. 인생에서 주어진 시간은 무한정이 아니므로 허송세월하다 중요한 시기를 놓치고 후회하게 된다. 그러나 여기에 소개하는 국선도와 크리야요가의 결합은 가정과 직장을 버리지 않고도 큰 깨달음에 도달할 수 있다.

마지막으로, 정말 중요하게 드릴 말씀이 있다. 이 책의 본문에는 30여 년간 내가 섭렵한 여러 수행단체와 수련법이 등장한다. 그렇다고 하여 이 책을 읽는 독자들도 내가 했던 것처럼 일일이 그 단체를 방문해 나와 똑같이 수억원의 비용과 수십년의 시간을 들여 수련할 필요가 없다는 거다. 그 많은 시간의 허비와 거액의 비용지출은 나 하나로 족하다. 그러나 그동안 이 책을 읽은 많은 독자가 나와 상의도 없이 그런 일들을 시도해 돈과 시간이 소득 없이 낭비됨을 보고 너무나 안타까웠다.

수행법은 간단하고 저렴하고 효율적이어야 한다. 비싸고 복잡하고 까다롭고 어렵다면 어떤 비법이라도 정당하지 않다. 나도 본문에 나오는 많은 수련법을 거쳤지만, 지금 내가 수련하고 있는 수련법은 국선도와 크리야요가 뿐임을 다시 한번 강조를 드린다. 꼭 다른 단체의 수련을 해 보고 싶은 분들은 반드시 저자와 충분히 상의한 후에 해야 한다.

또, 국선도와 크리야요가도 마찬가지다. 국선도를 가르친다고 하더라도 단체가 여러 곳이고, 같은 단체라도 지도자의 수준은 천차만별이다. 국선도의 지도자는 반드시 체험(임독맥 자개, 쿤달리니 각성)이 있어야 한다. 체험이 없는 지도자는 절대 변화 중인 수련자를 지도할 수 없으며, 각성한 지도자의 딕샤를 받지 못하면 성공하기 어렵다.

또, 마하바타르 바바지가 전수한 크리야요가는 파라마한사 요가난다가 설립한 미국의 자아실현협회(S.R.F)와 인도의 요고다 사트상가(Y.S.S) 외에는 없다. 인도의 Y.S.S는 힌디어로 인도인들을 대상으로 가르치기 때문에 우리가 배울 수 있는 요가난다의 크리야요가는 미국의 자아실현협회(S.R.F) 단 한 곳뿐이다. 그 외 한국이나 다른 나라의 단체에서 가르치는 크리야요가는 요가난다의 크리야요가가 아니며 가르치는 내용도 전혀 다르다. 영어를 못해서 고민할 필요는 없다. 우리에게 연락을 주시면 저렴(1년에 15만원)한 가격으로 충분히 요가난다 크리야요가의 비법을 배울 수 있다. 높이 오르려면 털끝만큼도 빗나가선 안 된다.

민족의 전통수련법 천부경에 『本心本太陽昻明 人中天地一』. 사람의 마음은 본래 밝아서, 내 마음에 밝음을 끌어 올리면 사람 안에 神이 들어온다고 했다. 믿어야 한다. 당신은, 우리는 본래 크고 밝은 神이다. 단지 길을 잃었을 뿐이다.

2024년 2월 梵天 수련원에서

프롤로그

수행에 직장과 가정은 장애가 아니다.

"가정과 직장과 사회에서 주어진 책임과 함께
영적인 의무를 양심적으로 수행하라.
가정이 결코 요가의 최고 경지를 가로막는 장애물이 될 수 없다는
사실을 분명히 인식시켜라."   - 마하바타르 바바지

위 글은 인도 최고의 스승 마하바타르 바바지가 오랫동안 히말라야 수행자들에게만 비밀리에 전수되던 크리야 요가를 세상에 공개하며 제자인 라히리 마하사야에게 전한 말입니다. 당시 라히리 마하사야는 정부기관에서 일하는 공무원이었는데, 히말라야 근처 라니케트로 전근을 갔다가 그곳에서 바바지를 만나 히말라야의 비법을 전수받았고 이후 정년퇴직할 때까지 무려 25년 동안 가정과 직장의 의무와 크리야 요가를 병행했습니다. 사회의 의무와 고도의 깊은 명상을 병행한 그에 의해 최상의 비법 크리야 요가는 세계에 보급되었습니다.
　그는 높은 수행을 위해 세속의 모든 인연을 끊었던 기존의 체계에서 벗어나 가정과 직장생활을 유지하면서 요가의 최고수준에 오를 수 있는 새

로운 형태의 모범을 보임으로써 현대의 이상적인 수행자의 모습을 창조했습니다. 바바지에 의해 설계된 라히리 마하사야의 생활방식은 직장을 가진 채 깨달음을 추구하고자 하는 세계 모든 지역의 수행자들에게 하나의 길잡이가 되었습니다. 깨달음을 구하는 모든 사람들이 세상을 등진다면 인간세상은 유지될 수 없을 것입니다.

이 책 또한 가정과 직장인으로서 의무를 다하며 한편에선 수행을 통해 진정한 자신을 찾는 노력을 게을리 하지 않았던 한 인간의 수행보고서입니다. 언젠가 이러한 경험을 책으로 묶어 나와 비슷한 처지의 사람들에게 약간의 도움이라도 주고 싶었는데 적당한 모티브가 없었습니다. 그런데 정말 우연히 양익스님께서 그리신 청련암의 벽화가 소중한 기회를 만들어 주셨습니다.

돌이켜보면, 여러모로 나는 운이 좋았습니다. IMF 무렵 은행노조 간부가 되어 10년 동안 좌충우돌 뛰어다니다 마흔도 되기 전에 몸이 완전히 망가져 버렸고, 몸이 망가진 덕분에 국선도를 만났고, 국선도 수련이 벽에 부딪쳐 좌절한 덕분에 인도의 크리야 요가를 만났고, 중국의 전진화산파를 비롯해 다른 많은 수련과의 인연도 마찬가지입니다. 나는 국선도와 크리야 요가를 결합하면 직장생활을 병행하면서 얼마든지 높은 단계의 수행이 가능하다는 것을 발견했습니다. 깊이 생각해보면 이 모든 게 단순한 우연이 아니었습니다.

라히리 마하사야께서 공무원 생활을 하며 세상에 전파한 크리야 요가는 요가 중에서 최고의 레벨입니다. 마찬가지로, 이 책은 초보자를 위한 책은 아닙니다. 적어도 책 표지의 제목과 그림을 보고 고개를 끄덕일 수 있는 사람이어야 합니다. 또 내가 반야심경까지 독파한 사람인데 아무리 봐도 이해가 가지 않는다고 자학하거나 저자를 욕할 필요는 없습니다. 이 책은 이해가 아닌 체험이 바탕이고 머리로 깨닫는 것이 아니라 몸으로 체득하는 것입니다.

  신은, 상상의 존재가 아니라 실제의 존재입니다. 나는 세계를 돌며 여러 수련법들을 체험하고 조사해 내 주장을 증명할 수 있는 증거들을 모았습니다. 선도, 요가, 불교, 도교, 빛명상, 명리학, 풍수학 등등 많은 수련법들은 모두 상상이 아닌 실제와 연결되어 있었습니다. 진지하게 길을 찾고자 하는 분들에게 도움이 되기를 진심으로 바랍니다.

2018년 8월 금정산 아래 부산은행 부곡동지점에서

당신은 길잃은 神이다
목차 Content

4 　재발간사
10　프롤로그

제1장 비밀의 사원

19　1. 천국의 조건
23　2. 황금물고기의 전설
27　3. 비밀의 문
33　4. 밀교
39　5. 조지해리슨의 물질세계에서의 삶
44　6. 쾌락의 절정 LSD
49　7. 어느 서툰 구도자의 일기
52　8. 아축교(阿閦橋)
57　9. 천국의 계단
65　10. 대도무문(大道無門)
69　11. 원만구족(圓滿具足)
75　12. 금강영관법(金剛靈觀法)
83　13. 즉신성불(卽身成佛)

89　청련암 대웅전 벽화

제2장 비밀의 사원_벽화(壁畵)

- 106   1. 좌선(坐禪)
- 110   개운조사의 능엄경
- 114   나의 이야기 - 천국의 계단
- 116   2. 염불(念佛)
- 120   위선보다는 무신론자가 낫다 - 비베카난다
- 126   신이 보낸 구명보트
- 128   라마 크리슈나의 증언
- 130   인간은 이렇게 슬픈데 바다는 너무도 푸릅니다 -엔도 슈사쿠
- 133   나의 이야기 - 보일러소리
- 136   3. 육자관(六字觀)
- 140   옴마니반메훔
- 145   나의 이야기 - 새벽에 일어날 수 밖에 없는 두 번째 이유
- 147   4. 칠륜합장(七輪合掌)
- 152   파라마한사 요가난다
- 156   청담스님 수능엄경 서문
- 159   나의 이야기 - 런닝과 팬티
- 162   5. 정념송(正念誦)
- 167   청산선사 분심법 강의
- 171   천기누설
- 173   그리스의 성자 다스칼로스
- 182   6. 호제일관(毫臍一觀)
- 188   코끼리 머리를 한 가네샤
- 190   뱀이 목을 감고 있는 시바신
- 192   나의 이야기 - 신의 노크
- 203   7. 생기호흡관(生氣呼吸觀)
- 208   나의 이야기 - 음식감별사

209	8. 영육일치관(靈肉一致觀)	
218	침향	
221	나의 이야기 - 명당 감별사	
224	9. 입아아입관(入我我入觀)	
230	언제든 죽어도 되요	
233	밀교 - 만트라 하레 크리슈나	
237	나의 이야기 - 명당 감별사 2	
239	브하그완 슈리 라즈니쉬	
242	10. 혈자리(金剛寶菩薩)	
249	천국의 계단	
253	차크라 명상	
256	아잔 브람의 아름다운 호흡	
260	원각사에서 원각경(圓覺經)을 만나다	
269	11. 전자유가(轉字瑜伽)	
272	쿤달리니 파워	
274	인도와 소	
279	12. 오륜탑(五輪塔)	
284	수화기제(水火既濟)	
289	신과 함께	
292	13. 무제(無題)-이다, 핑갈라, 수슘나	
297	연꽃의 의미 - 그때부터 신(神)이 일을 한다	
303	아스칼레피오스의 지팡이	
308	사주명리학	
310	명리학과 점성학	
315	풍수	
317	14. 금강계아자관, 태장계아자관	
322	15. 법륜관(法輪觀)	

332	16. 7차크라 - 비밀의 사원
333	7차크라 - 빛과 소리
337	음과 양의 전쟁
339	17. 안반수의(安般守意)
341	국선도
343	크리야 요가
346	18. 군다리명왕(軍茶利明王)
349	쿤달리니
353	샹그리라 - 마음에 뜨는 해와 달
356	19. 고골관(枯骨觀)

제3장 에필로그

360	에필로그
366	추천사_라제쉬 꾸마르 라즈 교수
372	추천사_김천일
374	각주
379	나의 책장(참고도서)
384	자작 詩_겨울산

제1장 비밀의 사원

"이 말의 뜻을 올바르게 풀이하는 사람은 결코 죽음을 맛보지 아니할 것이다."

– ≪도마복음≫ 제1절

1 천국의 조건

　당신의 천국은 어떤 곳입니까? 죽음이 없는 세상? 먹고 싶으면 언제든 먹을 수 있는 세상? 빈부격차가 없는 세상? 아픈 사람이 없는 세상? 범죄 없는 세상? 춥거나 덥지도 않고 늘 봄과 가을만 있는 세상? 전쟁이 없는 세상? 이 중에는 없다고요? 그럴 수도 있습니다. 개개인이 생각하는 천국은 모두 다르기 때문이죠.

　존 레논은 '이메이진(imagine)'에서 자신만의 유토피아를 노래합니다. 천국도 없고, 지옥도 없고, 국가도 없고, 종교도 없는 그런 세상이 꿈 같은 최고의 세상이라고 말이죠. 당신의 천국은 어떤 곳입니까?

　1933년 제임스 힐턴이 발표한 소설 '잃어버린 지평선'은 서양에 샹그리라 붐을 일으켰습니다. 티베트 고원의 북쪽 만년설에 덮인 히말라야 기슭에는 전쟁도 걱정도 기아도 질병도 빈부도 없이 모두 평화롭고 행복하게 장수를 누리는 지상의 천국 샹그리라가 있다고 합니다.

　1933년 제임스 힐턴의 소설에 등장해 유명해진 이후 100여 년이 흐른 지금까지도 많은 관광객들이 현실에 존재하는 천국의 땅을 찾아 샹그리라로 몰려듭니다. 그러나 혹여 비싼 비행기를 타고 헛걸음하실 분들

제1장 비밀의 사원 19

을 위하여 밝히거니와 그곳에 천국은 없습니다. 티베트를 점령하고 있는 중국 정부가 관광객을 유치하기 위해 소설과 비슷한 위치에 있는 티베트 내의 지명을 샹그리라로 바꾼 것이죠. 돈이 되겠다 싶으면 무엇이든 비슷하게 만들어 내는 중국인들의 상술은 놀랍습니다. 상술이 아니라 양심이 없는 것인지 모르지만.

중국의 상술로 만들어진 지상천국 샹그리라를 본 인류의 반응은 다양합니다. 어떤 사람은 살아서 천국을 봤다며 기뻐하고, 어떤 사람은 에이, 천국이 뭐 이래, 돌아섭니다. 몇몇은 진짜 샹그리라를 찾겠다며 아직도 히말라야 곳곳을 뒤지고 있습니다. 몇 년 전엔 그들 중 한사람이 내셔날 지오그래픽 방송에 나와 드디어 자신이 샹그리라로 통하는 입구를 찾았다며 호들갑을 떨었습니다. 해외토픽에 작은 사진도 나왔죠.

그 탐험가와 내셔날 지오그래픽 방송은 그곳이 천국으로 통하는 문이라 확신했습니다. 찾았다면 당연히 들어가 보면 될 텐데 물살이 강한 폭포의 건너편에 있고 국경선에 걸쳐 있어 접근이 어렵다는 핑계를 댑니다. 그렇다면 내가 가자. 실제 나는 내셔날 지오그래픽에 나왔던 그곳에 가기위해 지도를 펼쳐놓고 계획을 짜기도 했습니다. 궁금한 건 지구 끝까지라도 찾아가 확인해야 직성이 풀리는 저의 고비용 습관 때문이죠.

하마터면 큰 돈을 날릴 뻔 했습니다. 샹그리라는 너무나 가까이 있었습니다. 굳이 먼 히말라야에 갈 것도 없이 우리나라에, 그것도 내가 사는 부산에 있었습니다. 놀랍지 않습니까. 결론적으로 내셔날 지오그래픽은 헛다리를 짚었던 것이죠.

동천(洞天)

 예부터 우리는 그곳을 샹그리라로 부르지 않고 무릉도원이라고 불렀습니다. 아주 오래전부터 그곳을 다녀온 사람들이 제법 있었는데 대부분 나무꾼의 직업을 가진 이들이었죠.
 그들의 과정은 늘 비슷했습니다. 깊은 산속에서 열심히 나무를 하다가 갑자기 길을 잃어 우연히 갈라진 바위 틈새로 들어갔더니 사슴과 학이 사람과 어울려 사는 평화로운 마을입니다. 그곳에서 흰 수염이 배꼽까지 내려온 노인과 팔각정에서 바둑 한판을 두고 천도복숭아를 비롯해 처음 맛보는 맛난 음식을 배불리 먹고 잠시 땀을 식혔다가 다시 바위 틈새를 나와 나뭇짐을 지고 집으로 돌아옵니다.
 그런데 어찌된 셈인지 이미 시간은 100년이 훌쩍 지나 나무꾼의 처와 자식들은 이미 죽고 없고 자식의 자손들만 있더라는 얘기. 물론 그들의 집안에는 그들의 할아버지가 어릴 때 나무를 하러 산에 가서 행방불명되었다는 얘기가 전해 내려오죠. 아마 여러분들도 어릴 때 수없이 들어봤던 이야기일 것입니다.
 그걸 다 믿냐구요? 대답은 "예."입니다. 저는 어릴 때 들었던 이런 이야기들을 전설이 아닌 실제의 이야기로 믿었습니다. 그래서 저는 어릴 때 나무를 하러 마을 뒷산에 올라갈 때면 바위 틈새에 혹시 무릉도원의 입구가 있지 않을까 이곳저곳을 뒤졌습니다. 20대 초반에 정감록을 읽고는 계룡산 어디쯤에 무릉도원이 있는가 싶어 계룡산 여기저기를 뒤지고 다녔고, 땅 밑에 있나 싶어 땅굴 찾는 사람처럼 이곳저곳 쿵쿵 굴러보기도 해 등산객들의 눈총도 많이 받았죠.
 30대에는 도교(道敎)를 공부하다가 동천(洞天)이라는 곳이 무릉도원을 뜻한다는 말에 전국의 동천이라는 지명과 동천이라고 쓴 바위를 찾아다녔습니다. 그러나 그곳에도 무릉도원은 없었습니다. 뒤에 참동계를 읽으며 참동계(參同契)의 동(同)자와 동천(洞天)의 동(洞)자가 비슷한 의미임을 알고부터 현실에서의 동천(洞天) 찾기는 그만뒀습니다. 그렇게 나의 무릉도원. 샹그리라는 어릴 적 나타났다 서서히 닫히는 숨골처럼 잊혀졌습니다.

그렇게 50년의 세월이 훌쩍 지난 어느 날, 우연히 인터넷 카페에 올라온 사진 한 장이 50년 동안 까맣게 잊고 살았던 무릉도원, 샹그리라의 꿈을 다시 불러냈습니다. 이 책을 읽는 여러분들은 행운아입니다. 이제 저와 함께 진짜 천국 샹그리라로 떠납니다. 마음의 준비가 되셨나요?

2 황금물고기의 전설

청련암으로 가라.

저의 귀에는 분명 그렇게 들렸습니다. 어떻게 사진이 말을 할 수 있어? 미친 거 아냐? 녹음했어? 미처 녹음할 틈이 없었기 때문에, 아니 녹음 할 수 없는 내면의 소리였기에 제시할 증거는 없습니다만. 인터넷으로 본 한 장의 사진은 분명한 소리와 문장으로 저에게 청련암으로 가라 했고, 그로부터 이 책의 긴 여정이 시작되었습니다.

청련암은 금정산 동쪽 자락에 있습니다. 부산(釜山)이라는 지명처럼 부산에는 산이 많은데 그 중에서도 금정산은 부산의 진산으로 꼽습니다. 1481년에 편찬된 동국여지승람에 금정산의 유래가 기록되어 있는데 그 유래가 예사롭지 않습니다.

『금정산은 동래현 북쪽 20리에 있는데, 산정(山頂)에 돌이 있어 높이가 3장(丈)이다. 그 위에 우물이 있는데 둘레가 10여 척(尺)이고 깊이가 7촌(寸) 가량으로 물이 늘 차 있어 가물어도 마르지 않으며 색이 황금과 같다. 세상에 전하기를 한 마리 금빛 고기가 오색구름을 타고 하늘(梵天)에서 내려와 그 샘에서 놀았으므로 산 이름을 금정산(金井山)이라 하고, 그 산 아래에 절을 지어 범어사(梵魚寺)라고 이름을 붙였다.』 - 동국여지승람

예부터 우리 어머니들은 하늘에 소원을 빌 때면 깨끗한 그릇에 뜬 정화수를 높은 곳에 올려놓고 빌었습니다. 높은 곳에 올린 맑은 물에는 하늘이 감응합니다. 영축산과 가야산 정상의 바위에 파놓은 구멍(알굴)은 모두 하늘의 기운을 받기 위해서입니다. 자연적이었는지 인위적이었는지 알 수 없지만, 금정산 높은 곳 큰 바위 위에 가물어도 마르지 않는 샘이 있어 그 샘에 하늘의 황금물고기가 내려와 놀았고, 그 물고기의 신령한 기운을 모아 의상대사는 금정산(金井山) 범어사(梵魚寺)를 창건합니다. 동국여지승람에 나오는 범어(梵魚)가 바로 하늘나라의 황금물고기라는 뜻이죠.

일제시대 일본인들이 동국여지승람에 나오는 이 금샘을 찾아 해코지를 하려 했지만 끝내 찾지 못했다고 합니다. 대신 그들은 금정산 이곳저곳 애먼 바위에 쇠말뚝을 박았습니다. 일제의 쇠말뚝 박해를 모면한 금샘은 해방 이후에도 발견되지 않아 그저 실재하지 않는 전설이 되었습니다. 그런데 어느 향토 사학자가 끈질긴 노력 끝에 지금의 금샘을 찾았고 그 높이와 우물의 깊이, 우물의 넓이가 동국여지승람에 기록된 것과 일치합니다.

금정산 정상부근 금샘에서 해뜨는 곳 동쪽으로 떨어진 곳에 하늘의 황금물고기 범어(梵魚)를 모셨다는 범어사가 있고, 바로 옆에 거의 붙어있다시피 앉아 있는 암자가 바로 청련암(青蓮庵)입니다.

인도에서는 연꽃을 부처님의 불꽃이라 하는데 실제 청련암은 금정산에서 내려오는 두 줄기 물길의 중간에 삼각주처럼 생긴 곳에 위치하여

금정산(金井山) 금샘 ⓒ김태진
동국여지승람에 황금물고기(梵魚)가 산다고 전한다.
금정산의 이름과 범어사의 이름 모두가 이 금샘(金井)에서 유래되었다.

마치 연꽃이 물의 가운데 떠있는 형국입니다. 범어사가 금정산이라는 커다란 샘에 사는 황금물고기라면 청련암은 이름 그대로 푸른 연꽃(靑蓮)입니다. 그래서 청련암은 대한불교조계종 제14교구 본사인 부산 범어사의 산내암자이지만 사실은 범어를 품은 연꽃으로 범어사의 어머니 격인 절입니다. 옛날 자장율사가 자장암에 머물며 현재의 통도사 터를 잡았듯이 의상대사는 청련암에 머물며 현재의 범어사 터를 잡았습니다.

이제부터 하늘에서 오색구름을 타고 내려온 황금물고기가 놀고 있는 곳, 맑은 금정의 우물에 핀 푸른 연꽃, 청련암(靑蓮庵)의 문을 엽니다.

『열려 있는 구멍이었다. 휙 하는 소리가 났고 나는 순식간에 그 구멍 속으로 들어가 완전히 새로운 세상에 놓이게 되었다.

내가 지금껏 보지 못했던 가장 이상하고 가장 아름다운 세상이었다. 내 아래로는 전원 풍경이 펼쳐졌다. 나무들, 들판, 시냇물, 폭포 그리고 여기저기에 사람들이 보였다. 웃고 노는 아이들도 있었다. 사람들은 둥글게 모여서 노래를 하고 춤을 췄고 그들만큼이나 즐거워 보이는 개가 깡충깡충 뛰어다녔다. 그들은 단순하면서도 아름다운 옷을 입고 있었는데 주변에 만발한 꽃과 나무들이 지닌 따듯한 생명력이 옷 색깔에서도 똑같이 느껴지는 듯했다.

꿈이 아니었다. 무엇인지 몰랐지만 한 가지만은 확실했다. 내가 갑자기 놓인 이곳은 실제 현실이었다. – 이븐 알렉산더 '나는 천국을 보았다.'※주1)

3 비밀의 문

　모든 목적지는 정확한 입구를 찾는 게 우선입니다. 입구가 정확하지 않으면 전혀 엉뚱한 곳으로 나와 버리기 때문이죠.
　뒷장 사진의 돌에 새긴 글자는 청련암 입구에 있습니다. 혹시 보신 적이 있으신가요? 안타깝게도 청련암을 다녀가셨던 많은 분들은 저 글자를 기억하지 못합니다. 저 글자를 기억하지 못하는 분들은 청련암이 간직한 비밀에 다가서지 못했다고 봐야 됩니다. 저 석주는 청련암으로 올라가는 길의 가장 아래 지점에 있고 색깔도 검은색이라 지나치기 쉽습니다. 간혹 드물게 본 적이 있다는 분들에게 혹시 저 글자가 무슨 뜻이냐고 물으면 제대로 자신 있게 대답하는 사람이 없습니다. 간혹 자신 있게 대답하는 분들도 있지만 모두 잘못 대답하는 경우입니다.
　처음에는 그냥 쉬운 한자이거니 생각하고 들여다보다가 약간 모양이 달라 고개를 갸웃하게 됩니다. 뭐지? 동그라미 안에 있는 글자는 공자(孔子)를 지칭할 때의 '孔' 자 같은데. 그렇다면 공자가 말한 사자성어 중에 하나겠지. 그런데 자세히 보면 글자의 모양이 뭔가 이상합니다. 공자와 연관이 있나 싶어 공자가 했을 만한 어록을 찾아봐도 없습니다.

비밀의 문(門) 청련암 석주
이 글자를 푸는 데만 몇 달이 걸렸다. 설마 한국 사찰(寺)의 입구에 인도의 산스크리트어를 썼을 줄이야. 더군다나 밀교의 대표 비밀법인 아자관(阿字觀)을 그것도 원래의 아자관이 아닌 변형을 가해서…

또 왜 유독 저 첫 자에만 동그라미를 쳤을까요? 이런저런 생각에 머리가 아픕니다. 솔직히 말씀드리자면 나는 저 석주의 다섯 글자를 푸는 데만 몇 달이 걸렸습니다. 몇 달이나 지나 아주 우연하게 저 글자를 풀게 되었는데, 아마 저 다섯 글자를 풀지 못했다면 나는 천국의 정확한 입구를 끝내 찾지 못했을 것이며 결국 전혀 엉뚱한 곳에 당도했을 것입니다.

지금도 많은 분들이 쉽게 지나치게 되는 위의 석주에는 중요한 두 가지의 정보가 담겨 있습니다.

"𑖀(아) 字(자) 本(본) 無(무) 生(생)"
– 불기 2527년(1983년) 兩翼 刻書

첫 번째 중요한 정보는 청련암이 밀교(密敎)와 깊은 관계가 있는 절이라는 겁니다. 밀교라고? 청련암은 부산의 조계종 본사인 범어사의 산내 암자인데, 무슨 뚱딴지 같은 소리냐고 화를 내실 분도 있을 것입니다. 그러나 분명히 동그라미 안의 글자는 구멍 공(孔)자가 아니라 산스크리트어의 첫 자인 아(𑖀)자입니다. 간판의 제일 위 글자인 동그라미 속의 글자는 아자관(阿字觀)이라고 하는 밀교의 수련법에서 왔습니다. 의심하실 분들을 위하여 여기서 잠시 아자관(阿字觀)에 대한 네이버 지식백과사전을 인용해 보겠습니다.

> 『아자관(阿字觀)이란? 상징적인 이미지를 이용하는 밀교와 명상법을 말한다. 아(阿)자는 깨달음의 내용인 제법의 본불생(本不生 adi-anutpada)을 나타낸다.』 – 네이버 지식백과

낯선 단어들이 나와 조금 어려울 수도 있습니다. 뒷장의 그림을 보면 위의 글이 조금 더 쉽게 이해가 될 것입니다.

밀교의 대표적인 수련법인 아자관의 명상법을 설명하면 이렇습니다. 여덟 장의 연꽃 위에 산스크리트의 𑖀(아)자를 올려놓고, 하얀 달처럼 생긴 둥근 원 속에 여덟 장의 흰 연꽃을 접시처럼 받치고, 이 연꽃 위에 산스크리트어 𑖀(아)를 마음 속으로 그립니다. 마음 속으로 상상하는 위치

는 자신의 심장 위치이며, 그렇게 연꽃 위에 띄워 놓고 보는(觀) 것, 그렇게 수련하는 방식을 바로 아자관(阿字觀)이라고 하는 밀교 수련의 방법입니다.

간단하죠? 뭐 비밀리에 전하는 비밀법이라고 해서 대단한 건 줄 알았는데 별거 아니라며 실망하신 분도 있을 것입니다. 맞습니다. 아주 간단한 밀교의 수련법이므로 위의 설명대로 실제 한번 해보면 됩니다. 간단한 수련법이지만 사람에 따라 의외로 큰 효과를 보실 수도 있습니다. 효과가 있다는 것은 그 방법이 우리가 모르는 다른 세계와 연결된 에너지의 고리가 있다는 것입니다. 모든 수련법이 비슷하지만 특히 간단한 상(像)을 띄워놓고 수련하는 밀교는 이게 핵심이라고 해도 과언이 아닙니다.

이렇듯, 간단한 방법을 통하여 얻게 되는 진리가 바로 아래 글자인 本無生입니다. 간단한 방법이지만 얻게 되는 진리는 어마어마하게 큽니다.

우리가 현실이라고 믿고 사는 세상사 모든 것이 본래 생(生)한 게 사실은 아무것도 없다는 것을 깨닫게 된다는 것입니다. 간단한 방법을 통하여 큰 진리를 얻게 되는 것. 이러한 이유가 바로 밀교를 비밀리에 전하게 된 이유입니다.

그렇다면 어떤 연유로 글자 하나의 명상으로 우리 인생이 본래 생긴 것이 없다는 큰 진리로 연결된 것일까요?

산스크리트어인 अ(아)자가 단어의 제일 앞에 오면 모든 것을 부정하는 뜻이 됩니다. 즉, 산스크리트어의 첫 자인 अ(아)자를 통하여 이 세상 모든 것들이 본래 태어남이 없다는 것을 깨닫는 것입니다. 너무나 간단합니다. 간단하지만 근원과 연결되어 있는 것. 이것이 밀교의 핵심이죠. 그냥 이런저런 복잡한 이론 없이 여덟 장의 흰 연꽃 위에 अ(아)자를 띄워 놓고 그렇게 상상(觀)하며 그냥 앉아 있는 것입니다. 모든 것이 본래

㐅아자관(다음 캡쳐)

생긴 것이 없다는 것을 완전하게 깨닫게 될 때까지.

그런데 눈치를 채셨겠지만 위 청련암 입구에 있는 석주의 글자가 조금 다릅니다. 본불생이 아니라 本無生으로 바꿔 썼습니다. 맞죠? 도대체 왜 그랬을까요? 또 언제 누가 그랬을까요? 미리 겁먹을 필요는 없습니다. 이 글을 쓴 분이 직접 날짜와 이름을 밝혔습니다. 시기는 1983년(불기 2527년) 지금으로부터 35년 전이며, 쓰신 분은 양익스님이라고 적혀 있습니다.

그렇습니다. 청련암에 천국으로 들어가는 비밀의 문을 세워 놓고 그곳으로 올라가는 암호를 벽화와 건축물로 청련암 곳곳에 숨겨 놓으셨던 장본인이 바로 양익스님이셨습니다. 글을 읽으시는 분들은 간단하게 보이지만 사실 이만큼 오는 것도 무려 1년여의 세월이 걸렸습니다. 설마 범어사 바로 옆에 붙은 절에 있는 거의 모든 핵심 단서들이 밀교에 바탕을 두고 있을 것이라곤 꿈에도 생각을 못했기 때문이죠. 그러나 밀교라고 하여 이상하게 생각할 필요는 없습니다. 밀교도 부처님의 불교입니다.

4
밀교(密敎)

『영들의 주택은 도시의 거리처럼 질서정연하게 배열되어 있었고, 길들 또한 정리가 잘 되어서 아름답게 거리를 조성해 놓은 것을 볼 수 있었다. 영들이 입은 옷도 새하얀 눈처럼 희고 빛나는 것이었다. 궁전도 거리도 빛이 가득차 밝았으며, 영들의 얼굴도 행복에 겨워 빛나고 있었 고, 그들의 눈에는 높은 이성과 진리를 터득한 대오를 나타내는 빛이 깃들어 있었다.』

— 스베덴보그 '나는 영계를 보고 왔다'

  밀교가 생소한 분들을 위하여 밀교에 대해 잠깐 살펴봅니다. 밀교(密敎)란 글자 그대로 비밀의 가르침이라는 뜻입니다. 다른 사람의 눈에 띄지 않게 비밀리에 가르쳐 준다는 뜻이죠.

  이와는 반대로 가르침을 숨기지 않고 대중에게 공개하는 가르침을 현교(顯敎)라고 합니다. 현교는 우리가 이미 잘 알고 있는 조계종, 천태종, 태고종 등 대부분 우리에게 익숙한 종파들이고, 밀교는 진각종, 총지종, 진언종 등 대부분 낯설 것입니다.

  밀교라는 용어가 처음 등장한 것은 약 1,800년 전 인도의 용수(나가르쥬나)가 지은 대지도론인데 "불법에는 두 가지가 있는데 하나는 비밀이고, 하나는 드러내는 것이다."라고 되어 있습니다. 밀교 용어가 첫 등장한 공식 문서입니다.

양익스님께서 청련암의 첫 관문에 밀교의 대표언어인 [아자관]을 세운 뜻은 사원의 비밀을 풀고자 하는 사람들에게 과제와 단서를 동시에 주신 것입니다. 물론 지금까지 그랬던 것처럼 아무 생각 없이 이곳을 통과하여 청련암으로 들어갈 수는 있습니다. 그러나 그렇게 들어간 곳은 안타깝게도 천국의 땅 샹그리라와 연결되어 있지 않습니다. 그냥 범어사 옆에 붙은 평범한 암자일 뿐이죠.

여기서 하나 짚고 넘어가고자 합니다. 왜? 비밀로 전해야 했을까요? 중요하니까 당연히 비밀로 전하는 것일까요? 통장 비밀번호도 그렇지 않냐구요? 물론 코카콜라 제조법이나 국가의 중요한 기밀 같은 것은 비밀로 전하는 것이 당연합니다. 극비죠. 그러나 천국으로 가는 문은 아무나 갈 수 있게 오픈되어 있어야지 않을까요? 아무나 간다는 표현은 약간 거슬린 표현이지만, 적어도 천국으로 가는 방법을 배우고 실천하겠다는 갸륵한 사람들에겐 누구에게나 오픈되어야 한다는 것이죠.

그러나 웬일인지 천국으로 가는 길은 꼭꼭 숨겨져 있습니다. 천국이 너무 사람들이 넘쳐 더 이상 받아 줄 자리가 없어서 그런 걸까요? 여러분도 느끼시겠지만 그럴리는 없을 것 같습니다. 제가 듣기로 이미 지옥은 넘치는 수준이고 지상에 삶이 끝나지 않은 후보군들도 많은 반면에, 천국은 너무나 한가하고 지상의 후보들도 그리 많지 않다고 합니다.

그럼 무엇 때문에 비밀로 했을까요? 나는 한동안 이 의문에서 벗어나지 못했고 지금도 완벽히 벗어난 것은 아닙니다. 만약 양익스님께서 청련암에 새겨진 기호들에 대한 자세한 안내서를 써놓았다면 저와 같은 후학들이 입구를 찾는데 1년여의 허송세월을 보내지 않았을 것이고 더 많은 사람들이 천국의 길에 합류했을 텐데 말입니다.

우선, 현교의 대표 종파인 조계종 범어사의 말사에서 굳이 밀교라는 형식을 가져온 데는 두 가지 이유가 있다고 봅니다. 첫째는 현재 대중에게 공개되어 있는 현교의 가르침으로는 중요한 정보를 전할 수 없기 때문이고, 두 번째는 드러내더라도 대중이 이해할 수 없기 때문일 것입니다. 즉, 양익스님으로서는 불가피한 선택이었다는 것이죠.

사실, 두 교의를 조금 더 깊이 들어가 보면 현교는 오히려 밀교 같고, 밀교는 오히려 현교 같다는 느낌이 듭니다. 즉, 현교는 깨달음의 세계가 문자로 표현될 수 없는 불립문자이기 때문에 말로 전해줄 수 없다는 것이고, 밀교는 깨달음의 세계는 진언(眞言)이나 다라니로 표현될 수 있다고 주장합니다. 즉, 현교가 모두 드러낸 종교처럼 보이지만 사실은 깨달음의 세계가 표현이 불가능한 미묘한 세계이기 때문에 공개가 불가능하니 스스로 깨치라고 하고, 밀교는 깨달음의 세계가 바로 진언이나 다라니니까 이것만 열심히 하라는 것이죠.

그래도 헷갈리는 분들을 위하여 아주 유명한 일화를 소개합니다. 석가모니 부처님이 영축산에서 법회 중에 갑자기 대중을 향하여 꽃을 들었습니다. 이 황당한 동작에 모두 어안이 벙벙해 있을 때 마하가섭 존자만이 미소를 지었습니다. 많은 제자들과 대중들이 있었지만 오로지 마하가섭 존자만이 부처님 법회 중에 갑자기 꽃을 드신 이유를 이해했다는 것입니다. 꽃을 든 것도 어떤 신호이므로 진리를 표현한 것이 아니냐고 하실 분이 계신가요?

아무튼 이때 석가모니 부처님이 유명한 말씀을 남기십니다. '나에게 정법안장과 열반묘심 그리고 실상무상과 미묘한 법문이 있으나 이 모두가 문자로 표현이 불가능한 불립문자여서 가르침을 전할 수 없었는데 마하가섭이 드디어 그 세계를 깨달았다. 그래서 내가 깨친 모든 진리를 마하가섭에게 전한다.'고 선언하십니다.

이를 일명 염화시중의 미소라고 하는데, 이것이 바로 현교에서 말하는 절대의 경지가 불립문자라 표현될 수 없다는 연유입니다. 석가모니 부처님도 결정적인 진리를 제자에게 깨닫게 해 줄 방법이 없어 늘 고민이었는데 그날 갑자기 마하가섭 존자가 문자 너머의 진리를 깨쳤다는 것이죠.

자, 그러나 밀교는 석가모니 부처님의 의견과 다릅니다. 의견이 다르다는 표현은 조금 점잖은 표현이고, 불교를 창시한 석가모니 부처님에 대한 거의 역모에 가깝습니다. 비록 창시자께서 불립문자라 전할 수 없다고 하셨지만, 전할 수 있는 방법이 있다는 것이죠. 즉, 미묘한 깨달음의 세계는 몸을 이용한 동작과 입을 통한 말(진언)과 마음을 이용한 뜻, 즉 삼밀(三密)을 통하여 궁극의 세계를 표현할 수 있고, 그러한 삼밀을 통한 반복된 수련으로 석가모니 부처님께서 도달하셨던 진리의 세계로 들어갈 수 있다는 것입니다.

조금 어려운가요? 조금 더 쉽게 우리의 생활 단어로 표현해 보면 이런 겁니다. 웃으면 복이 온다는 것은 밀교입니다. 반면에 열심히 음덕을 쌓아 복을 누리게 되면 언젠가 복이 쌓여 저절로 웃게 된다는 게 현교입니다. 즉, 아직 복이 오지 않았지만 미리 복이 왔다는 생각을 하고 계속 웃다 보면 진짜 복이 찾아온다는 것이 밀교이고, 차근차근 열심히 음덕을 쌓아 복을 누리게 되면 웃는 얼굴이 된다는 게 현교의 논리라면 조금 더 이해가 쉬울 것입니다.

그렇다면, 지구상에 밀교가 가장 발달한 나라는 어디일까요? 대부분 불교가 태어난 인도이겠거니 생각하시겠지만 놀랍게도 티베트입니다. 티베트에서 세계 최고 수준의 만다라가 만들어지는 이유입니다. 티베트에 만다라가 발달하게 된 이유가 바로 밀교 때문이라는 것이죠. 만다라는 깨달음의 절대경지에서 보게 되는 상(象)인데 원래는 기초부터 차근차근 공부를 하여 단계적으로 수련하다 보면 마지막에 만다라의 세계가 눈 앞에 펼쳐지는 상황에 닿아야 하는데, 그렇게 하다 보면 어느 세월에 닿을지 막연하고 닿는다는 보장도 없으니까 차라리 미리 깨달음의 경지에서 보게 되는 상(만다라)을 눈 앞에 펼쳐 놓고 그것을 머릿속에 각인시키는 방법을 쓰는 것이 바로 밀교입니다.

히말라야 고도에서 수행하는 티베트 스님들은 사원에서 몇 시간 또는 며칠 동안 정성을 들여 만다라를 만듭니다. 그런데 그렇게 어렵게 만든 만다라가 완성되면 바로 엎어 버립니다. 몇 시간 동안 온갖 정성을 들여 만든 만다라가 지워지는 데는 1초도 걸리지 않을 정도로 허무합니다. 그러나 지켜보는 사람은 허무하겠지만 만다라를 만든 본인은 허무하지 않습니다. 눈을 감고 명상을 하면 방금 만든 만다라가 떠오르게 되고 그렇게 만다라를 계속 떠올리다 보면 내가 진짜 깨달음의 절대경지에 들어가서 실제의 만다라를 볼 수 있기 때문이죠.

즉, 밀교는 마중물 같은 개념입니다. 옛날 시골에서 우물에 설치된 펌프에 물을 넣어 펌프질하다 보면 실제 땅 속 깊은 곳의 우물물이 위로 올라온다는 것이 밀교의 원리이고, 물이 저절로 콸콸 솟아오를 때까지 하염없이 땅 속으로 땅 속으로 찾아 들어가는 것이 현교죠.

탄트라 밀교에서 남녀 성행위를 통하여 깨달음에 이르게 되는 것도 마중물과 비슷한 논리입니다. 즉, 깨달음의 세계에 이르게 되면 황홀한 지복의 상태에 이르게 되는데 이를 인위적으로 남녀의 성행위를 통하여 황홀한 상태를 유도하여 잠깐이라도 깨달음의 세계를 엿보고자 하는 것입니다.

물론 펌프를 처음 설치하려면 현교처럼 누군가는 땅을 파고 들어가 펌프의 라인을 설치해야 합니다. 즉, 밀교를 처음 창시하신 분은 현교의 수련을 통하여 절대의 경지에 도달한 사람이어야 합니다. 이건 매우 중요한 부분입니다. 티베트 밀교에 관정이라는 의식이 있는데 관정의 의식을 주관하는 스승은 반드시 절대의 경지에 도달한 사람이어야 효과가 있습니다.

그러니까 결국 현교와 밀교의 뿌리는 같은 것이고 다만 가르치는 방법의 차이라고 할 수 있습니다. 더 넓게 본다면, 종교간의 차이도 결국 이와 비슷합니다. 석가모니 부처님이나, 예수님이나, 마호메트님이나 똑같이 절대의 경지에 이르러 신과의 합일을 이루었는데 다만 가르치는 방법이 민족이나 문화나 표현방식의 차이로 다르게 보일 뿐이죠. 이런 상황임을 생각하면 종교가 다르다고 서로 죽이고 원수가 되어 끝도 없는 전쟁을 계속 하는 게 신의 입장에서 너무 황망한 일입니다.

5 조지 해리슨 – 물질세계에서의 삶

『지구는 악이 세력을 펼칠 수 있도록 허용이 된 곳이다.
악이 때로는 득세한다는 것을 창조주는 알고 있지만, 자유의지라는 선물을 주기 위해 허용된 것이다. 자유의지는 시간이 없는 다른 차원으로 상승할 수 있게 한다. 우리의 삶은 매우 중요하다. <u>우리의 역할은 신성을 향해 가는 것이며, 높은 존재들은 우리의 성장을 면밀히 관찰하고 있다.</u>』 – 이븐 알렉산더

마중물의 원리를 이용하는 밀교의 방법론을 모방한 것이 바로 마약을 이용한 방법입니다. 인도의 라제쉬 교수는 약물을 이용한 고대의 수련법 연구로 인도에서 박사학위를 받은 이 방면의 전문가인데, 그에 의하면 지금은 맥이 끊겼지만 과거 인도에는 약물을 이용해 깨달음의 세계에 접근하는 수련단체가 많았다고 합니다. 그러나 약물을 제작하는 과정이 어렵고 약물을 남용하거나 잘못 사용했을 경우의 여러 부작용 때문에 현재는 맥이 끊겼다고 합니다.

마약을 이용하여 깨달음의 세계를 경험하고자 하는 것도 방편의 일종입니다. 오랜 수련을 거쳐 신과 합일된 사람들은 육체의 신진대사가 극

영화 '조지해리슨 물질 세계에서의 삶' (다음 캡쳐)

도로 느려지고 감각에 있는 모든 의식이 철수하게 됩니다. 감각으로 빠져나가는 의식이 차단되면 의식의 에너지가 한곳에 집중되어 우주마음과 접촉이 일어납니다. 이처럼 각성한 사람에게 일어나는 의식의 변화를 마약도 비슷하게 연출할 수 있다고 합니다.

 마약이 밀교의 명상법과 연결되어 있다는 재밌는 일화가 있습니다. 비틀즈의 팬이라면 인기절정의 비틀즈가 인도의 리쉬캐쉬에 가서 명상을 배웠다는 사실을 알 것입니다. 당시 어른들이 악마의 음악이라고 불렀던 록의 전설 비틀즈가 어떻게 갑자기 인도로 가서 명상을 하게 되었을까요? 바로 마약 때문입니다.

비틀즈 최고의 황금기였던 1965년의 어느 날. 조지 해리슨과 존 레논이[주2] 치과의사 친구와 저녁을 먹는데, 그 치과의사가 몰래 커피에 LSD를 타게 됩니다. 치과 의사도 의사일 텐데 의사가 마약을 먹였으니 한심하죠. 일설에는 치과의사 부부가 스와핑이 목적이었다고 하네요. 아무튼, 자신도 모르게 LSD에 취한 조지 해리슨은 갑자기 의식이 엄청나게 확대되면서 이유 없는 황홀경에 빠져 신을 만납니다. 이유 없는 황홀이라는 표현이 아주 재미있습니다. 아무튼 조지 해리슨은 그러한 환각상태에서 신을 만났는데 이때 신이 인도에 가라는 계시를 합니다.

똑똑했던 조지 해리슨은 황홀경을 찾느라 매번 마약을 섭취하게 되면 결국 폐인이 될 것임을 알았습니다. 그래서 마약에 의존하지 않고 지속적으로 황홀경을 맛볼 욕심으로 인도까지 날아가 명상을 배우게 됩니다. 이것이 비틀즈가 인도로 가게 된 시작이었죠. 그렇다고 모두가 똑같은 경험을 한 것은 아니었습니다. 똑같이 LSD를 복용했던 존 레논은 알 수 없는 공포에 시달려 어떻게든 숨으려고 발버둥을 쳤다고 합니다. 그러나 조지 해리슨은 신을 만났죠. 신을 만난 뒤부터 조지 해리슨은 물질세계의 삶에서 서서히 영적인 삶으로 바뀌기 시작합니다.

비틀즈 초기시절의 조지 해리슨은 가장 존재감이 없는 멤버였습니다.[주3] 존 레논과 폴 메카트니가 그룹의 리더였고 드러머인 링고스타는 드러머 자체로 화려한 존재감이 있었죠. 조지 해리슨은 노래도 작곡 능력도 존과 폴에게 뒤지고 기타 실력도 그다지 주목을 받지 못했죠. 존과 폴도 기타를 쳤거든요. 더구나 그는 멤버 중에 가장 나이가 어렸고 제일 나이가 많은 존 레논보다 무려 세 살이나 아래였죠. 나이 오십 넘으면 십년도 친구 먹는다는 말이 있지만, 한창 성장기의 3년이라는 나이는 굉장히 큽니다.

1943년도에 태어난 조지 해리슨은 우리나라에 베이비붐이 시작되던 1958년, 그의 나이 불과 15세(중학교 3학년)에 비틀스 멤버에 합류하게 됩니다. 폴 매카트니도 16세에 불과했고 가장 나이가 많은 존 레논이 우리나라로 치면 고등학교 3학년인 18세였죠. 한마디로 담배나 술을 살 수도 없는 나이의 미성년자들이죠. 그들이 처음 만났던 무렵 조지 해리슨은 중학교 3학년이었고, 존 레논은 고등학교 3학년이었으니 멤버들이 조지를 어떻게 대했을지 상상이 되죠. 그는 기타를 신기하게 잘 치는 키 작은 중딩의 꼬마였죠. 어머니가 환갑이 다 된 아들에게 건널목 건널 때 차 조심하라고 하듯 한번 설정된 관계는 좀체 잘 바뀌지 않죠.

나 또한 조지 해리슨을 그들과 비슷하게 별 존재감 없이 생각하고 있었는데, 그의 존재감이 갑자기 커져 버린 데는 2011년에 발표된 마틴 스콜세지 감독의 다큐멘터리 영화 때문입니다. 나는 미국인이 아닌 한국인이었기에 그의 삶에 대해 자세히 몰랐죠. 무려 208분짜리(3시간 28분) 영화의 제목은 "조지 해리슨 물질세계에서의 삶(George Harrison : Living in the Material World)"입니다. 너무 긴 영화지만 인내심을 갖고 끝까지 보다보면 역시 마틴 스콜세지가 명감독이라는 생각이 확실히 듭니다.

1958년 리버풀이라는 작은 도시에서 음악을 좋아하는 중학생과 고등학생이 모여 장난스럽게 시작한 비틀즈는 7년 뒤인 1965년 다른 사람들이 평생 노력해도 이루기 어려운 돈, 여자, 명성을 모두 성취하고 마음껏 만끽하다 지쳐 버립니다. 일찍 만개한 개나리꽃이 먼저 시들 듯 남들은 한창 피어날 나이인 20대 초반에 그들은 이미 세상 모든 것에 싫증이 나고 시들해지고 지루해집니다. 그들은 지루해진 즐거움과 둔감해진 쾌락을 증폭시키기 위해 마리화나를 하지만 그것 역시 오래가지 못합니다. 그 무렵 그들을 다시 놀라게 한 사람은 치과 의사였습니다. 정확히는 치과의사가 준 LSD였죠.

6
쾌락의 절정 LSD

　LSD는 마약류 관리에 관한 법률에 의해 비의료용 향전신성 의약품으로 분류됩니다. LSD(Lysergic Acid Diethylamide)를 미국에서는 LSD-25, 또는 그냥 Acid라고도 합니다. 비틀즈의 'Lucy in the Sky with Diamonds'란 곡이 LSD를 한 상태에서 만들어진 곡이라는 이야기도 있습니다. 최근 유일한 생존자인 폴 메카트니는 그 추측에 동의했습니다.
　속칭 'Blue Devil'이나 'Blue Heaven'이라고 불리기도 하는데 늘 그렇지는 않지만 가끔 속칭은 공식보다 훨씬 더 사물의 진실에 가깝습니다. Devil은 악마를 뜻하지만 Heaven은 악마와 전혀 반대의 의미인 천국입니다. 즉, 어떤 사람은 LSD를 통해 천국을 경험하지만 어떤 사람은 지옥을 경험합니다. 왜 이렇게 전혀 상반된 현상이 나타나는지는 아직도 밝혀지지 않았다고 합니다.
　사실 우리네 삶도 LSD와 비슷합니다. 어떤 사람은 주어진 삶이 지옥이고 어떤 이에겐 천국이죠. LSD가 상반된 현상의 원인을 모르는 것처럼 우리도 똑같이 주어진 시간 속에서 어떻게 지옥과 천국으로 구분된 삶을 살아가는지 모릅니다.

인도 리시케시에 있는 마헤쉬 사원 ⓒ서창덕
작은 개인 명상 돔의 벽에 존 레넌과 오노 요코를 표현한 그림이 그려져 있다.

    LSD를 처음 합성한 사람은 스위스의 알베르트 호프만 박사로 1938년 맥각균을 연구하던 중 최초로 발견했다고 합니다. LSD가 체내에서 어떻게 작용하는지는 아직 밝혀지지 않았다고 하는데, 세로토닌을 차단한다는 정도만 밝혀졌다고 합니다. 세로토닌은 불안한 사람에게 정신적인 안정을 주고 불안과 스트레스에서 벗어나게 하는 효과가 있습니다.

    LSD는 인간의 뇌에서 긍정적인 역할을 하는 세로토닌을 차단하여 지각, 기억, 시간 등의 전반적인 경험을 왜곡하여 인간을 혼란과 환상에 빠지게 합니다. 특히 시각과 청각의 왜곡이 가장 흔하며, 시각적 운동 잔상, 색채의 왜곡, 기하학적인 시각 패턴의 경험, 시각 경험과 청각 경험이 교차하는 공감각이 대표적 경험이라고 합니다. 즉 소리를 볼 수 있다거나 색깔을 들을 수 있다는 식인데 공교롭게도 수련을 통하여 깨달음을 얻은 사람들에게도 이와 비슷한 현상들이 나타납니다.

    LSD의 가장 강렬한 효과는 환상에 빠지게 하는 힘입니다. 그런데 앞에서 언급했던 LSD 속칭의 의미처럼 어떤 사람은 Blue Heaven이라고 하는 행복한 환상에 빠지고 어떤 사람은 Blue Devil, 즉 지옥을 경험하게 됩니다. 똑같은 장소에서 똑같은 사람(치과의사)에게서 똑같은 성분과 양의 LSD를 경험한 존 레논과 조지 해리슨은 양극의 너무나 다른 환상을 체험합니다. 즉 존 레논은 불쾌한 경험을 많이 했지만 조지 해리슨은 드물게 엄청난 의식의 확장을 경험합니다. 그는 인터뷰에서 딱히 어떤 대상이나 상대가 아니라 그냥 막연한 사랑에 빠진 감정, 살면서 가장 좋았던 기분의 결정체를 느꼈다고 합니다. 그러한 의식 확장의 상태에서 그는 '인도에 가라'는 신의 음성을 듣게 됩니다.

명상을 통하여 얻게 되는 궁극의 경지, 깨달음의 상태를 흔히 열반이라고 합니다. 이 상태에 이르게 되면 무한한 지복과 행복함을 맛보게 되는데 이는 자아의 확대와 관계가 깊습니다. '나'라고 하는 에고가 완전히 사라지고 나면 '나'라고 하는 의식이 무한히 확대되어 우주의 의식과 일치하게 되고 이러한 상태에서 사람은 무한한 지복을 느끼게 됩니다. 근거와 이유가 없는 진정한 행복이죠. 역설적이게도 나의 에고가 사라져야 더 큰 행복이 내게 옵니다. 여기서 중요한 것은 나의 에고를 버리는 것이지 더 큰 행복을 바라는 게 아닙니다.

그런데 에고가 죽고 의식이 우주의식에 닿으려면 수십 년간 엄청난 고통을 극복하는 수련을 거쳐야 합니다. 수십 년간 수련을 한다고 해도 그러한 지복의 상태에 이르는 사람은 극히 일부에 불과합니다. 그런데 LSD는 순간적으로 그러한 깨달음의 상태, 지복의 상태에 이르게 합니다. 물론 LSD로 인한 자아의 확대와 명상을 통한 자아의 확대가 정확히 일치하는지는 경험해 보지 않았기 때문에 단언할 수 없습니다. 그러나 아주 유사한 부분이 많다는 것은 확실합니다.

지금은 맥이 끊겼지만 인도에서도 약물(소마)을 통하여 깨달음의 세계

인도 리시케시 마헤쉬 사원 ⓒ서창덕
1968년 비틀즈가 찾아와 명상을 하는 바람에 이곳은 세계적인 명소가 되었다.

를 순간적으로 열어주는 비법이 존재했다고 합니다. 유럽의 종교계나 명상계에서도 약물을 활용했다는 기록과 자료도 있습니다. 미국의 인디언에게도 이와 비슷한 비법이 전수되었는데 미국의 인류학자 카를로스 카스타네다는 돈 후앙이라는 인디언 주술사로부터 이러한 방법을 전수받아 기록하고 책으로 만들어 세계적인 베스트셀러가 되었습니다. 돈 후앙의 전수방법 중에 보는 것(觀)에 대한 묘사는 불교의 참선이나 위파사나 이론과 매우 흡사합니다. 그는 '바라보기(looking)'가 아닌 '보기(seeing)'를 통해 세계 멈추기가 가능하다고 합니다. 갑자기 돌던 지구가 멈춰버리고 나 혼자만 깨어서 그것을 지켜보는 상태죠.

　처음으로 LSD를 경험한 존 레논과 조지 해리슨의 환상이 극명하게 달랐던 것처럼 환상 체험 이후 전개된 그들의 삶도 달랐습니다. 주로 공포체험을 많이 했던 존 레논은 남자는 공포에 맞서야 된다며 천번도 넘게 LSD를 투여합니다. 천번을 투여했다는 것은 죽을 때까지 계속 했다는 뜻일 겁니다.

그러나 조지 해리슨은 1967년 8월 8일 당시 히피 문화와 LSD의 성지라고 하는 샌프랜시스코 헤이트-에시버리를 방문한 뒤 그곳이 성지가 아니라 마약에 절은 한심하고 더럽고 위험한 장소에 불과하다는 것을 알고 그때부터 과감히 LSD를 끊습니다. 대신에 그는 LSD에 의존하지 않고 위험하지도 않게 지복을 누릴 수 있는 방법을 찾게 됩니다. 그에게 다시 파라마한사 요가난다 자서전이 떠오릅니다.[※주5] 바로 히말라야의 요가 수행자들을 찾아 인도에 가라는 신의 메시지였죠.

그리하여 너무 이른 성공으로 마음은 이미 늙어버린 스물다섯 살의 늙은 청년이 기나긴 구도의 길을 떠나게 된 것입니다. 그런데 말입니다. 과연 조지 해리슨은 천국의 계단 끝에 있는 천국의 문을 열었을까요?

7 어느 서툰 구도자의 일기

　중학교 2학년의 겨울방학이었습니다. 어중간하게 낀 2학년의 겨울방학은 길고 심심했습니다. 누나와 어머니는 공장으로 갔고 형은 고등학교 3학년이었죠. 나는 머리는 좋은 편이었지만 공부에는 관심이 없는 아이였습니다. '대망'이라는 10권짜리 대하소설을 그 무렵에 다 읽었을 정도로 나는 공부보다 세상이 궁금했습니다.

　그때 누군가 방문을 두드렸습니다. 우리 집은 2층에 있는 단칸방이었는데 부엌 하나에 방 하나, 천정에 붙은 작은 다락방. 이렇게 우리처럼 사는 사람들이 2층에만 세 집이 있었고 우리는 세 집 중 중간 방이었죠.

　누구세요? 부엌으로 난 문을 열자 말끔하게 양복을 차려입은 아저씨가 마음 좋은 사람처럼 웃으며 앞뒤로 많은 글자가 인쇄된 종이 한 장을 내밀었습니다. 그는 방문 앞에 걸터앉아 내가 그 글들을 모두 읽을 때까지 침착하게 기다렸죠. 그 인쇄된 종이의 첫 문장은 아마 이랬던 것 같습니다.

　1. 과연 神은 존재하는가?
　2. 인간은 죽으면 어디로 가는가?

3. 과연 천국은 있는가?

등등의 많은 물음표들이 있었지만 내 관심은 오로지 첫 문장에 딱 꽂혔습니다. 정말 그곳에 가면 이 물음에 답을 해줍니까? 말끔한 양복을 입은 그 신사는 무릎에 놓인 성경책을 고쳐 잡으며 고개를 끄덕였습니다. 그래서 그 주일의 일요일. 나는 '여호와의 증인'이라는 교회를 스스로 내 발로 찾아 갔습니다.

당시 그들은 포교를 위해 오백 번 찾기 또는 천 번 찾기 등의 방법들을 썼습니다. 한 사람의 포교를 위해서 무려 오백 번을 찾아가 결국은 성공했다는 얘기들. 어떤 날은 찾아갔다가 물세례를 맞기도 했지만 결국은 성공했다는 일화들. 그런데 나는 종이 한 장, 한 번의 방문포교에 덜컥 걸려든 것입니다.

모두들 처음 보는 얼굴인데도 이산가족을 만난 것처럼 굉장히 반가워하며 나를 환영해 주었습니다. 십자가가 없다는 것이 여느 교회와 약간 달랐지만 모두 함께 마당을 쓸고 청소를 하는 모습들이 정말 착하고 순수한 사람들처럼 느꼈습니다.

모두가 보는 앞에서 소개를 하고 예배와 찬송을 하고 또 소그룹으로 모임을 했습니다. 나는 차분하게 설레는 마음으로 그 사람이 내게 뭔가를 보여주기를 기다렸습니다. 연단 뒤 커튼으로 가려진 곳에 숨겨둔 神을 공개해 주기를 두근거리며 기다렸습니다.

그러나 점심을 먹고 해가 뉘엿뉘엿 넘어갈 때가 되어도 그 사람은 내게 神이 계시는 곳으로 인도하지 않았습니다. 오히려 그는 나를 조금 피하는 눈치였죠. 드디어 참을 수 없었던 내가 그 사람의 팔을 잡고 1번 항목에 대한 해결을 요구했습니다. 그 사람은 워낙 중요한 사안이라 처음 온 사람에게는 보여 주지 않는다며 다음에 오면 그때는 꼭 보여 주겠다고 약속했습니다. 뭐 1주일 기다리는 것 쯤 괜찮았죠. 1주일 기다려 神을 볼 수만 있다면, 보지는 못하더라도 어떤 확신할 수 있는 증거라도 볼 수 있다면 나는 만족이었습니다.

모두가 예상했겠지만 그 다음 주에도 그 신사는 내게 신의 존재에 대해 가르쳐 주지 않았습니다. 그 신사는 다음 주에는 정말 가르쳐 주겠다며 다음 주에 꼭 오라고 했죠. 그러나 모두의 예상처럼 그 신사는 그 다음 주에도 나의 물음에 대답하지 않았습니다. 늘 반갑게 맞아주던 그 신사는 내가 교회에 나타나자 뭔가 들킨 사람처럼 흠칫 놀라며 나를 피했습니다. 이산가족을 만난 가족처럼 초면인데도 그렇게 가까운 친지처럼 잘해주던 교회 사람들도 나에 관한 나쁜 얘기를 들었는지 지긋지긋한 사람을 대하는 그런 표정들을 지었죠. 나중에 그 신사는 끈질기게 묻는 내게 짜증을 냈습니다. 그래서 그 다음 주부터 나는 더 이상 '여호와의 증인들'을 만나지 않았습니다.

지금 생각하면 참 고마운 사람들입니다. 그 증인들이 만약 내게 '여호와'를 증인했다면 그래서 내가 그들과 똑같은 증인이 되었다면 아마 나는 군대에서 영창을 갔을 것입니다. 그래도 신에 대해 확신을 할 수 있다면 그까짓 영창쯤이야라고 나는 지금도 생각합니다.

8
아축교(阿閦橋)

『이곳에서 동방으로 1천 개의 부처님 국토를 지나면 한 세계가 있으니 아비라제라고 하며 대일여래께서 여러 보살들을 가르치고 계셨다. 그 중에 한 제자였던 보살마하살이 대일여래께 법을 배우고자 하였고, 대일여래께서는 사람은 물론이고 기어 다니고 날아다니고 꿈틀대는 벌레의 무리에 이르기까지 분노하거나 화내는 일이 없어야 자신의 법을 배울 수 있다고 하였다. 보살마하살은 그렇게 실천하여 배우기를 청하였고, 끝내 대목여래의 제자 보살마하살은 화내거나 분노하는 일 없는 상태를 실천하여 그를 아촉(阿閦)이라고 이름하였으며, 또한 화내거나 분노하는 일이 없었던 까닭에 영원히 아촉의 지위에 머물렀다.』 - 아촉불국경

내가 아는 한국의 절 가운데 아축교(阿閦橋)라는 이름의 다리를 가진 절은 청련암 이외에 없습니다. 혹시 있습니까? 아마 없을 것입니다. 아축교는 청련암의 동남쪽 입구에 있습니다. 이 다리의 이름을 제대로 읽는 사람은 거의 없었습니다. 나 역시도 그랬습니다.

부끄러운 얘기지만 처음 나는 이 다리를 하문교(何問橋)라고 읽었습니

아축교
청련암 입구에 있는 다리. 보통 사찰(寺) 입구에 있는 다리는 세속에 물든 마음을 씻거나 인연을 끊으라는 의미를 붙이지만 아축(阿閦)은 분노를 가라앉히라는 의미다.

다. 어찌하여 묻는가? 그대 어디를 그리 쏘다니다 이제 와서 길을 묻는가? 할! 등등의 뭐 그렇고 그런 화두선의 폼 잡는 글귀일 거라 생각했습니다. 이런 오류는 정확하게 한자를 공부하지 못한 탓도 있고 도(道)라는 것이 그런 겉멋이 든 동네로 착각한 탓도 있습니다. 또 일반적으로 절의 입구에 있는 다리의 이름은 신성한 부처님이 계신 곳이므로 마음을 씻고 건너라는 세심교(洗心橋)이거나, 출가자가 다리를 건너면서 세속의 모든 인연을 끊으라는 세진교(洗塵橋), 승선교(昇仙橋), 또는 부처님의 세계가 극락이라는 의미로 극락교 등등이 대부분이죠.

아무튼, 하문교라고 하고 가만히 보니 아무래도 '문'자가 찜찜합니다. 그래서 옥편을 뒤져 보니 물을 문(問)자가 아니라 무리 축(閦)자입니다. 또 어찌 하(何)자가 아니라 언덕 아(阿)자입니다. 그래서 또 저는 아하,

인생의 길을 찾는 많은 사람들이 다리를 건너고 언덕을 넘어 오라는 의미를 담아서 아축교라고 했다고 생각했습니다. 그런데 이것 또한 저의 착각이었습니다. 양익스님이 쓰신 이유는 따로 있었습니다.

> 『아축불(阿閦佛)은 동방의 현재불로서, 남방의 보상불(寶相佛), 서방의 무량수불(無量壽佛), 북방의 미묘성불(微妙聲佛)과 더불어 사방 현재불을 이룬다. 아축비(阿閦)·아추비야(阿芻鞞耶)·아축바(阿閦婆) 등으로도 음역하며, 무동(無動)·부동(不動)·무노불(無怒佛) 등이라 의역한다. 아축불은 분노를 가라앉히고 마음의 동요를 진정시키는 역할을 하는 부처님이시다.
>
> 아축불은 이 국토에서 보리를 향한 마음이 동요하고 있는 수행자의 마음을 진정시키는 일을 하고 계신다. 비화경(悲華經)에서는 미타(彌陀)의 전신인 무쟁념왕(無諍念王)의 1,000명의 왕자 중 제9왕자가 아축으로서 동방 묘락국(妙樂國)에서 성불하였다고 한다. 아축불국이란 곧 이 동방세계를 가리킨다. 밀교에서는 그를 금강계(金剛界) 5불의 하나로서 대원경지(大圓鏡智)를 나타내는 것이라고 한다.』 — 네이버 백과사전

위의 설명으로 짐작하시겠지만 첫 관문에 이어 두 번째 관문인 아축교의 이름 역시 밀교의 금강계 5불 중 하나의 의미를 담았습니다.

예를 들어, 비틀즈의 조지 해리슨은 LSD를 통한 신과의 일시적 만남이 아니라 명상을 통한 영원한 만남을 위하여 영국의 동쪽인 인도를 향해 첫 구도의 발을 내딛습니다. 그가 가장 먼저 통과해야 하는 문이 바로 동요된 마음을 다스리는 아축교입니다. 그는 사람은 물론이고 동물이나 하물며 모기 같은 독충에게도 화내거나 분노하는 마음이 없어야 합니다. 물론 말이 쉽지 그렇게 하기는 너무나 어렵습니다.

그래서 불가의 참선이나, 국선도나 단전호흡, 요가 등을 행하는 가장 큰 목적은 마음을 가라앉히는 것입니다. 마음을 징지시키고 가라앉히면 뿌연 안개가 걷히고, 부유물이 가라앉은 맑은 연못처럼 물속의 바닥까지 선명하게 보이게 됩니다. 그러나 분노가 일어나면 맑은 연못바닥을 막대기로 휘저어 흙탕물을 일으키는 것처럼 모든 것이 수포로 돌아갑니다. 그래서 수행자에게 분노란 가장 첫 번째로 경계해야 될 관문입니다. 아축교 다리를 만든 양익스님의 생각도 마찬가지였을 것입니다.

여러분들은 분노를 다스릴 자신이 있습니까? 쉽게 대답하시면 안됩니다. 매우 어렵습니다. 그래서 대일여래께서 자신의 법을 배우고자 했던 보살마하살에게 자신의 법은 배우기가 매우 어렵다고 하신 것이죠. 그러나 보살마하살은 그렇게 실천하였고 지금도 그러한 상태 즉, 아축의 상태에 머물러 있다고 합니다. 그러므로 혹 분노가 일어나 잘 다스려지지 않는 분들은 아촉불께 분노를 다스려 달라고 서원해보시기 바랍니다.

사실, 분노의 과정을 보면 자신의 예상치를 충족시켜주지 못했을 때 일어나는 감정입니다. 그러니까 상대적인 감정이고 아집과 밀접한 관련이 있습니다. 아집이 강한 사람일수록 자주 화를 냅니다. 예전에 어떤 상사가 내가 근무하는 곳을 순방한 적이 있었죠. 그때 그 상사께서는 내 바로 밑의 부하직원이 굉장히 무능한 직원임을 알고 그 직원 때문에 스트레스를 많이 받겠다며 걱정을 하셨죠. 그런데 나는 전혀 그렇지 않노라고 했더니 그분은 거짓말하지 말라며 웃더군요. 그래서 내가 진짜 그렇다고 하니 내 얼굴을 빤히 쳐다보던 그 분이 사실임을 알고 비결이 뭐냐고 묻습니다. 그래서 기대를 하지 않는다고. 그래서 그 부하직원이 조금이라도 성과를 내면 오히려 기분이 아주 좋아진다고. 그래서 그에 대한 스트레스가 없다고 하니 그분은 비로소 이해했다는 듯 고개를 끄덕였죠.

불교뿐만 아니라 모든 수련의 목적은 아집, 즉 에고를 벗고 우주의 마음과 하나가 되는 것입니다. 그래서 여전히 분노의 감정을 갖고 있다는 것은 아집의 감정이 아직 큰 상태라는 것입니다.

천국에 오르는 실질적인 첫 번째 관문이 바로 분노의 조절입니다. 그 상징은 동방의 아촉불인데 음양오행으로 보면 동쪽은 풍목(風木)이고 신체의 오장육부는 간(肝)에 해당합니다. 그래서 화를 내게 되면 다치는 장기가 바로 간(肝)입니다. 분노가 일었다 사라지는 것이 바람과 같기 때문에 간을 풍목(風木)이라고 하는 것입니다.

자주 화를 내는 사람들은 대부분 간이 약한 사람들입니다. 그렇다고 바람을 나쁘게만 봐서는 안됩니다.

봄에 부는 바람이 싹을 틔게 합니다. 물과 온도만으로 만물이 자라는 게 아닙니다. 간에서 모든 힘이 출발하므로 간이 튼튼해야 공부도 잘 됩니다.

여러모로 아축교는 천국에 오르는 첫 번째 계단으로 손색이 없습니다.

9 천국의 계단

There's a lady who's sure

All that glitters is gold

And she's buying a stairway to heaven.

When she gets there she knows

If the stores are all closed

With a word she can get

what she came for.

Ooh, ooh, and she's buying

a stairway to heaven.

빛나는 건 모두

금이라고 믿는 여인이

천국으로 가는 계단을 사려고 합니다.

그곳에 도착했을 때

그녀는 알고 있었습니다.

천국의 계단 (다음 캡쳐)

가게들이 전부 닫혀 있지만
말 한마디로 그녀가 원하는 걸 살 수 있다는 걸.
그녀는 천국으로 가는
계단을 사려고 합니다.
....

And she's buying a stairway to heaven
—그녀는 천국으로 가는 계단을 사려고 합니다.

위의 노래를 기억하십니까? 전 세계적으로 3,700만장이나 팔렸던 레드 제플린의 "천국으로 가는 계단"의 가사입니다. 기타 연주가 멋지죠.[주6] 나는 이 곡의 가사를 보고 깜짝 놀랐습니다. 바로 그녀가 사려 했다는 계단 때문이죠. 천국으로 가는 길에는 진짜 계단이 있습니다. 계단이 있기 때문에 반드시 계단을 딛고 올라가야 한다는 것을 이 곡을 만든 지미 페이지는 알고 있었던 것입니다.

계단을 딛고 올라가는 것 말고는 천국에 오를 수 있는 길은 없습니다. 힘들게 오르지 않고 쉽게 돌아가는 길이 있다면 그 길로 가지 굳이 돈을 들여 계단을 사려고 하지 않았을 것입니다. 그러나 그녀는 빛나는 것은 모두 금이라고 믿을 만큼 어리석은 여자입니다. 천국에 오르는 계단은 절대 돈으로 살 수 없다는 것을, 마약으로 오를 수 없다는 것을 모르고 있습니다. 그것이 그녀의 불행이죠.

이 곡을 만든 지미 페이지(Jimmy page)는 스스로를 알리이스트 크롤리의 제자라고 말해 왔는데 알리이스트 크롤리는 서구에서 오래전부터[주7] 내려오는 마법을 처음으로 총 집대성한 사람입니다. 그의 작업을 수련법이 아니라 마법이라고 한 것은 크롤리가 오랜 세월 기도나 명상을 통하는 올바른 수련법이 아니라 주로 마약을 이용해 쉽게 효과를 볼 수 있는 쪽이었기 때문입니다. 바로 그들이 뉴 에이지 음악의 원조인데 기독교계가 뉴 에이지 음악을 악마의 음악이라고 부르는 이유이기도 합니다.

지미 페이지도 마약을 통해 천국의 입구를 봤던 모양입니다. 그러나 지미 페이지는 조지 해리슨처럼 인도로 건너가 명상을 통해 천국에 도착해 보자는 노력을 하지는 않았습니다. 분명 천국으로 가는 길에 계단이 있는 건 봤는데 그 계단을 올라 천국에 오르고 싶은데 갈수는 없고, 그래서 그는 천국의 계단을 사려고 했던 어리석은 여인의 욕망을 불러냈습니다.

물론 어떤 사람은 계단이 아니라 사다리라고 했던 사람도 있습니다.

일명 '야곱의 사다리'가 바로 그 이야기입니다.

『야곱은 자기가 누워 있던 땅에서 하늘 꼭대기까지 사다리가 걸쳐져 있는 비전을 보았습니다. 그런데 야곱이 보았던 사다리는 지극히 높으신 분의 침묵의 처소에 들어가기 위해서 누구라도 타고 한 차원 한 차원 깊이 들어가 근원에 이르면 우리와 모든 유형의 물질세계와 무형의 정신세계가 하나라는 사실을 그리고 이 모든 것이 무소부재하신 하느님 안에 있으며 하느님의 자기표현이라는 것을 압니다.

야곱은 땅에서부터 의식상태를 변화시킴으로써 물질의 형태를 변화시킬 수 있음을 알았습니다.』 - T.스폴딩 초인들의 삶과 가르침을 찾아서

의식상태를 바꾸면 물질의 형태도 바뀝니다. 의식을 훈련시켜 한차원 한차원 사다리를 타고 올라가면 지극히 높은 근원인 천국에 오를 수 있다는 것입니다. 이것이 바로 야곱의 사다리입니다.

짐작하셨겠지만 비밀의 사원 청련암에도 계단이 있습니다. 사다리는 없습니다. 사실 사다리나 계단은 같은 의미이자 기호입니다. 중국 화산에 가면 T. 스폴딩이 이야기한 야곱의 사다리가 있습니다.^{※주8)} 중국 화산의 서봉에 갔다 오신 분들은 그곳에 사다리는 없었던 것 같다며 고개를 갸웃하실 겁니다.

그곳은 일반인의 출입이 금지된 곳인데 가끔 금지된 팻말을 넘어 일반인이 들어갔다가 낭패를 보기도 합니다. 깎아지른 절벽에 사람의 발끝만 간신히 디딜만한 돌계단을 만들어 놓았는데 떨어지면 정말 뼈도 못 추리는 그런 곳입니다. 그런 계단을 서너 시간 오르다보면 바위 속을 뚫고 올라가는 길이 있는데 바로 그곳에 사다리가 설치되어 있습니다. 그렇게 높은 사다리는 아니지만 이미 수 천 개의 위험한 돌계단을 겨우 올라온 상

중국 화산파(華山派) 비밀수련장(大上方) 가는 길 ⓒ서창덕
직벽의 절벽을 네다섯 시간 올라가는데 중간쯤에는 바위에 구멍을 뚫어 사다리를 타고 올라야 하는 곳이다. 일부러 바위 안을 뚫어 사다리를 오르게 한 깊은 이유가 있다.

황에서 바위 안에 뚫어놓은 사다리를 타고 오르다보면 정말 힘이 듭니다.

굳이 바위 속을 뚫어 사다리를 설치하지 않아도 되었을 법한데 일부러 천국으로 올라가는 과정을 느끼라고 만든 것입니다. 그렇게 다섯 시간쯤 올라가면 화산의 정상 부근 봉우리쯤에 평평한 화산파의 비밀 수련장이 있습니다. 옛날에는 제법 많은 사람들이 그곳에서 농사를 지으며 수련을 했다고 합니다. 정상 부근의 큰 바위에 구멍을 파고 그 구멍에 앉아서 수련을 했다고 하는데 구멍이 백 개는 넘어 보입니다. 손불이 선인이 도통을 했다는 장소도 바로 그곳입니다.

어떤 돈 많은 분은 엘리베이터를 설치하면 편안하게 올라갈 텐데 뭐 굳이 힘들게 사다리를 올라가느냐고 하십니다. 좋은 의견입니다. 레드 제플린의 노래 속에 나오는 그녀(She)와 같은 의견이시죠. 그녀는 빛나는 것은 뭐든 금이라고 생각하는 여인입니다. 즉, 돈밖에 모르는, 돈으로 모든 것이 다 해결된다고 믿는 사람이죠. 그랬기 때문에 그녀는 천국도

중국 전진 화산파 비밀수련장(大上方) 가는 길 ⓒ서창덕
뒤는 천 길 낭떠러지. 떨어지면 뼈도 못 추린다. 굳이 저렇게 높은 곳에 비밀수련장을 만든 이유는 무엇일까. 방해받기 싫어서일까. 아니면 공개되면 안 되기 때문일까.

돈으로 갈 수 있다고 생각했습니다.

그래도 그녀가 천국행 항공권을 사려고 하지 않은 것으로 보아 천국에 대한 문외한은 아니었다고 추측됩니다. 천국은 반드시 계단을 통해서만 가능하다는 사실을 그녀는 미리 알고 있었습니다. 그래서 그녀는 항공권이 아니라 천국으로 올라가는 계단을 사려고 했던 것입니다. 그러나 그녀는 성경을 조금 더 자세하게 읽어 봤어야 했습니다. 예수님께서는 분명하게, 그것도 무려 2천년이나 전에, 천국은 돈으로 해결되지 않는다는 말씀을 하셨습니다. 부자가 천국에 가기는 낙타가 바늘구멍을 뚫는 것만큼이나 어렵다며 친절하게 낙타까지 거론하시며 이해를 도우셨죠. 뱀이라면 몰라도 등에 큰 혹이 두 개나 있는 낙타가 바늘구멍을 뚫는다는 것은 상상만으로도 끔찍하지 않습니까.

계단은 무엇을 의미하는 것일까요? 통도사에 가면 부처님 진신사리를 모신 곳에도 금강계단이 있습니다. 그냥 높은 단상에 올려놓지 않고 왜 굳이 계단을 만들었을까요? 두 가지 의미가 있다고 봅니다.

우선, 계단은 단계를 의미합니다. 한방에 훌쩍 뛰어 올라가면 좋겠지만 부처님의 세상에 이르려면 반드시 단계를 밟아 올라가야 합니다. 또 다른 의미는 고난입니다. 정상인이든 병든 사람이든, 젊은이든, 늙은이든, 누구에게나 계단은 힘듭니다. 그러나 힘든 고난의 과정을 겪어야 반드시 더 높은 세상에 오릅니다. 편안하고 쉽게 올라갈 수 있는 높은 세계는 없습니다. 있다고요? 아니요. 없습니다. 제가 전부 찾아봤습니다. 눈을 씻고 찾아봐도 없었습니다. 그러나 고난의 강도가 크면 클수록 성취도는 높습니다.

양익 스님의 경우도 마찬가지입니다. 스님은 강원도 홍천에서 태어나 대한민국 최고의 실력자들이 모이는 서울대 법대에 입학하게 됩니다. 대학 재학 중에 사법고시 1차를 패스했으니 명석함은 대단했습니다. 사법고시를 최종 합격하면 출세의 길이 활짝 열리는 상황에 스님은 그만 폐렴에 걸리게 됩니다. 당시 폐렴에 걸렸던 사람은 모두 죽었고 병원에서도 살 가망이 없으니 남은 삶을 정리하라고 했습니다. 스님은 이왕 이렇게 된 거 아무도 없는 섬에 들어가 실컷 무술이나 단련하다가 죽자는 생각으로 무인도에 들어갑니다.

중국 전진 화산파 도관

    그런데 무술은 고사하고 폐가 너무 아파 고통을 참기가 힘이 듭니다. 그래서 이런 저런 궁여지책을 써보는데 숨을 들이마셨다가 참으니 잠시 고통이 사라진다는 것을 터득합니다. 스님은 고통을 견디려고 필사적으로 숨을 들이마셨다가 참는 걸 반복합니다. 그렇게 스님은 우연히 지식호흡의 방법을 터득하게 되었고 이것은 스님이 출가하고 도를 완성하는 데 결정적인 역할을 합니다. 목숨이 경각에 달린 큰 위기의 고난이 스님을 인간 최고의 목표인 해탈의 세상으로 올려놓습니다.

10
대도무문(大道無門)

청련암에 있는 지장전으로 오르는 계단은 모두 세 부분으로 되어 있습니다. 각 부분의 계단에는 모두 계단의 양쪽 기둥에 글자를 새겨 놓았는데 첫 부분의 계단 오른쪽 기둥에 새겨진 글자가 바로 대도무문(大道無門)입니다.

대도무문. 아마 많은 분들이 김영삼 전 대통령의 좌우명으로 기억하고 계실 것입니다. 큰 길에는 문이 없다는 뜻인데 이 단어가 대통령의 꿈을 이루기 위한 정치의 좌우명이 되었을 때는 대통령이 되는 길에 어떤 수단과 어떤 방법이든 가능하다는 뜻이 내포되어 있어 매우 위험한 뜻이 되는데 실제 그 분의 정치여정도 비슷한 길을 걸었다고 봅니다.

아무튼, 이 말의 유래는 남송의 명승 무문혜개선사(無門慧開禪師)의 가르침을 쓴 〈무문관(無門關)〉의 서문을 통해 전해졌던 것으로, 깨달음의 세계로 가는 길에 방법은 중요하지 않음을 뜻합니다.

그나저나 양익스님은 왜 첫 번째 계단의 오른쪽 기둥에 첫 글자로 이 말을 새겼을까요? 그것은 청련암이 일반적인 암자와 달리 무술을 수련하는 곳이기 때문입니다. 무술이라고 하는 게 다른 사람을 죽이거나 패

대도무문 천차유로(大道無門 千差有路)
천 갈래 길이 있지만 큰 도는 문이 없다.
투득차관 건곤독보(透得此關 乾坤獨步) 없는 문을 직접 들어가
관통해야 큰 도를 이룬다. —無門慧開

거나 방어하거나 하는 것이 목적인데 부처님의 자비와는 너무 멀어 보이는, 어쩌면 정 반대편에 있다고 해도 과언이 아닌데 어떻게 절에서, 석가모니 부처님이 성공한 방법처럼, 고요한 명상을 통하여 부처님의 세계를 추구해도 될까 말까 한 판에 고함을 지르고 펄쩍 펄쩍 뛰면서 도대체 무얼 하겠다는 걸까요? 석가모니 부처님은 깨달음의 길에 단 한번도 무술

을 수련하지 않았는데 말입니다.

아마, 이런 비슷한 비난이 많지 않았나 싶습니다. 결국은 전통 불교와는 다른 이단의 길이죠. 그래서 스님은 무슨 소리. 大道에 따로 門이 어딨어! 이렇게 소리치고 있습니다.

스님은 손수 '금강영관(金剛靈觀)'이라는 무술을 만들었습니다. 오늘날 선무도 등등의 불교무술을 처음으로 만들어 이곳 청련암에서 제자들에게 가르쳤고 그때 배운 제자들이 각자 다른 이름으로 이곳저곳에서 가르치고 있습니다. 젊어서부터 여러 무술을 두루 섭렵하셨던 양익스님은 이 무술을 명상 중에 비로자나 부처님으로부터 직접 전수를 받았다고 하셨습니다.

스님이 전수한 가르침의 핵심은 관(觀)입니다. 觀法, 觀, 도대체 관은 무엇일까요? 무슨 뜻이길래 오만데 다 나오는 것일까요? 여기저기 나온다는 것은 매우 중요하기 때문입니다. 지(止)와 관(觀)은 불교 이론의 핵심인데 핵심답게 뜻에 대한 견해차이로 수천 년간 논란이 그치지 않았습니다.

> 『만약 비구가 빈 곳 나무 아래나 고요한 방에 앉아서 사유하려면 어떤 법으로서 사유해야 하는가? 이는 마땅히 두 법으로 사유해야 하는데 바로 지(止)와 관(觀)이 두 법이다. 지(止)를 닦아 익히면 결국 관(觀)이 이루어진다. 관을 닦아 익히면 지 또한 이루어진다. 거룩한 제자는 지와 관을 함께 닦아 모든 해탈의 경지를 얻는다.』 - 잡아함경

바로 위의 잡아함경이 지와 관의 논쟁을 제공했다고들 하는데 요즘은 생각을 그친다는 지(止)를 빼고 관(觀)에 집중하는 위빠사나 수행이 인기를 끌고 있습니다.

석가모니 부처님의 수련법이 바로 지관(止觀)입니다. 그냥 관(觀)이라고 해도 무방할 것입니다. 요지는 생각을 그치고 자신을 보는 것입니다. 자신을 똑바로 보기 위해서는 생각을 그쳐야 합니다. 그 둘을 따로 떼서 이러쿵저러쿵 논란을 벌일 개제가 아닙니다.

석가모니 부처님이 가르친 수행법은 수식법(아나파나사티)입니다. 나가고 들어오는 숨을 지켜보며 자신을 지켜보는 것. 즉, 관(觀)입니다. 자신의 숨을 지켜보다 보면 숨을 따라 온갖 생각들이 떠오르는데 그 떠오르는 생각을 그쳐야(止) 정확한 자기 자신을 볼 수 있습니다. 그러므로 석가모니 부처님의 수련법이 바로 지관(止觀)인 셈입니다. 여기서 지(止)는 예비동작이므로 한마디로 그냥 관(觀)이라고 해도 무방할 것입니다.

『헛된 모든 생각을 그친다(止)는 뜻과 비추어 살핀다(觀)는 뜻은 용어의 뜻은 다르지만 배우고 익히는 실제에 있어서는 따로 떨어져서 이루어지는 것이 아니다.』 - 태을금화종지

11
원만구족(圓滿具足)

고등학교를 다닐 때의 일입니다. 고등학교가 집에서 제법 먼 곳에 있어 매일 버스를 타고 다녀야 했습니다. 버스를 타고 가는 중간쯤의 사거리는 교통의 요충지라 늘 밀리기 일쑤였습니다. 지금처럼 스마트폰도 없던 시대라 사람들은 그저 묵묵히 차창 밖을 내다봐야 했습니다. 그때 사거리 옆 반쯤 무너진 흰 벽에 누군가 글자를 써놓았는데 그 글자가 "삶이란?" 글자였습니다.

글자도 또박또박 굉장히 크게 써놓았는데 그렇다고 아주 잘 쓴 글씨는 아니었습니다. "삶"자는 사람의 머리통 만하게 썼고 나머지 글자는 갈수록 작아졌습니다. 차는 밀리고 딱히 볼 것 없고 모두 묵묵히, 할 수 없이 창 밖에 있는 그 글자에 눈이 가 있었습니다. 도대체 누가 써놓았을까요? 아늑하고 신성한 산사에 앉아 고민하거나, 아니면 최소한 한밤중에 홀로 깨어 진지하게 고민해봐야 하는 그런 문장을 그는 왜 도심 한복판에 그것도 허물어진 흰 벽에, 그것도 매일 밀리느라 짜증과 소음과 매연이 가득한 사거리에 저 글을 써놓았을까요? 도대체 그는 무엇을 원했던 걸까요? 장난일까요?

원만도량(圓滿道場)
원만구족(圓滿具足) 지공무사(至公無私)-원불교
큰 도(大道)는 모든 것을 갖추어 원만하며, 지극히 공평하고 전혀 사사롭지 않다.

그 글자는 최소 5년 쯤은 그 자리에 그대로 있었던 것 같습니다. 도로를 확장해야 하는데 반대가 심해 허물어진 벽이 오래 방치될 수 밖에 없었던 상황이죠. 아무튼 그때는 그렇게 황당하지만 매우 큰 질문들을 술자리나 공책의 뒷면에 어른 아이 할 것 없이 남발하는, 1970년대는 그런 시대였습니다.

그나저나 도대체 삶이란 무엇일까요? 삶이 무엇이라고 생각하십니까? 사람에 따라, 태어난 환경이나 현재 절실한 그 무엇에 따라 여러 가지 견해가 있을 것입니다. 여러 견해가 있겠지만 그 모든 생의 한결같은 목표 방향은 현재보다 좋아지기 위해서 입니다. 돈을 많이 번다든가, 명예를 더 많이 얻는다든가, 좋은 대학에 들어간다든가, 좋은 배우자를 만나 결혼을 하고 싶다거나 등등. 결국 현재보다 나은 삶. 현재보다 행복한 삶이 목표입니다.

그런데 대개의 행복들은 성취되면 사라집니다. 그러니까 성취되기 전까지는 그것만 성취하면 세상 모두를 가진 듯 평생 행복하고 만족할 것 같았는데 이상하게 성취되고 나면 금방 시들해집니다. 그래서 사람들은 시들지 않고 영원히 지속되는 행복을 찾기 시작했습니다. 바로 지복입니다. 그렇다면 지복이란 무엇일까요?

사람의 욕심은 늘 끝이 없습니다. 그래서 1억을 벌게 되면 10억을 원하게 되고 10억이 손에 들어오면 100억을 원합니다. 이제 돈은 충분하다 싶은 사람은 명예를 원합니다. 작은 명예를 성취하면 곧 이어 또 큰 명예를 원합니다. 그래서 사람은 늘 또 다른 새로운 욕망을 찾아 끝없는 반복을 거듭합니다. 그러다 아까운 시간이 모두 흘러가 버립니다.

그런데 이 모든 걸 한꺼번에 얻는 방법을 석가모니 부처님이 발견하셨습니다. 그것은 바로 나를 버리는 것입니다. 그렇다고 내가 완전히 죽어 없어지는 것은 아닙니다. 작은 나를 버리는 것입니다. 작은 나를 버리고 큰 나를 찾는 것입니다. 큰 나라고 하는 것은 모든 물질과 모든 명예를 모두 포함하는 참된 나입니다. 즉, 내가 물질과 명예를 쫓아다니는 인생에서 방향을 틀어 나 자신을 바꾸어 버리는 것입니다. 그렇게 해 버리니 평생 쫓아다니는 추격자의 삶이 막을 내리게 됩니다. 내가 한꺼번에 모든 걸 가지게 되니 지극한 행복만이 남습니다. 참으로 멋진 발상의 전환

아닙니까.

> 『수행을 아무리 오래 하더라도 공덕을 쌓지 않으면 원만구족한 부처님 세계를 알 수 없는 것이야!』 - 양익스님

우리는 그냥 오로지 열심히 수행만 하면 지복에 이를 수 있다고 생각했는데 양익스님의 말씀은 다릅니다. 수행을 아무리 오래 하더라도 공덕을 쌓지 않으면 지복에 이르지 못한다는 뜻으로 읽힙니다. 이건 좀 오래 생각해봐야 될 문제입니다.

내가 아는 몇몇 사람들은 세속을 떠나 깊은 산속에 들어가 토굴을 파고 앉아 목숨 걸고 수련만 하는 사람들이 있습니다. 혈육, 가족, 친구, 직장 등등 내가 뿌리칠 수 없었던 것들을 과감히 벗어 던지고 오로지 수련만 하러 떠난 그들이 나는 한없이 부러웠는데 스님은 그렇게 수행만 죽어라고 한다고 해도 성공하지 못한다는 말씀입니다. 이것은 어인 말씀일까요? 무슨 원리일까요?

흔히 독한 놈이 더 잘 산다. 나쁜 놈이 꼭 이긴다. 좋은 일을 많이 해서 잘 사는 사람들도 있지만 세상에는 나쁜 일을 많이 해서 잘 사는 사람들이 더 많은 것처럼 보입니다. 도대체 왜 그럴까요?

사실 여기에는 중대한 오류가 있습니다. 우리는 돈을 세상의 기준으로 잘못 생각하고 있습니다. 돈이 많다고 하여 꼭 성공한 삶이 아닌데 어느새 돈이 인생의 궁극적인 성공과 실패의 기준으로 자리 잡았습니다. 만약 그 기준이 맞다면 독한 놈이 더 많은 돈을 벌거나 나쁜 놈이 경쟁에서 이겨 많은 돈을 벌리는 없습니다. 만약 그 기준이 맞다면, 돈을 많이 벌었던 그 많은 사람들은 모두 행복하게 세상을 마감해야 했습니다. 그러

나 과연 몇 퍼센트의 돈 많았던 사람들이 행복하게 눈을 감았습니까?

마찬가지로, 도를 완성했던 그 수많은 성인들 중에서 어느 누가 행복하지 않게 눈을 감았습니까? 그들 중 어느 누가 후대 세상의 존경을 받지 않았습니까? 그것이야말로 세상의 완벽하고 진실한 성공이라 할 것입니다. 그러므로, 그렇듯 귀한 성공이므로, 반드시 세상에 대한 공덕을 쌓아야 한다는 것입니다. 혼자 도를 이루겠다며 가족과 주위를 모두 팽개치는 것도 어쩌면 자기 혼자만 성공하겠다는 작은 욕심에 불과합니다. 그런 작은 욕심으로 세상의 큰 도를 이루겠다는 것은 어불성설일 것입니다.

양익스님은 하루 일하지 않으면 하루 먹지 말라는 백장청규 사상을 실천하셨으며, 재료를 구입하는 것 빼고는 스님들과 함께 손수 불사를 하셨다고 합니다. 제자들을 가르치고 구명의식을 행하는 등등의 모든 일들이 바로 공덕을 쌓는 일일 것입니다.

> 『자연적인 의무를 피하는 사람은 자신의 가장 높은 흥미와 반대로 일한다.』
> — 바가바드 기타

기타의 이 부분은 아주 깊은 이해가 요구됩니다. 즉, 우리가 자신에게 주어진 의무나 삶을 억지로 다른 것으로 바꾸거나 이행하지 않았을 때 어떤 문제가 생기느냐에 대한 것입니다. 카르마라고 하는 것은 매우 무섭고 예외도 없고 단호합니다. 예를 들면, 히말라야 최고의 스승인 마하바타르 바바지는 제자인 라히리 마하사야를 위해 엄청난 노력을 들여 황금의 궁전을 짓습니다. 라히리 마하사야는 이미 몇 번의 생을 통하여 최고의 스승인 바바지 밑에서 많은 시간 명상하고 수련을 해왔습니다.[※주9]

그러나 최고의 스승과 최고의 수련법으로 수련을 해도 황금궁전을 갖고 싶어하는 라히리 마하사야의 카르마를 지울 수 없었습니다. 이것은 마음으로, 수련으로, 하물며 엄청난 능력을 지닌 스승일지라도 대신하고, 지워줄 수 없는 게 카르마의 원리이기 때문입니다. 그래서, 제자의 원초적인 카르마를 소멸하기 위해 엄청난 힘을 들여 실재의 황금궁전을 만들어 주었던 것입니다.

그러므로, 영혼의 진보를 위해 공부하는 사람은, 자신의 카르마가 무엇인지 깊이 들여다 보아야 합니다. 단박에 어떤 영혼의 진면목을 깨달아 깨달음을 얻었다고 자랑하고 자기가 대단한 고수라고 떠드는 사람은 엉터리입니다. 왜? 그것은 자신의 환상이고 마음의 상상에 불과하기 때문이죠. 위의 사례처럼 오랜 시간 수련을 통하여 카르마가 완전하게 없어져야 비로소 우주의 마음에 하나 될 수 있습니다.

마찬가지로, 거액을 주면 3개월 만에, 또는 1년 안에, 도통을 시켜주겠다는 것도 모두 그런 면에서 헛소리입니다. 아무리 훌륭한 비법의 수련법이라도 사람은 절대 3개월만에, 또는 1년 안에, 괄목할 만한 진보를 이룰 수 없습니다. 우주를 지배하는 카르마의 법칙이 그렇기 때문입니다. 자신은 엄청난 고수이기 때문에 한번에 제자의 카르마를 없애거나 카르마를 초월할 수 있다고 큰 소리 치는 것도 모두 엉터리고 헛소리입니다. 마하바타르 바바지, 예수 등등등 그 어떤 위대한 성인들 그 누구도 그 법칙을 초월한 분은 없었습니다.

12
금강영관법(金剛靈觀法)

『오 크리슈나여! 싸우기를 원하여 내 친족들이 저렇게 정렬해 있는 것을 보니, 나의 사지는 주저앉고, 입은 바싹 타고, 몸은 전율하고, 머리털은 곤두섭니다. 신성한 활은 손에서 미끄러져 떨어지고 살갗은 흥분으로 불탑니다. 나는 버티고 서 있을 수도 없고, 나의 마음은 산만하게 오락가락 하오.』

— 바가바드 기타

청련암에 들어서면 맨 먼저 눈에 들어오는 것은 무술동작을 표현한 그림들입니다. 바로 양익스님이 만든 금강영관법입니다. 그저 한낱 범어사의 평범한 말사에 불과했던 청련암을 세상에 널리 알리게 된 계기도 바로 이 금강영관법(金剛靈觀法) 때문입니다. 선무도를 비롯하여 현재 우리나라 절에서 가르치는 대부분의 무술들이 바로 이 금강영관법에 뿌리를 두고 있거나 영향을 받았을 정도로 가히 우리나라 승가무술의 원류라고 할 만합니다.

어떤 분들은 조용히 공부하는 절에 애들 가르치는 태권도 도장처럼 덕지덕지 온갖 그림을 붙여 놓았다고 불평하는 분들도 있습니다. 또 어떤

금강영관법 무술수련도 ⓒ서창덕
청련암에 처음 오는 사람들은 빼곡히 그려진 무술수련 그림에 신기한 듯 둘러본다.
양익 스님이 비로자나불에게 전수받은 무술이다. 그러나 스님이 안 계신 지금은 이곳에서 무술을 가르치지 않는다.

분들은 이런 것들은 모두 잡술이고 정통 불교의 가르침과는 거리가 먼 이단이라는 분들도 있죠. 아마 스님은 그런 따가운 눈총을 받으셨을 것입니다. 그런 사람들에게 일갈하는 뜻으로 스님은 "대도무문(大道無門)"이라는 힘 있는 글자를 첫 계단의 오른쪽에 새겼습니다.

  가장 많이 알려진 불가의 무술은 달마대사가 창건했다고 하는 중국의 소림무술입니다. 달마대사는 석가모니 부처님의 법이 전해진 마하가섭 존자로부터 28대 조사로 중국으로 건너가 중국불교의 초조가 되신 분입니다. 우리나라에도 불가에서 무술을 수련했다는 기록들이 많이 있고 임진왜란이 일어났을 때는 이 분들이 의병으로 나가 나라를 지킵니다.

  깨달음으로 가는 길과 무술과는 어떤 관계가 있는 것일까요? 어떻게 보면 정적인 자아의 성찰과 격하게 움직이는 무술의 동작은 완전히 정반대의 행위로 보입니다. 그러나 인도의 정신과 종교의 바탕이 된 바가바드 기타 역시 전쟁에 관한 이야기입니다.

클래식 기타는 들어봤어도 바가바드 기타는^{※주10)} 들어본 적이 없는 분들은 꼭 한번 사서 읽어보시기 바랍니다. 인도의 라제쉬 교수는 이 책을 작은 포켓북으로 만들어 20년 동안 주머니에 넣고 다니며 읽고 있었는데 2년도 아닌 20년이면 책이 아니라 그 자신의 일부라고 해도 좋을 것입니다. S.R.F의 창시자 파라마한사 요가난다께서도 기타가 인도에서 최고로 사랑 받는 성스러운 경전이며 인도의 모든 현자들이 의지하고 있는 영적 권위의 본질이라고 칭송했죠.

바가바드 기타는 먼 옛날 고대 인도의 왕자인 아르쥬나가 스승인 크리슈나의 도움을 받아 자신의 사촌들과 벌이는 전쟁 이야기입니다. 인도는 자비의 종교 불교를 창시한 나라이고 길거리에 소나 돼지가 활개를 치고 다닐 정도로 살생을 하지 않는 나라인데 어떻게 사람을 무자비하게 죽이는 전쟁 이야기를 그렇게 아끼는 걸까요? 여기 바가바드 기타의 한 장면을 읽어보면 이유가 짐작이 될 것입니다.

> 『드로나와 드루파다는 서로 친한 친구였다. 수 년 후 드루파다가 왕이 되었을 때 드로나가 찾아와 청탁을 하였고, 왕이 된 드루파다는 거절하였다. 화가 난 드로나는 판다바의 도움을 받아 왕국을 무너뜨리고 드루파다를 포로로 잡았다. 그래도 죽이지는 않고 오히려 왕국의 남쪽 반을 주었다. 쫓겨난 드루파다는 신에게 기도하여 아들 한 명을 얻었으며, 이 아들은 신에게서 받은 빛과 대담한 용기를 발휘하여 자신을 내쫓은 드로나를 살해하였다.』
>
> — 바가바드 기타

아무리 읽어봐도 원한과 보복이 판치는 평범한 전쟁의 이야기입니다.

그러나 이 이야기 속 인물들의 상징을 알게 되면 전혀 다른 내용이 됩니다. 즉, 드로나는 인간 내부에 있는 물질에 대한 집착이며, 드루파다는 물질을 싫어하는 영적인 열망입니다.

처음에 이 둘이 친구였다는 것은 갈등이 없었을 때의 상황입니다. 그러나 성장하면서 서서히 각자의 성향들이 나타날 때 둘은 갈등을 일으키고 결국 치열한 싸움이 벌어집니다.

우리는 살아가며 늘 인간과 동물의 중간에서 갈등합니다. 이성과 감정의 갈등. 선(善)과 악(惡)의 갈등. 아무튼, 둘의 싸움에서 처음에는 물질적 경향인 드로나가 승리하게 되지만, 나중에는 순수한 식별력과 신성한 영혼의 빛으로 무장한 드루파다가 물질적인 습관을 물리치고 승리한다는 내용입니다.

즉, 바가바드 기타의 전쟁 이야기는 실제의 전쟁이 아니라 인간의 내면에서 일어나는 물질적인 집착과 영적인 신성함과의 격렬한 싸움을 말하는 것입니다. 그렇기 때문에 바가바드 기타를 종교의 나라 인도에서 최고의 경전이라고 하는 것입니다.

태어나서 죽을 때까지 영원히 물질의 세계에만 머물게 되는 사람에게 내면의 전쟁은 일어나지 않습니다. 그러나 물질의 세계를 거부하고 신성한 영혼의 빛을 찾는 사람은 매일매일 사투(死鬪)나 다름없는 내면의 전쟁을 치르게 됩니다. 내면에서 일어나는 갈등은 전쟁처럼 치열하기 때문에 종교는 무술에서 물질세계의 적을 물리치는 전술과 불굴의 용기를 배웁니다.

비틀즈의 조지 해리슨은 마약을 통해 우연히 신의 영역을 본 뒤 평생 물질세계와 정신세계 사이에서 고민하고 갈등하며 나름 영혼의 진보를 이룹니다. 그러나 똑같이 마약을 했던 존 레논이나 다른 멤버들은 전혀 그렇지 않았죠. 조지 해리슨의 마지막을 지켰던 부인에 의하면 조지 해리슨이 사망할 무렵 갑자기 조명이 들어온 것처럼 방 안이 환하게 밝아졌다고 합니다. 반면 존 레논은 길에서 총을 맞았죠.

양익스님은 출가하시기 전에 이미 무술의 고수였습니다. 그런데 무술을 연마한 과정이 여느 사람과 달리 특별한 차이가 있습니다. 대개 무술의 고수가 되기 위해서는 이름난 도장이나 스승을 찾아가 배워야 하는데 스님의 경우는 거의 독학으로 무술의 고수가 됩니다. 그리고 육체의 수련에 정신적인 수련을 가미합니다.

가미를 넘어 정신 수련이 주체가 됩니다. 단검 던지기를 익힐 때도 조금씩 어려운 과정을 연마해 들어가다 나중에는 물리적으로 전혀 불가능한 던지기를 시도합니다. 즉, 처음에는 단검을 목표물에 정확하게 맞히는 동작을 연습하다 나중에는 단검 하나를 던져 동시에 의자의 네 귀퉁이를 맞히게 한다든지 또는 단검이 날아가다 직각으로 한 번 더 꺾이는 시도를 하고 결국에는 성공을 합니다. 바로 몸으로 단검을 던진 뒤 정신으로 단검의 궤도를 조정하는 것이죠. 물질의 세계에서는 상상이 안가는 얘기죠.

스님은 상상이 안가는 일화들을 많이 남기셨습니다. 여러 사람들이 지켜보는 앞에서 범어사 일주문을 뛰어 넘었다는 얘기가 가장 유명하고, 가부좌를 한 상태에서 공중 부양하여 입으로 천정의 못을 뽑았다는 얘기도 있습니다.

『지(止)라는 것은 맺힌 번뇌(結)를 항복받는 첫 문이며(止乃伏結之初門)
지(止)는 선정을 얻기 위한 훌륭한 요인이다.(止是禪定之勝因)』

― 天台小止觀

양익스님의 무술과 벽화를 이해하기 위해 우선 관법(觀法)에 대하여 알아야 합니다. 사실 불교에서 가장 중요한 것은 바로 관(觀)입니다. 관법에 대해서 알면 거의 대부분을 알았다고 해도 과언이 아닙니다. 비단 불교에만 한정된 것도 아니죠. 사실 모든 수련이 결국은 올바른 관(觀)을 얻기 위한 과정입니다. 요즘 유행하는 위파사나 수련도 마찬가지죠.

위파사나 글자의 의미도 모든 것을 꿰뚫어 본다는 것입니다. 또 참선(參禪)의 뜻은 선(禪)에 참여한다는 뜻인데 풀이하면 선(禪)의 뜻은 혼자(單) 멈춰서 본다(示)는 뜻입니다. 신이 부리는 요술이라고 하는 왓칭(watching)도 마찬가지죠. 결국 보는 것, 觀입니다.

관(觀)을 알기 위해서는 우선 멈춘다는 뜻의 지(止)를 알아야 합니다. 정신없이 움직이는 생각이 멈추지 않고서는 절대 관(觀)이 생기지 않습니다. 그래서 멈춘다는 뜻의 지(止)를 공덕이라고 하는 것입니다.

마음에 일어나는 생각을 없애기 위해서는 먼저 집착의 고리부터 끊어야 합니다. 집착의 고리를 끊기 위해서는 어떤 생각이 일어나더라도 거기에 초연해야 합니다. 어떤 생각에도 초연해 지기 위해서는 욕심을 버려야 합니다. 물질과 명예와 출세와 이성에 대한 욕망, 이런 것들을 버려야 생각이 멈추고 관(觀)의 큰 거울이 나타납니다.

결국 내게 오는 업(業)의 인연들은 내 욕심이 만든 것입니다. 그 업의 인연들을 녹여 없애기 위해서는 그 업연들이 올 때 집착하지 말고 부질없음을 알고 물리쳐야 합니다. 내게 오는 업의 인연들을 물리치려면 욕심과 애착이 없어야 합니다. 설령 그 업(業)이 부당하게 내게 충격과 손해를 주더라도 상대방의 잘못에 대하여 인내하고 받아들이고 용서해야 합니다. 한발 더 나아가 그를 도와야 합니다. 그랬을 때 내 업의 인연들은 소멸합니다. 그래서 생각을 멈추는 지(止)가 공덕을 쌓는 행위라는 것입니다.

한편, 내가 어떤 바람 없이, 나를 돕고 욕심 부리는 것 없이 순수하게 타인을 위하여 봉사하고, 노력하고, 돕는 것은 나의 업을 소멸하는 공덕이 됨과 동시에 내가 한 단계 더 높아지는 원동력이 됩니다. 사람이 깨친다는 것, 도를 통한다는 것은, 우주 속에서 내가 한 단계 더 높아져 신의 영역에 가까워지는 의미이기 때문입니다.

　석가모니 부처님은 법화경을 설하시며 이것이 가장 중요한 경이며, 법화경 이전의 가르침은 근기와 가르침의 방편에 따른 것이고 사실은 이것이 가장 중요한 법임을 누차 강조하십니다. 그런데 잔뜩 기대를 안고 법화경을 읽어보면 그 곳에 특별한 비법은 보이지 않습니다. 이게 뭐지? 이거 뭐 특별한 비법도 없는데 도대체 무엇이 가장 중요한 법이라는 거지? 의문만 듭니다. 그런데 깊게 파고들어 보면 아무 뜻 없어 보이는 글자에 특별한 비법이 숨어 있습니다. 그것이 바로 관(觀)입니다.

> 『관(觀)은 미혹을 단절하는 바른 요인인데(觀亦斷惑之正要)
> 관(觀)은 곧 알음알이를 일으키는 묘술이다(觀是智慧之由籍)』
>
> 　　　　　　　　　　　　　　　　　　　　－ 天台小止觀

　일찍이 1,500년 전 천태종의 실질적 창시자인 천태대사께서 관(觀)이 바로 알음알이를 일으키는 묘술이라고 강조하셨습니다. 지금도 천태종에 가면 많은 할머니들이 관세음보살을 끊임없이 찾고 있는데 바로 그런 이유입니다. 그런데 사실 관세음보살님을 열심히 외우며 찾는 것 보다 중요한 것은 직접 관(觀)하는 것입니다. 관(觀)을 알면 모두 안 것이나 다름없기 때문입니다. 양익스님도 바로 이 관법(觀法)으로 큰 도를 이루셨습니다.

　관(觀)에서 의식이 출발합니다. 알음알이가 시작되는 거죠. 관(觀)은 의식의 근본 바탕이라 할 수 있습니다. 모든 것을 버려 보십시오. 남는 건 관(觀) 뿐입니다. 모든 것을 버렸더니 깜깜해 아무것도 보이지 않더라는 사람이 있던데 아무것도 없는 걸 어떻게 압니까? 바로 관(觀) 때문입니다.

13
즉신성불(卽身成佛)

지장전에 오르는 마지막 계단에 새겨 넣은 단어는 "즉신성불"입니다. 내세에 부처가 되고, 죽어서 천국에 오르는 것이 아니라, 바로 지금 이 생에서 이 몸을 갖고 부처가 되고 천국에 오른다는 것입니다. 청련암이 무술을 수련하는 이유가 즉신성불에 있음을 스님은 강조하고 있습니다.

흔히, 몸은 닦지 않고 마음만 닦아도 된다는 것은 뭔지도 모르고 떠드는 사람들입니다. 몸과 마음은 절대 따로 떼서 논할 수 없습니다. 그런데 보통 우리는 몸과 마음을 따로 생각합니다. 우리가 먹는 음식이 우리의 몸이 됩니다. 그러나 대개는 우리가 먹는 음식과 우리 몸의 관계를 따로 분리하여 생각합니다. 물론 독약을 먹으면 우리 몸이 죽거나 해가 된다는 사실은 잘 알고 있습니다. 그러나 내가 먹는 패스트 푸드나 고기 등등의 불량식품을 먹으면 내 몸도 그렇게 불량화 된다는 사실은 간과합니다. 입은 늘 맛만 있는 나쁜 음식들을 찾으면서 이상하게 몸이 좋지 않다고 투덜거립니다.

당연히, 수련하는 사람에게 음식은 보통 사람보다 몇 배 더 중요합니다. 자신은 고수이기 때문에 술과 고기를 먹어도 전혀 지장없다며 행동

제1장 비밀의 사원 83

청련암 지장전(地藏殿)
계단을 올라가면 끝에 지장보살님이 이룬 엄청나게 큰 지장전 천국이 펼쳐진다.
굉장히 큰 명당자리지만 아무데나 앉아 기도하면 엄청난 두통에 시달릴 수 있다.

하는 사람들이 있는데 한마디로 불행한 사람들입니다.

　며칠 전에 횟집에 몇 사람이 모였는데 고기 먹는 스님들이 화제에 올랐습니다. 한 분이 스님들도 한 번씩 고기를 먹어 영양보충을 해줘야 한다는 말에 다들 공감을 표했습니다. 나는 가만히 듣고만 있었습니다. 이때 어떤 여자 분이 자기가 친한 스님은 메기매운탕을 좋아하시는데 식당에서 다른 사람들이 보는데도 전혀 거리낌 없이 드실 정도로 도가 높은 분이라며, 그 스님이 그러시는데 수행에서 가장 어려운 점이 여자를 멀리하는 것이라고 하더랍니다. 이런 황당한 말에 좌석한 사람 누구하나 토를 다는 사람이 없고 그저 그 말이 옳다는 듯 고개만 주억거립니다. 잘난 척 하기 싫어 끝까지 말을 섞지는 않았지만 속으로 많이 놀라고 안타까웠습니다.

수련을 하게 되면 고기는 자연스레 멀어지게 됩니다. 수련하면 할수록 고기가 당긴다면 그 사람의 수련법은 잘못된 것입니다. 수련을 하면 할수록 여자가 그립다면 그 역시 잘못된 수련법입니다. 만약 그런 사람이 절에 있는 스님이라면 그는 공부를 하지 않는 사람입니다. 수련을 하게 되면 그 사람의 육체는 정밀해집니다. 즉 육체의 진동 체계가 영혼의 진동에 가까워집니다. 영혼의 수준까지 상승하면 양익스님처럼 육체를 초월하는 능력을 발휘하는 것입니다. 그러나 열심히 수련한 뒤 고기를 먹으면 다시 육체는 둔해지고 탁해집니다. 담배를 피우면 금방 몸에 해로움이 느껴지는 것과 똑같은 원리입니다. 즉, 수행의 진도를 높이기 위해 노력하는 수행자는 자연스레 고기와 멀어지게 되는 것입니다.

여자도 마찬가지입니다. 쿤달리니를 각성시키는 불의 에너지는 성적인 에너지(精)가 변화된 것입니다. 쉽게 말해 정액입니다. 내가 이런 말을 하면 나름 공부를 했다는 사람들이 강하게 항의를 하거나 또는 불신합니다. 그러나 이건 내가 많은 실험과 검증과 자료를 통하여 확인한 내용입니다. 이 부분은 뒤에서 따로 다루기로 합니다.

아무튼, 산에서 10년 동안 열심히 공부한 뒤 속세로 내려와 예쁜 여자를 만나 한번은 괜찮겠지 하고 섹스를 해버리면 옛말 그대로 10년 공부 도로아미타불이 되는 것입니다. 그것이야말로 육보시인 셈입니다. 10년 동안 몸에 쌓아놓은 맑은 기운이 섹스를 통하여 상대방에게 모두 넘어가 버립니다. 그래서 열심히 공부한 수련인을 만난 여자는 건강해지고 자지러지고 순간적으로 기분이 좋아지고 탁한 업을 씻습니다. 반면에 수련인은 엄청난 손해를 보게 되는 것이죠. 한 순간의 쾌락을 위해 10년 저축한 것을 홀라당 여자에게 넘겨버리고 자신은 원점에서 새로 시작해야 하는데 어찌 수련한 세월이 아깝지 않겠습니까.

그래서 수련하는 사람은 자연스레 여자를 멀리하게 되고 멀리 해야 됩니다. 여자에 대한 생각을 끊지 못하면 옆에 여자가 없더라도 밤에 꿈에서 여자를 만나 몽정을 해버립니다. 에너지가 단전에 모아져야 쿤달리니가 열려 척추를 타고 상승하는데 여자에 대한 생각을 끊지 못하면 단전에 에너지가 쌓일 틈이 없기 때문에 쿤달리니는 열리지 않습니다.

고기가 당기고 여자를 잊지 못하겠다면, 그 스님은 하루빨리 환속해서 결혼도 하고 고기도 실컷 먹어야 합니다. 고기도 실컷 먹고 여자도 실컷 즐기다보면 어느 순간 지겨워집니다. 체력도 떨어지고 나중에는 이게 뭐 이리 좋다고 이래 난리를 쳤던가, 이런 생각이 들면, 그 모든 것에 지루해지면, 그때 출가하면 됩니다.

삶에 지치고 지루해지는 건 수행에서 매우 중요한 바탕입니다. 오십의 나이를 두고 수련장에서 '어서 오십시오'라는 말이 나온 이유입니다. 한 오십년 살다보면 삶에도 이력이 붙고 삶을 보는 여유와 눈이 생깁니다. 그런 사람들은 현재의 삶에 의문을 갖기 시작하고 또 다른 의미를 찾게 됩니다. 그것이 수행의 출발점이 됩니다. 즉신성불을 이룰 조건이 갖추어진 셈입니다. 노자가 처음 태어났을 때 이미 늙어 있었다는 것은 바로 그런 의미입니다.^{※주11)} 노자는 태어날 때부터 이미 준비가 된 상태였습니다.

몸과 마음과 정신은 하나이고 정신이 몸을 마음대로 할 수 있는 경지가 되어야 즉신성불을 이룰 수 있습니다. 일정한 수준의 무술은 익힐 수 있지만 고단계의 수련은 정신의 힘을 키우지 않고는 불가능합니다. 예전에 청련암 근처에서 태권도를 가르치는 사범이 양익스님의 얘기를 듣고 한번 겨루기 위해 청련암에 갔다고 합니다. 스님은 겨루기 전에 먼저 차를 한잔 마시자고 했는데 그 태권도 사범은 스님이 따라준 작은 찻잔 하나도 들지 못했다고 합니다.

절에서 무술을 하는 이유는, 고단계의 무술을 완성하기 위하여 몸과 정신을 극한의 경지로 끌어올리고 바로 그런 과정을 통하여 부처님의 세계와 연결하여 법신 비로자나불처럼 되자는 취지입니다. 무술 자체가 목적이 아니라는 것이죠. 스님은 4미터나 되는 범어사 일주문을 가볍게 뛰어 넘거나 단검을 던져 의자의 다리 네 개를 한 번에 베는 시범을 보였다고 합니다. 바로 극한의 경지에 오른 정신이 몸과 심지어 사물까지 통제하는 것이죠.

    벽화에 가기 전 즉신성불의 마지막 계단을 올라왔습니다. 모든 준비가 끝났습니다. 이제부터 벽화의 비밀을 풉니다. 비밀을 잘만 푼다면 즉신성불이 되는 게 어렵지 않습니다. 벽화만 잘 따라 가다 보면 우리는 신의 품에 안길 수 있습니다. 저기 벽화 너머에서 천국이 손짓하고 있습니다.

"금정산 정상부근 금샘에서 해뜨는 곳 동쪽으로 떨어진 곳에 하늘의 황금물고기 범어(梵魚)를 모셨다는 범어사가 있고, 바로 옆에 거의 붙어있다시피 앉아 있는 암자가 바로 청련암(靑蓮庵)입니다.

인도에서는 연꽃을 부처님의 불꽃이라 하는데 실제 청련암은 금정산에서 내려오는 두 줄기 물길의 중간에 삼각주처럼 생긴 곳에 위치하여 마치 연꽃이 물의 가운데 떠있는 형국입니다. 범어사가 금정산이라는 커다란 샘에 사는 황금물고기라면 청련암은 이름 그대로 푸른 연꽃(靑蓮)입니다."

— 황금물고기의 전설 중에서

청호당 양익대선사 진영

청호당 양익대선사
靑昊堂 兩翼大禪師

- 1934년 9월 25일
  강원도 홍천군 내촌면 답풍리에서
  김해 허씨 수봉옹을 부친으로
  밀양박씨를 모친으로 탄생하셨으며,
  아명(속명)은 남익

- 1962년 3월 15일(29세)
  부산 범어사에서 동산스님을 계사로 사미계 수계

- 1964년 3월 15일(31세)
  부산 범어사에서 동산스님을 계사로 구족계 수계

- 1971년(38세)
  범어사 극락암에서 연수원 설립
  불교무도(불교금강영관) 지도법 개발

- 1978년(45세)
  범어사 청련암에 금강영관 수련원 개설
  불교무도(불교금강영관) 본격 지도

- 2006년 5월 6일 새벽 1시 20분경,
  범어사 청련암에서 좌탈 원적(세수 73세, 법랍 45세)

— 靑昊堂 兩翼大禪師 山中葬 式順 引用

청련암 대웅전

대웅전 동북, 북서 벽화

대웅전 북서, 서남 벽화

青蓮庵 大雄殿 壁畵_東北壁面

上_金剛王菩薩
下_坐禪(107p)

上_金剛愛菩薩
下_念佛(124p)

青蓮庵 大雄殿 壁畵_東北壁面

上_金剛歌菩薩
下_六字觀(137p)

上_金剛光菩薩(151p)
下_七輪合掌(148p)

青蓮庵 大雄殿 壁畵_北西壁面

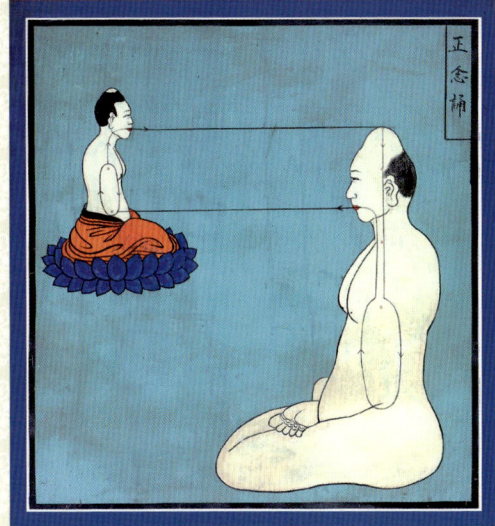

上_金剛鉤女菩薩(177p)
下_正念誦(163p)

上_金剛鉤菩薩(185p)
下_毫臍一觀(183p)

青蓮庵 大雄殿 壁畫_北西壁面

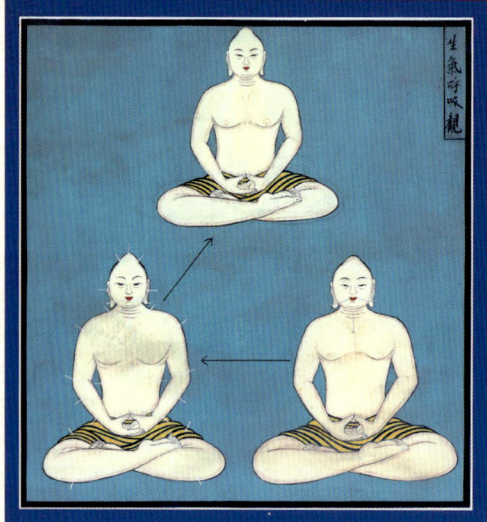

上_金剛幢菩薩(206p)
下_生氣呼吸觀(204p)

上_金剛塗香菩薩(215p)
下_靈肉一致觀(210p)

青蓮庵 大雄殿 壁畵_北西壁面

上_金剛明王菩薩天(227p)
下_入我我入觀(225p)

青蓮庵 大雄殿 壁畵_北西壁面

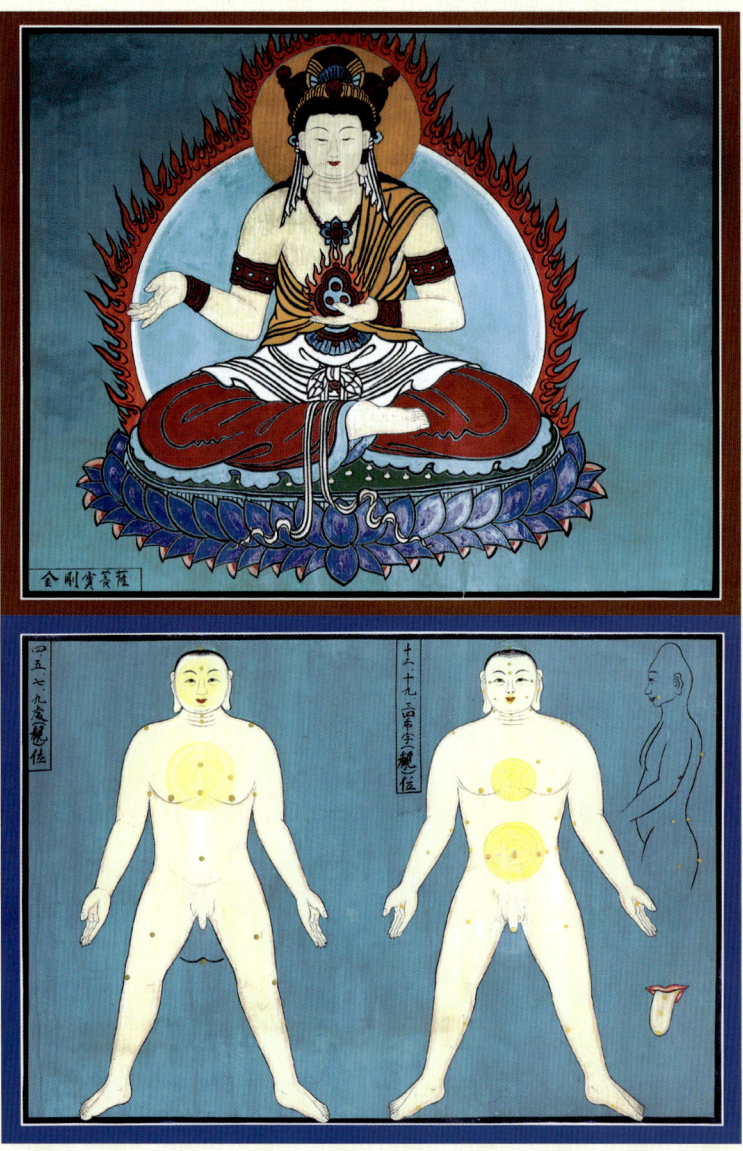

上_金剛寶菩薩(247p)
下_四,五,七九處(觀)位 十二,十九,三四布字(觀)位(243p)

靑蓮庵 大雄殿 壁畵_北西壁面

上_金剛燈菩薩(273p)
下_轉字瑜伽(270p)

上_金剛因菩薩(288p)
下_五輪塔(280p)

青蓮庵 大雄殿 壁畵_北西壁面

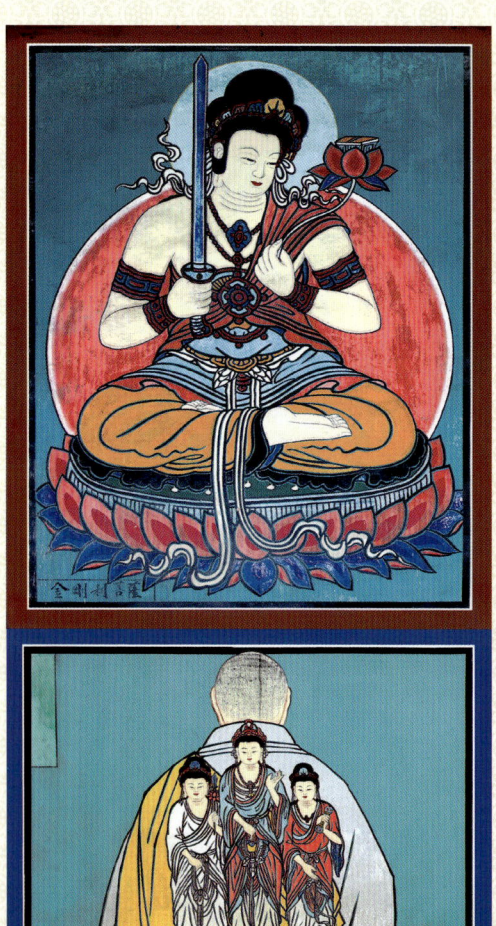

上_金剛利菩薩(298p)
下_騎龍觀音三尊(293p)

上_金剛舞菩薩
下_金剛界阿字觀 胎藏界阿字觀(318p)

靑蓮庵 大雄殿 壁畵_西南壁面

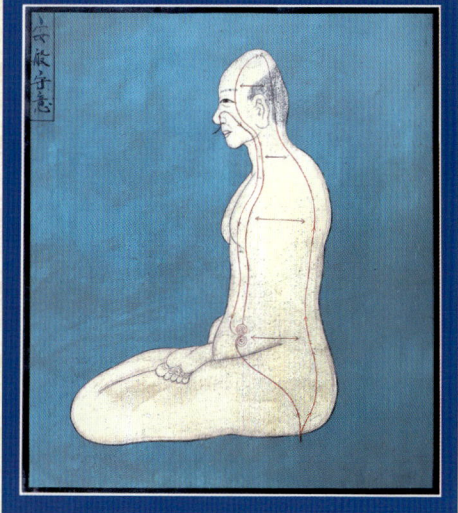

上_金剛波羅蜜菩薩(329p) 　　　　　　　上_金剛法菩薩(342p)
下_法輪觀(323p) 　　　　　　　　　　　下_安般守意(340p)

青蓮庵 大雄殿 壁畫_西南壁面

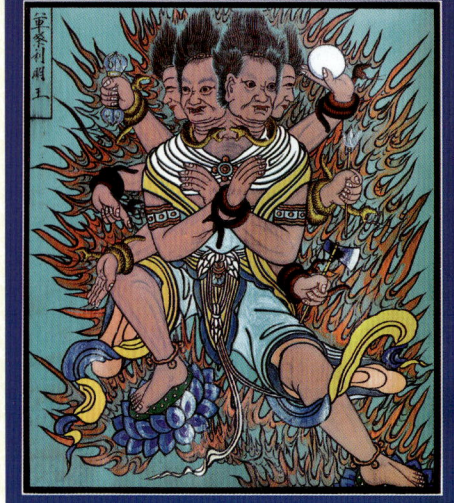

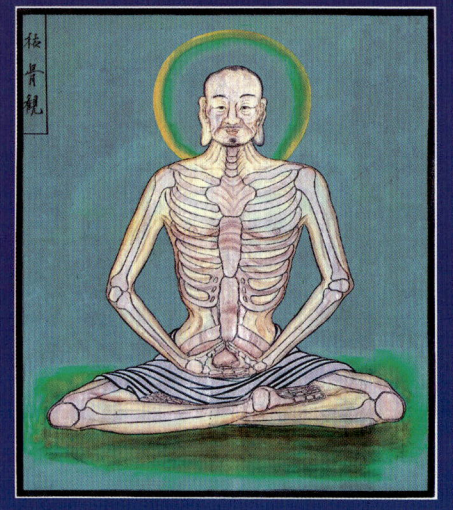

上_金剛寶菩薩
下_軍荼利明王(347p)

上_金剛嗏菩薩
下_枯骨觀(357p)

靑蓮庵 大雄殿 壁畵_東北壁面

上_金剛面大
下_五大輪觀

青蓮庵 大雄殿 壁畵_西南壁面

上_金剛衣天
下_雙龍圖

제2장 비밀의 사원 벽화

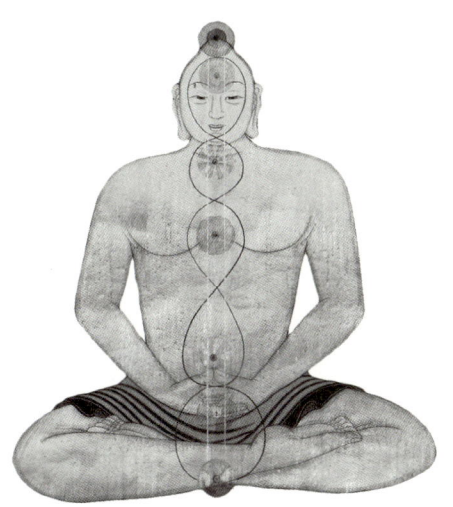

1
좌선(坐禪)

^{※주12)}
　일반적인 절의 대웅전 벽에 그려진 벽화들은 가장 많은 그림이 십우도 (十牛圖)이고 십우도 외의 그림들은 불경에 나오는 이야기들입니다. 그런데 청련암 벽에 그려진 그림은 전혀 다른 그림입니다. 더군다나 생소한 그림임에도 불구하고 아무런 설명이 없습니다. 그래서 이 책을 쓰게 되었습니다. 조금 어렵긴 하지만 설명을 잘 따라오시면 천국의 계단을 오르는데 무리가 없을 것입니다. 그리고 지옥으로 가는 것도 아니고 천국으로 가는 길인데 약간의 어려움이야 당연하지 않겠습니까.

　벽화에 그린 첫 번째 그림의 제목은 좌선(坐禪)입니다. 많이 들어본 글자입니다. 좌선을 한자 그대로 해석하면 홀로 앉아서(單) 본다(示)는 것입니다. 아시다시피 좌선은 불교의 대표적인 수련법입니다. 그냥 앉아서 가만히 앉아 깨어 있으면 되는 아주 쉬운 방법이죠. 그래서 천국에 이르는 첫 번째 계단에 좌선을 놓았습니다. 일단 출발이 쉬워야 사람들이 따라올 테니까.

　그런데 해보신 분들은 아시겠지만 좌선이 쉬워 보이지만 그리 간단치 않습니다. 우선 뭔가 깨달아 보겠다고 앉기가 어렵습니다. 세상을 살

좌선(坐禪)
혼자 앉아 보는 것.

아가는 열 명 중 한명 정도가 이게 아닌데 싶어 무언가 다른 걸 보겠다고 앉습니다. 대부분의 사람들은 가끔 이게 아닌데 싶어도 그냥 살아갑니다. 우선 먹고 살기 바쁜 사람이 대부분이고, 돈 많이 벌어 자식 좋은 대학 보내고 노후를 돈 걱정 없이 보낼 수 있다면, 돈에다 명예까지 얻으면, 까짓 이게 아닌데 싶어도 애써 무시하며, 더 이상 바랄 게 없는 인생으로 스스로 만족하며 위안합니다. 열 명 중 아홉 명은 평생 자기 자신을 향해 돌아앉지 않습니다. 그래서 일견 좌선이 쉬워 보여도 사실은 무언가를 찾기 위해 앉는 것 자체가 어렵다는 것입니다.

밖을 보는 것에 익숙한 사람이 자기 자신으로 시선을 돌린다는 것은 굉장히 파격적인 인생의 전환입니다. 두 시선이 보는 세계는 같은 세상이지만 사실은 완전히 다른 차원의 세계입니다. 눈 앞에 보이는 세상이 물질의 세계라면 눈 안의 세계는 영혼의 세계입니다. 완전히 다른 차원으로 움직인 것이기 때문에 그의 인생은 엄청난 변화가 온 것이고 전환점을 돌았다는 것입니다.

일반적인 사람들이 내면의 세계로 돌아오는 과정을 추적해 보면 대개 두 가지 정도입니다. 첫 번째는 어렸을 때부터 돈과 명예와 출세에는 관심이 없고 명상이나, 신이나, 죽음에 관심이 많은 경우입니다. 이런 사람들은 어려서 출가를 하거나 출가를 하지 않더라도 생활 속에서 종교와 매우 가깝게 지냅니다. 보통 이런 사람들을 일컬어 전생에서 많이 닦은 사람이라고 합니다.

두 번째는 무언가 자신의 간절한 소원을 이루기 위해 절을 찾는 사람들입니다. 사실 불교를 조금만 공부해 보면 부처님 앞에서 소원을 빈다는 것이 얼마나 어리석은 행동인지 알게 됩니다. 그래도 부처님이 워낙에 많은 신통력을 부리셨으니 그 분에게 소원을 부탁하면 신통력으로 이루어 주실 것이라는 막연한 기대 때문에 절을 찾습니다. 그러다 경전을 공부하게 되고 스님을 따라 참선도 해보게 됩니다. 앉아서 내면을 보면 되니까 크게 어렵지도 않죠. 그러나 어떤 계기로든 자신의 내면을 향하게 되었다는 것은 엄청난 발전입니다. 천국의 문고리를 잡은 셈이니까요.

자, 그러나 일단 앉았다고 하더라도 끝난 게 아닙니다. 겨우 문고리를 잡았을 뿐입니다. 참선을 한답시고 앉으면 곧바로 몇 초 지나지 않아 온갖 잡념들이 떠오르기 시작합니다. 불과 몇 초 만이라도 아무 생각 없이 앉아 있기가 정말 힘들다는 것을 알게 됩니다. 깨끗한 줄만 알았던 내 머릿속에 온갖 잡다한 것들이 빼곡히 들어차 있다는 것도 알게 되죠. 즉, 좌선은 최종의 깨달음을 얻는다는 목적보다는 자신의 문제점을 알게 되는 출발점입니다. 물론 좌선만으로 깨달음을 성취한 분들도 있을 것입니다. 그러나 매우 어렵습니다. 그렇게 할 수만 있다면 세상의 많은 수련법은 필요가 없었을 것입니다. 나는 앉아서 좌선만으로 도를 깨쳤다는 사람들을 신뢰하지 않습니다.

단번에 잡념을 떨칠 수 없어 고안된 방법이 몇 가지 있는데 그 중 하나가 호흡의 숫자를 세는 수식관입니다. 아무 생각 없이 앉아 있기 힘들기 때문에 하나의 생각에 집중하여 다른 잡념을 차단하는 방법입니다. 예를 들어 호흡의 숫자를 세는데 열까지 세었다가 열이 되면 다시 하나로 되돌아옵니다. 아주 간단하고 쉬운 방법입니다.

그런데 해보신 분들은 아시겠지만 이것 역시 만만하지 않습니다. 처음에는 몇 번 성공하지만 오래 앉아 있으면 금방 다른 잡념이 들어와 열이라는 숫자를 넘어 스물, 서른으로 넘어가 버립니다. 아차 싶어 처음으로 다시 돌아와 새로 시작합니다. 그러기를 계속 반복해 나가면 어느덧 또렷한 하나의 생각만 남게 되고, 그 남은 하나의 생각만 버리면 잡념 없이 깨어 있는 상태로 머물 수 있게 됩니다.

그 외에도 화두를 들고 앉아 그 화두의 생각에만 몰두하는 화두선이 있습니다. 숫자를 세는 수식관과 비슷한 방법이지만 또 다른 효과를 노리는 한 차원 높은 수련법이라고 할 수 있습니다. 이전에 언급했었던 '금강영관법'도 비슷한 방법입니다. 관법 역시 보는 것이기 때문입니다. 본다는 것은 불교에서 매우 중요한 과제입니다. 어쩌면 부처님 진리의 핵심이라고 할 만합니다.

능엄경에는 내가 본다는 것(觀法)을 통하여 어떻게 스스로의 정체를 파악해 들어가는지에 대해 아주 자세하게 나와 있습니다.

※주13)
개운조사의 능엄경

능엄경은 아주 재미있는 경전입니다. 2,500여 년 전에 태어나신 인도가 낳은 최고의 슈퍼스타인 석가모니 부처님의 가르침이 요즘의 K-POP처럼 여러 나라에 퍼져 나갔지만, 능엄경만은 인도가 국가적인 차원에서 국외 반출을 허가하지 않았다고 합니다. 나라의 귀한 보물처럼 경전 안에 핵심적인 뭔가가 담겨 있기 때문에 국가에서 반출을 금지했다는 것이죠. 그것이 무엇일까요?

저는 앞에서도 언급했지만 그저 사람이 참선의 수행만으로 도를 완전히 깨친다는 것은 불가능하다고 생각합니다. 반드시 몸과 마음에 물리적인 변화가 일어나야 합니다. 그것이 일어나지 않으면 그저 마음으로 깨친 상상에 불과하지 절대 부처님의 경지는 아니라는 것이죠. 인도에서 국외 반출을 꺼렸다는 이유가 바로 부처님의 경지까지 오르게 하는 핵심의 가르침이 능엄경에 담겨 있기 때문입니다.

그러나 늘 그렇듯, 세상에 비밀은 없고 진리를 가두는 금기는 깨지기 마련입니다. 부처님 열반 이후 천년의 세월이 흐른 뒤에 인도의 바라밀제라는 스님이 팔뚝을 칼로 베어서 그 안에 능엄경을 숨겨 중국에 전해줍니다. 팔뚝을 잘랐다고 하여 꼭 끔찍한 상상을 곁들일 필요는 없다고 봅니다. 그만큼 많은 희생을 치르고 전해진 매우 고귀한 경전으로 받아들이라는 뜻이겠죠.

궁금해 하시는 분들을 위하여 능엄경 경전을 잠깐 소개하면 이렇습니다. 옛날 파사익왕이 부친의 제삿날을 맞이하여 부처님을 왕궁으로 초청해 공양을 베풉니다. 그때 마침 부처님의 제자인 아난이 마등가라는 술집 여인의 유혹에 막 넘어갈려는 찰나에 있음을 부처님께서 천리안을 통해 보시고는 제자인 문수보살에게 능엄신주를 주어 아난을 구해 오게 합니다. 아난이 누구입니까? 모든 부처님의 말씀을 기억하여 모든 경전에 여시아문(如是我聞). '나는 이렇게 들었다.'라고 처음 시작하는 인물입니다. 부처님의 말씀을 가장 많이 외우고 기억하는 인물이라면 부처님의 수준에 가장 근접했어야 하는 인물이라는 것이죠. 그런데 실제는 일개 술집 작부의 유혹에 넘어가고 말 정도로 수준이 낮았다는 것이죠.

능엄신주로 무장한 문수보살에게 겨우 구출되어 부처님 앞에 끌려 나온 아난은 펑펑 울며 그렇게 부처님 말씀을 많이 듣고 부처님의 진리를 가장 많이 외우건만 정작 자신은 아무런 도력이 없어 일개 술집 여인에게 넘어가는 지경이라고 한탄하며 부처님께 진정한 가르침을 청합니다.

능엄경이 아주 재밌는 경전이라는 것은 바로 이런 대목 때문이죠. 부처님의 경전을 아무리 많이 읽고 외운다고 해도 사실은 별 볼일 없는 수준에 불과하다는 것인데 사실상 굉장히 충격적인 발언이죠. 그 동안 경전을 열심히 읽고 외운 사람들을 한순간에 깔아뭉개는 것이니까요. 능엄경이 부처님 하수 천년이나 지나 세상에 나왔다는 것은 능엄경이 이해되기 위해 천년의 세월이 필요했다는 의미도 있지 않을까요.

아무튼 술집 여인에게 반쯤 잡아먹혔다가 겨우 문수보살의 도움으로 낭패를 면한 아난존자가 부처님 앞에서 울며 부처님 경전을 가장 많이 외우고 있는 내가 이렇게 속수무책으로 당했는데 도대체 어찌된 것이냐며 부처님께 따지듯 배움을 청합니다.

이때 부처님은 아난에게 지금 너의 눈과 마음이 어디에 있느냐고 묻습니다. 아난은 갑자기 부처님이 비법을 전수하지는 않고 너무나 쉬운 질문을 던지자 그것도 모르냐며 자신 있게 눈은 얼굴에 있고 마음은 몸 안에 있다고 대답합니다. 당연하죠? 그러자 부처님은 마음이 네 몸 안에 있으면 왜 몸 속을 보지 못하느냐고 따집니다. 그러자 아난은 가만히 듣고 보니 부처님 말씀이 옳다며 우리가 몸 안의 것은 보지 못하고 몸 밖의 것은 잘 보니까 마음이 몸 밖에 있다고 말합니다. 그러자 부처님은 마음이 몸 밖에 있다면 몸과 마음이 떨어져 있어 마음이 아는 것을 몸이 깨닫지 못하게 되는데 어찌 마음이 밖에 있다고 할 수 있냐며 또 따집니다. 궁지에 몰린 아난은 마음이 몸 안에 있는 것도 아니고 몸 밖에 있는 것도 아니고 눈 뒤에 숨어 있는 것 같다고 합니다. 그러나 이것도 부처님의 논리에 무참히 깨져 버립니다.

이런 문답 과정을 통하여 모든 가짜를 극복하고 나면 참마음(常住眞心)만 남게 되는 것입니다. 이것이 올바른 관(觀)이라는 것이고 양익스님의 금강영관법(金剛靈觀法)의 관(觀)과 연결됩니다. 관세음보살의 관(觀)도 마찬가지입니다. 부처님은 참 대단한 분이셨습니다. 무려 2,500년 전에 이런 생각을 하셨으니 말입니다.

아무튼, 석가모니 부처님께서 이렇게 아난을 꾸짖는 것은 진짜라고 생각하는 자신이 사실은 가짜라는 진리를 깨우쳐주기 위함입니다. 여기서 가짜 자기라고 하는 것이 바로 에고입니다. 에고를 깨는 것은 천국으로 가기 위한 매우 중요한 조건입니다.

스웨덴 출신으로 세계에서 첫 번째로 천국(天國)을 투어하고 자세하게 기록한 스베덴보리에 의하면, 천국에 사는 영혼들을 자세히 살펴보니 에고가 약한 사람일수록 더 높은 천국에 살고 있더라고 합니다. '나는 천국을 보았다.'의 저자 미국의 이븐 알렉산더도 자신이 살아 있었을 때의 기억을 완전히 잊었기 때문에 더 깊은 영혼의 세계로 갈 수 있었다고 합니다.

어떤 분은 능엄경이 기존의 불교경전들과 큰 차이가 없다고 생각합니다. 뭐 이 정도를 갖고 인도가 국가적인 차원에서 천 년을 숨겼고 또 그걸 반출하려고 바라밀제 스님이 팔뚝까지 잘랐을까 의아해 합니다. 그러나 중요한 차이가 있습니다. 불교의 경전만 연구한 사람은 이 경전을 보면 잘 이해가 되지 않습니다. 능엄경을 이해하기 위해서는 반드시 호흡수련(국선도 등)과 관련된 수련의 지식이 있어야 합니다. 지식이 있더라도 웬만한 고수가 아니면 절대 이해할 수 없습니다. 양익스님께서 그리신 벽화도 마찬가지입니다.

아무튼, 일단 홀로 앉아 자신을 되돌아 볼 수 있다면 그 사람은 이제 천국으로 오르는 계단에 첫 발을 올려놓은 셈입니다. 바깥의 물질세계에 더 이상 복종하지 않겠다는 전쟁을 선포한 셈이죠. 모든 명상의 출발은 자신을 향해 돌아앉는 것입니다.

혹 이 책 제1장의 제목을 보고 청련암 어느 곳에 숨겨진 천국으로 통하는 계단을 생각하셨다면 빨리 바꾸셔야 합니다. 천국의 계단은 내 안에 있습니다. 샹그리라의 티베트어 의미는 '마음 속에 뜨는 해와 달'입니다. 샹그리라(天國)의 위치를 묻는 한국 방송국 피디에게 티베트의 스님은 샹그리라는 바깥에 있지 않고 바로 당신의 마음 속에 있다고 합니다. 그래도 피디가 의심하자 스님은 왜 그러한지 하루 종일 설명할 수 있지만, 하루 종일 설명해도 당신은 못 알아들을 거라며 돌아섭니다. 피디가 결코 이해할 수 없을 것이라는 듯 돌아선 그 스님의 앞에 히말라야의 만년설이 펼쳐집니다.

그렇다면, 이 책이 마음 속에 천국이 있다는 시중에 널린 그런 케케묵은 이야기나 할 생각이냐 책망하실 분도 계실 것입니다. 그러나 안심하셔도 좋습니다. 마음으로 그리는 상상 속의 천국 이야기라면 이 책은 시작할 필요도 없었습니다.

다시 정리하자면, 비밀의 사원으로 올라가는 첫 번째 계단은 자신을 향해 촛불을 켜는 것. 즉, 좌선입니다. 양익스님이 그토록 자주 언급하셨던 관법(觀法)입니다. 뭐 특별히 어려운 것도 아닙니다. 그냥 자신을 향해 눈을 돌리면 됩니다. 그러나 쉬운 듯 보이지만 끝내 자신을 향해 돌아앉지 못한 채 생을 마감하는 분들이 대부분입니다. 그러나 다행히 자신을 향해 눈을 돌렸다면 여러분은 천국의 땅 샹그리라를 향해 첫 발을 내디딘 셈입니다. 이제 여러분 앞에 신비의 세계가 열립니다.

나의 이야기 – 천국의 계단

이쯤에서 잠깐 내 이야기를 덧붙이고자 합니다. 다른 사람의 이야기나 경전의 이야기만 하면 재미없지 않겠습니까. 그리고 믿음도 잘 가지 않을 테니까요.

내가 나를 향해 돌아선 이유는, 거창하게 삶의 비밀을 캐기 위해서도 아니었고 그냥 오로지 살기 위해서였습니다.

기가 막힌 상황이지만, 한창인 나이 30대가 끝나갈 무렵 내 목숨도 끝나가고 있었습니다. 당뇨, 고혈압, 지방간, 고지혈 등등. 내 몸은 모든 성인병을 모아놓은 백화점처럼 만신창이가 되어 있었습니다. 어느 날 손가락이 떨어져나갈 듯 아파 병원에 갔더니 의사는 콧방귀를 뀌며 그만 살고 싶으냐 물었습니다. 그는 살고 싶으면 먹으라고 푸짐한 약을 챙겨 주었습니다. 그러나, 나는 살고 싶으면 먹으라고 준 의사의 약을 모두 버렸습니다. 의사에게 코가 낀 채 남은 인생을 살고 싶지 않았기 때문입니다. 그날부터 나의 피나는 국선도 수련이 시작되었습니다.

그날도 나는 새벽수련에 한창이었습니다. 그야말로 수련에 재미가 붙어 새벽 5시면 도장에 나가 수련을 했고 퇴근하면 집으로 가지 않고 곧장 도장에 들러 몇 시간씩 수련을 하다 집으로 갔고, 집으로 가서도 간단히 저녁을 먹은 뒤 또 수련을 했습니다. 수련을 하다가 잠이 오면 그대로 잤고 새벽에 잠이 깨면 또 수련을 하고 다섯시가 되면 또 도장에 나가 수련했죠.

누가 억지로 시켰으면 그렇게 못했을 것입니다. 처음엔 살기 위해 했지만 나중엔 재미가 붙었습니다. 모두가 잠든 새벽에 혼자 맑은 정신으로 깨어 내가 우주와 하나가 되어 점점 확장되고 커지는 기분은 직접 느껴보지 않은 사람은 상상조차 할 수 없습니다.

나는 오로지 살기 위해 나 자신을 향해 돌아섰고 결과는 대성공이었습니다. 병원의 도움없이 모든 병이 나았고 천국의 계단이 내 앞에 펼쳐졌습니다.

2
염불(念佛)

　1967년 8월 24일, 인기절정이던 록 그룹 비틀즈의 맴버들은 갑자기 TM(초월)명상의 창시자인 마하리시의 명상캠프에 참여하게 됩니다. 정신없이 시끄러운 록 음악과 아무 소리도 들리지 않는 명상은 극과 극이었기에 당시에 많은 화제가 되었습니다. 그 곳에서 그들은 초월명상의 창시자 마하리시로부터 각자에게 맞는 만트라를 받게 됩니다. 불교로 치면 만트라는 스승이 제자에게 주는 화두와 비슷한 것이죠.^{※주15)}

　마하리시의 명상캠프로 앞장서 이끌었던 멤버는 영원히 그룹의 막내 역할로 끝날 줄 알았던 조지 해리슨이었습니다. 물론 만트라 외우기를 가장 열심히 했던 사람도 조지 해리슨이었죠. 아이러니하게도 마약이 안내자였습니다. 우연히 흡입한 LSD가 그를 순식간에 막내 역할에서 리더 역할로 바꾸었습니다. 왜일까요? 아주 드문 경우지만, 최악의 마약이 최고의 신(God)에게 데려다 주었기 때문입니다.

　『뭔가 생각한다는 걸 자각하는 순간에 그 생각을 만트라로 대체하는 거예요. 그러다 만트라조차 사라질 때가 있죠. 완전히 텅 비는 거예요. 거기 이르면 모

인도 리시케시에 있는 마헤쉬 사원 ⓒ서창덕
1968년 비틀즈가 머물 당시 최고로 부흥했던 사원이 지금은 비틀즈의 팬들만 가끔 찾는 썰렁한 장소가 되었다.

든 걸 초월하는 경험을 하죠. 그 경지에는 시간도 공간도 존재하지 않아서 실제 머문 시간을 몰라요. 저는 가장 보편적인 '하늘에 계신 분'이란 의미를 한때 버렸다가 다시 인정했어요.』 - 조지 해리슨

조지의 어머니는 독실한 가톨릭 신자였습니다. 어릴 때 어머니가 억지로 신을 강요하는 바람에 진절머리가 난 조지는 급기야 신의 존재 자체를 버렸습니다. 그랬던 그가 명상을 통해 신의 존재를 직접 체험하게 되면서 가톨릭의 신을 다시 인정하게 되고 만트라 명상에 몰입합니다. 어떤 때는 3일 동안이나 만트라를 쉬지 않고 외우고 다니는 바람에 턱이 마비될 정도였죠.

『만트라란 신비한 소리의 진동같은 것이죠. 만트라 안에는 에너지가 담겨 있죠. 3일 동안 쉬지 않고 한 적도 있어요. 그러면 최면에 걸린 듯이 신비한 경지에 이

르는데 기분이 너무 좋아서 멈추기가 싫어지죠.』 - 조지 해리슨

위의 말이 스물다섯 살의 월드 록스타가 했던 말이라고 믿어지십니까. 조지 해리슨은 한국이나 인도에서 태어난 젊은이가 아니라 영국의 리버풀에서 자란 뼛속까지 서양인인 젊은이인데 만트라를 통해 처음으로 동양 종교에 눈을 뜹니다. 가톨릭처럼 실체도 없이 무조건 믿으라는 것이 아니라 실제 몸과 마음으로 느낄 수 있는 신의 에너지에 조지 해리슨은 흠뻑 매료된 것이죠.

신(神)과 인연을 맺으면서 조지 해리슨은 늘 존 레논과 폴 매카트니가 이끄는 대로 따라다니는 처지에서 벗어나게 됩니다. 드디어 쌍두마차와 어깨를 나란히 하게 되죠. 이것이 바로 만트라, 즉 수련의 힘입니다. 경험상 수련은 사람의 능력을 한 단계 더 업그레이드 할 뿐만 아니라, 사람의 골격도 바꾸고 타고난 팔자도 바꿉니다. 말 그대로 환골탈태(換骨奪胎)입니다.

명리학을 수출한 중국에 비밀리에 내려오는 팔자를 바꾸는 방법 다섯 가지 중에 첫 번째가 바로 명상입니다. 사람의 능력을 한 단계 업그레이드 시키니 팔자가 좋아지는 건 당연하죠. 사람의 능력을 실제 한 단계 이상 업그레이드 시키지 못한다면 그것은 올바른 종교도 아니고 올바른 공부법도 아닙니다.

신의 능력에 눈을 뜬 조지의 작곡실력은 몰라보게 좋아집니다. 들어보신 분들은 아시겠지만 명상을 접하기 전에 조지 해리슨이 만든 노래는 서툰 뽕짝음악처럼 들립니다. 많은 곡을 작곡했지만 비틀즈 음반에 실린 곡은 몇 곡 되지 않았죠. 그러나 인도의 신과 만나게 되면서 큰 변화가 일어납니다.

비틀즈가 인도와 인연을 맺게 된 계기는 1964년에 만들어진 비틀즈의 두 번째 영화 'Help' 때문입니다. 첫 번째 영화 'A hard day night'은 그들의 일상을 다루었는데 그들의 인기에 힘입어 크게 히트를 쳤죠. 두 번째 'Help'라는 영화는 황당한 인도의 문화에 쫓겨 다니는 내용으로 한마디로 인도문화를 조롱하는 영화였습니다. 조롱조였지만 그들의 'Help'에 인도의 신은 응답하여 그들을 진짜 신의 나라 인도로 데려 갑니다.

당시 존 레논과 조지 해리슨이 티브이 토론 프로에 출연해 패널의 질문에 답변하는 장면이 있는데 존 레논은 분명 잘 모르는 것 같은 질문에도 아는 체 으스댑니다. 나이도 제일 많았기 때문에 언제나 그룹을 이끌어야 한다는 의무감과 자신이 최고의 음악적 재능을 타고 났으므로 당연히 누려야 한다는 자존감이 존의 그런 허세를 만들게 되었을 것입니다.

존이 화면에서 기타를 연주하며 노래를 부르는 태도에서도 그런 점이 보입니다. 존은 정면을 향한 채 기타도 베테랑처럼 바짝 올려 잡고 크게 움직이지 않으며 마이크 하나를 쓰죠. 조지와 폴은 마이크 하나를 공동으로 쓰는데 폴은 베이스 기타를 치며 자신의 관심은 여성들이 가장 좋아하는 포즈와 인상을 주겠다는 데 집중되어 있고 조지는 이곳저곳 기웃거리며 자유롭죠. 이러한 각자의 태도는 앞으로 그들이 살아갈 인생과도 많이 닮아 있습니다.

조지의 자유로움은, 솔직함과 자신은 뭔가 다른 존재라는 막연한 기대감에서 나온 듯합니다. 특히 조지는 뭔가 아닌데도 무엇인 척 하는 걸 무척 싫어했습니다.

조지 해리슨의 영원한 후원자였던 어머니가 다녔던 가톨릭 교회와 멀어지게 된 것도 그런 연유였습니다.

위선자보다는 무신론자가 낫다. - 비베카난다 ※주16)

　우리나라의 기독교 단체들도 영국과 비슷합니다. 저도 몇 번의 부흥회에 불려간 적이 있는데 대부분 친한 친구 때문에 우정을 위해 억지로 불려간 자리가 마지막엔 참으로 곤란한 순간이 옵니다. 이런저런 사람들이 앞에 나와서 나는 어떻게 신과 만났다든지, 어떻게 신의 은총을 느꼈다든지 등등의 호들갑을 떨고 모두 눈을 감으라고 하고선 이제 신을 믿게 된 사람은 손을 들라고 합니다.

　신(神)은 그 정도 타인의 체험 이야기로 금방 뒤집힐 가벼운 문제가 아닌데 말입니다.

　당연히 손드는 사람이 없을 거라고 느긋하게 앉아 있을 때 마이크를 잡은 사회자가 아, 저기 한 분! 아, 저기 또 한 분! 이렇게 외치기 시작하고 어느 때가 되면 나만 손을 들고 있지 않은가 싶어 슬며시 눈을 떠보면 다른 사람들도 나처럼 눈치를 보며 하나 둘 손을 들게 되고, 나중에는 모두 손을 들었는데 나만 남게 되고 옆에는 내가 제발 손을 들게 해달라고 열심히 기도하는 친구에게 미안해 결국 손을 들게 되고, 그 모습에 감동하여 옆에 앉은 친구는 신에게 감사하죠. 엄청나게 기뻐하는 친구를 보며 내가 손을 잘 들었구나, 안도감이 들죠.

　그런데 친구와는 더 가까워졌을지 몰라도 정작 중요한 신과 교회는 더욱 멀어져 갔죠. 그런 억지를 당한 뒤에 계속 교회에 나가는 사람이 있을까요?

　조지 해리슨도 교회가 다른 사람들의 체험을 통해 신이 증명되었으니 무조건 믿고 따르라고 하는 데 진절머리를 내게 되고 어머니는 사랑하지만 어머니가 다니는 교회와는 멀어지게 됩니다. 그러나 인도의 종교는 달랐습니다.

비베카난다(1862~1902) (다음 캡쳐)
모든 종교가 근본적으로 동일하다고 주장한 라마크리슈나의 애제자. 1893년 시카고에서 열린 세계종교회의에 인도 대표로 참석하여 처음으로 요가를 전함. 1920년 파라마한사 요가난다가 그의 뒤를 이어 시카고 세계종교회의에 인도 대표로 참석하여 서양에 요가를 꽃피움.

『신이 있다면 만나고 영혼이 있다면 인지하라. 그렇지 않으면 믿지 마라. 위선자보다는 차라리 무신론자가 낫다.』 — 비베카난다

초창기 인도의 요가를 서양에 널리 알린 라마크리슈나의 수제자 비베카난다의 말씀인데 시원하지 않습니까. 조지는 자신이 신을 자각하기 전

에는 결코 아무것도 믿지 말라고 하는 인도의 종교가 마음에 쏙 들었습니다. 신은 환상이 아니라 실제라고 강조하며 신을 믿으려면 실제 존재하는 신을 만나야 하고 만나지 못한다면 차라리 믿지 말라고 합니다. 의심하며 계속 믿음을 가져간다는 것은 자신을 속이는 것밖에 안되고 이건 더 나쁘다는 거죠. 인간으로서 최고의 가치인 신성을 추구해야 될 성전에서 오히려 속이고 기만하는 악습을 익히게 된다면 차라리 교회에 가지 않는 게 훨씬 낫다는 것입니다.

여기 재밌는 일화가 있습니다. 지금으로부터 10년 전. 저는 날씬해지기 위한 미용요가가 아니라 진짜 인도의 수준 높은 요가를 배우기 위해 파라마한사 요가난다가 설립한 S.R.F(자아실현협회)에 입문 신청서를 보냈습니다. 물론 영어로 보냈죠. 보름쯤 뒤에 입문을 허락하는 편지가 왔는데 그 내용에 빵 터졌습니다. 그들은 입문을 신청한 내게 '디어 프랜드(Dear friend)',라고 다정하게 부르면서 '지금부터 2주에 한 번씩 편지로 요가 레슨을 보내는데 레슨의 내용에 대해 궁금한 점이 있으면 미국 본부로 편지를 보내거나 국제전화를 해도 되지만, 그도 저도 여의치 않으면 직접 신에게 기도를 통해 물어봐도 된다.'라고 쓰여 있었습니다.

이 대목에서 나는 아, 이 사람들에게 신(神)은 상상이 아닌 실제 생활임을 깨달았습니다. 요가 중에서도 가장 어렵고 수준이 높다는 라자요가 테크닉을 편지형식의 레슨, 그것도 영어로 된 레슨을 이해한다는 것은 매우 힘든 일입니다. 그래서 이해되지 않는 부분은 본부에 편지를 보내거나 전화를 하는 것이 당연합니다. 여기까지는 통상의 일상적 안내서입니다. 그런데 그 다음 대목에서 협회는 그도 저도 여의치 않으면 신(God)에게 기도를 하라고 합니다. 다른 사람의 도움이 필요할 때 옆집에 도움을 청하듯 그렇게 신에게 도움을 요청하라는 것입니다.

대부분에게 조크처럼 들릴 법한 문장을 사용하면서 그들은 전혀 주저하거나 어색해 하지 않습니다. 어떻게 생각하면 이것은 상당히 무책임한 안내서입니다. 공짜로 수업을 듣는 것도 아니고 큰 돈은 아니지만 그래도 일정한 비용을 송금하고 배우는 과정인데 궁금한 게 있으면 신에게 기도를 하면 된다? 과연 세계 어떤 학교에 신(God)을 수업의 당당한 조력자로 활용하는 곳이 있을까요.

신을 가르치는 인도의 스승들은 어정쩡하고 막연하고 위선적인 신앙을 거부했습니다. 신은 실제 느껴야 하는 존재이지 억지로 따르는 위선 속의 존재이거나, 이건 분명 신의 작용이 아닌데 억지로 신의 능력인 것처럼 억지의 자선사업으로 연명하는 존재가 아니라는 것입니다.

그래서 위선적인 가톨릭에 흥미를 잃었던 조지는 실제 체험하고 느낄 수 있게 만드는 인도의 종교에 더 깊이 빠졌습니다. 다른 사람의 체험이 아니라 자신이 직접 신을 체험하고 싶었는데 그 방법이 바로 만트라였습니다. 만트라는, 똑같지는 않지만, 넓은 의미에서 염불과 비슷합니다.

> 『하트포드 생명연구소의 버너드 글릭은 만트라 명상이 대뇌 연변계에 공명효과를 일으킨다고 생각한다. 만트라의 반복은 흥분자극과 가장 유사한 명상 형태이다.』 ※주17) － 스와미 사티야난다, 쿤달리니 연구

염불(念佛)은 마음 속으로 부처를 생각(念)하거나 보다 구체화된 부처의 모습을 생각하거나 소리를 내어 부처의 이름을 부른다는 의미이며, 목적은 나의 세계와 부처님의 세계를 합일시키는 것입니다. 비슷한 예를 든다면 예전에 티브이에 가수 김종서가 자신의 목소리를 이용해 글라스를 깨는 장면을 방영한 적이 있는데, 글라스와 자신의 목소리 진동수를 일치시켜 공명을 일으키고 공명된 상태에서 더욱 강하게 목소리를 집중

염불(念佛)

시켜 글라스를 깨는 원리인데 염불도 비슷한 원리라는 것이죠.

  부처님께서 살고 있는 니르바나의 세계에 들어가기 위해 구체화된 부처의 모습을 상상하고, 자신의 입을 통한 소리로써 최대한 가깝게 일치시켜 부처님의 세계로 들어가는 게 바로 염불입니다. 만약 니르바나의 세계가 실제 존재하지 않는다면 염불은 아무런 물리적 효과가 없겠죠.

  쉬지 않고 염불에 집중하는 방법은 비틀즈의 존 레논과 조지 해리슨의 이야기를 들으면 보다 이해가 쉬울 것입니다.

『그냥 생각이 흘러가는 대로 내버려 두는 거죠』 - 존 레논

『뭔가 생각한다는 걸 자각하는 순간에 그 생각을 다시 만트라로 대체하는 거예요. 나중에는 만트라조차 사라질 때가 있죠.』 - 조지 해리슨

자, 그런데 말입니다. 아쉬울 게 없었던 비틀즈가 왜 이러는 걸까요? 이 대목에서 궁금하지 않을 수 없습니다. 그들은 20대의 팔팔한 젊은이였고, 특별히 죽을 병이 찾아온 것도 아니고, 이미 어마어마하게 많은 돈을 벌었고, 세계적인 명성을 얻었고, 주위에 마음만 먹으면 언제나 취할 수 있는 예쁜 여자도 널렸는데, 그들은 도대체 뭐가 아쉬워 저렇게 힘들게 입이 아플 정도로 만트라에 집착하고 있는 걸까요?

여기에 인간세계의 아주 중요한 교훈이 있습니다. 즉, 많은 돈과 최고의 명성과 예쁜 여자를 거느리면 행복할 줄 알았는데 그렇지 않더라는 것이죠. 모든 것을 다 가졌지만 여전히 공허하고 마음의 갈증은 더욱 심해 그들은 다른 길을 찾아 나섰던 것입니다.

영원하지 않은 것은 영원한 행복을 줄 수 없다는 것을 그들은 깨달았던 것입니다. 그렇다면 이 대목에서 우리는 생각해봐야 합니다. 굳이 우리가 그들이 가서 실패한 길을 가볼 필요가 있는 걸까요? 정상을 향해 올라가고 있는데 그 길을 앞서 갔던 다른 사람들이 이 길로 올라가니 정상이 아니더라, 힘들게 올라가 봐야 정상으로 가는 길이 아니라며, 다시 내려온 그들이 다른 길로 올라갔는데, 그들이 분명히 정상으로 가는 길이 아니라고 했는데도 불구하고, 그래도 혹시나 그들이 착각한 건지 모른다고 내 눈으로 직접 확인해 봐야 한다며, 아까운 시간과 노력과 체력을 쏟

을 필요가 있는 걸까요? 이건 어리석은 시간 낭비 아닐까요?

사실 나는, 술도 담배도 모르던 스무 살 파릇한 나이에 국선도와 첫 인연을 맺었습니다. 당시는 하루 1시간만 수련해도 몸이 허공을 걷는 듯 가벼웠죠. 그때 국선도와의 끈을 놓지 않았어야 했는데 그 후 나는 20년 동안 세상의 욕망을 좇다가 불과 마흔도 되지 않은 나이에 만신창이가 되어 다시 국선도 도장을 찾았습니다.

스무 살 때는 한 시간만 수련해도 날아갈 듯 몸이 가벼웠는데 만신창이가 되니 몇 달을 수련해도 몸은 여전히 천근만근입니다. 그래서 나는 도장에 나오는 20대의 젊은이들을 볼 때마다 인생이란 게 다 부질없으니 한눈 팔지 말고 오로지 수련의 길만 열심히 가라고 당부합니다. 그러나 그들은 내 간곡한 충고에 단 한 번도 귀를 기울이지 않았습니다. '선배님, 우리는 선배님이 경험했던 그 부질없는 인생이 너무 궁금합니다. 진짜 선배님 말씀처럼 모두가 부질없는지, 아니면 부질 있는지 일단 우리도 살아봐야 되겠습니다.'

그렇습니다. 누구나 인생은 어떤 건지 일단 살아봐야 합니다. 살아보고 이 모든 물질의 삶이 모두 부질없음을 비틀즈의 조지 해리슨처럼 깨달아야 합니다. 그리하여 그러한 삶에 지루해지는 것, 부질없음을 깨닫고, 그 깨달음을 동력 삼아 진정한 행복을 찾아가는 것, 어찌 보면 그것이 물질적인 삶의 목적이 아닐까요?

신이 보낸 구명보트

청련암의 벽화를 그리신 양익스님은 알려진 것보다 훨씬 높은 도를 성취하셨던 분입니다. 그런데 양익스님의 인생에서 꼭 짚어야할 대목이 있습니다. 양익스님이 만약 폐병에 걸리지 않았다면 이번 생에 그만한 도를 이룰 수 있었을까요? 나는 아니라고 생각합니다. 그러니 양익스님에겐 폐병이야말로 신이 보내준 구명보트인 셈입니다. 폐병에 걸린 걸 두고 신이 보내준 구명보트라는 해석은 너무 나갔다고요? 그런데 만약 그분에게 폐병이 없었다면 그렇게 목숨 걸고 호흡에 집중할 수 있었을까요. 스님은 목숨이 경각에 달린 절벽의 끝에서 오로지 죽지 않기 위해 호흡 하나에만 집중했고 덕분에 우연히 쿤달리니가 열렸습니다.

단전호흡을 30년이나 했어도 아직 기(氣)를 느끼지 못한다는 사람도 있습니다. 무려 30년이라는 긴 세월을 했어도 온갖 잡생각 해가며 했기 때문에 아무런 성과가 없는 것입니다. 숫자가 중요한 게 아닙니다. 스님은 오로지 살기 위해 학교도 때려치우고 외딴 섬에서 밥 먹는 시간을 제외하고는 오로지 호흡에만 집중했습니다. 그야말로 한 호흡에 목숨을 걸었죠. 그 바람에 스님은 호흡수련 30년, 50년 한 사람도 성취하지 못하는 고도의 경지까지 단번에 올라갔습니다.

폐병에 걸린 양익스님이 오로지 고통을 벗어나겠다고 호흡에 매달렸듯이 나 또한 오로지 살겠다는 일념으로 국선도 수련에만 매달렸습니다. 새벽에 일어나 국선도 도장에 나가 수련을 했고 퇴근 후에도 곧바로 집으로 가지 않고 도장에 들러 저녁도 그른 채 수련을 계속했고, 주말에는 배낭을 메고 이름난 산을 찾아 산에서 수련을 했습니다. 산길 옆 바위 위에서 가만히 앉아 있는 나를 못보고 무심코 지나치던 등산객들이 기겁을 하며 놀라곤 했죠.

바위는 저마다 쏟아내는 기운의 양과 질이 모두 달랐습니다. 처음엔 엄청나게 기운이 좋았던 바위가 3개월쯤 지나면 아무런 느낌도 없는 바위가 되어버리곤 했습니다. 바위의 기운을 모두 흡수했기 때문일까요? 아닙니다. 이미 바위가 가지고 있는 기운의 한계를 넘어섰기 때문입니다다. 이때부터 내 몸은 땅이나 바위의 기운을 정확하게 몸으로 느꼈고 당뇨, 고혈압, 고지혈 등등 온갖 성인병 집합소였던 내 몸도 기적처럼 빠르게 회복되었습니다.

1년쯤 흘러 누군가 내 몸의 문을 두드렸습니다. 새벽에 꼬리뼈에서 망치로 두드리는 듯한 현상이 3일 동안 일어난 뒤 갑자기 꿈틀대는 물체가 척추를 타고 상승하기 시작했습니다. 내 몸에 난생 처음 겪는 이상한 변화들이 일어났습니다.

※주18)
라마 크리슈나의 증언

『나는 모든 종교, 힌두교, 이슬람교, 기독교를 두루 실천해 보았다.
그리고 여러 힌두교 종파들의 길도 따라가 보았다.
그리하여 모든 종교가 저마다 길은 다르지만
그들 발걸음이 향하는 곳은
동일한 신이라는 사실을 깨달았다.
나는 도처에서 힌두교도나 이슬람교도, 브라만교도, 바이쉬나바
그리고 여타의 종교인들이
종교의 이름으로 서로 투쟁하는 것을 본다.

그러나 그들은 크리슈나라고 불리는 존재가 곧 시바이며,
원천적인 에너지요,
예수이며,
또한 알라이고,
무수한 이름으로 불리는

라마 크리슈나(1836~1886) (다음 캡쳐)
인도 브라만 출신. 7세 때 신에 심취하여 황홀경 체험. 이슬람, 그리스도교 등 모든 종교를 체험한 뒤 모든 종교가 근본적으로 동일하다고 주장. 그의 사상을 이어 받은 애제자 비베카난다가 그의 사상을 세계에 전파함.

동일한 라마임을 결코 생각할 줄 모른다.』 — 라마크리슈나

　　라마크리슈나는 서양에 인도의 요가를 처음으로 소개한 비베카난다의 스승입니다. 라마크리슈나는 기독교, 이슬람교, 힌두교의 여러 종파의 수련을 직접 체험해보고 결국 모든 종교의 궁극적 지향점이 똑같은 신이

라는 결론에 도달합니다.

    라마크리슈나의 수제자 비베카난다는 1893년 시카고에서 열린 세계종교회의에 인도 대표로 참석하여 연설을 하게 되는데 라마크리슈나의 수제자답게 전 세계의 모든 종교가 동일하며 어떤 종교도 다른 종교보다 우월하거나 열등하지 않다고 주장합니다. 비틀즈 멤버 조지해리슨은 '신이 있다면 만나라. 그렇지 않으면 믿지 마라.'는 비베카난다에 감동하여 힌두교로 개종하였고 할렐루야와 하레 크리슈나를 한 곡에 넣어 만든 노래를 부릅니다.

    1893년 비베카난다가 세계종교회의에 참석해 유명한 연설을 했던 바로 그해에 파라마한사 요가난다는 태어납니다. 그리고 27년이 흐른 뒤 1920년 시카고에서 열린 세계종교회의에 인도 종교계 대표로 참가하게 되고 비베카난다가 뿌려놓았던 요가의 씨앗은 S.R.F(자아실현협회)의 탄생으로 열매를 맺습니다. 비베카난다에게 영향을 받아 힌두교로 개종했던 조지 해리슨은 파라마한사 요가난다 자서전에서 인도에 가라는 계시를 받고 인도로 날아갑니다. 그가 마약에 취해 떠올랐던 책이 바로 파라마한사 요가난다의 자서전이었습니다. 이렇듯 전수되고 연결되는 법의 인연들은 우연인 듯 보이지만 그 속에 신의 계획과 질서가 숨어 있습니다.

인간은 이렇게 슬픈데 바다는 너무도 푸릅니다. - 엔도 슈샤쿠

    엔도 슈샤쿠는 17세기 일본의 천주교 박해사건 실화를 소재로 다룬 "침묵"이라는 소설을 썼습니다. 2011년에 조지 해리슨의 다큐멘타리 영화를 만들었던 마틴 스콜세지는 2016년에 엔도 슈샤쿠의 침묵을 '사이런

17세기 일본 엔도 슈샤쿠 원작 '침묵' (다음 캡쳐)
마틴 스콜세지 감독이 30년 동안 준비하여 2016년 '사이런스'로 영화화.

스'라는 제목의 영화로 만듭니다. 신앙을 지키기 위해 바닷가 십자가에 매달린 신도들이 밀물에 밀려 죽어 가는데, 그 죽음을 지켜보는 신부가 그의 하나님에게 간절하게 기도하지만 신은 아무런 대답도, 어떤 구원의 손길도 보내지 않고 그저 침묵할 뿐입니다. 그래서 침묵(Silence)입니다.

하나님을 위해 목숨을 바치는데 정작 하나님은 아무런 도움도 어떠한 목소리도 들려주지 않습니다. 도대체 어떻게 된 걸까요? 도대체 하나님은 어디에 있는 걸까요? 지금 이 순간에도 세계 곳곳에서 비참하게 또는 황당하게 죽어가는 사람들이 하나님을 찾고 울부짖습니다. 그러나 그들에게 신의 손길은 닿지 않습니다. 도대체, 왜 그런 걸까요? 이 절박한 순간에 신은 어디서 한가한 시간을 보내고 있는 것일까요.

신부는 영화의 마지막에 가서야 하나님의 음성을 듣습니다. 그러나 그 음성은 외부에서 들리는 음성이 아니라 자신의 내부에서 들리는 음성입니다. 2천 년 전 예수님에게 들렸던 하나님의 음성도 외부에서 들리는 음성이 아니라 내부에서 들린 음성이었음을 비로소 깨닫습니다.

예수님은 많은 기적을 행했습니다. 그때마다 예수는 그 자신이 아닌 그 일을 행한 분은 자기 안의 하나님이라고 일관되게 주장했죠. 그러나 사람들은 예수의 말씀을 액면 그대로 믿지 않았습니다. 그래서 예수님 내부에 있는 신이 아니라 지구 위 높은 하늘의 끝에 앉아 있는 신을 상상하며 예수를 도왔던 바로 그분이 자신에게도 도움을 줄 거라 착각합니다. 예수께서는 내 안에도 있고 네 안에도 있는 하나님임을 일관되게 강조했지만 이를 깨닫지 못해 엔도 슈샤쿠의 불행이 시작됩니다.

예수님인들 맨입으로 가능했겠습니까. 예수님이 하나님을 자신의 안으로 모셔오기까지는 눈물겨운 노력과 고통의 극복이 있었습니다. 흔히 광야에서 40일 동안 유혹을 극복했다고 하지만 어찌 40일 뿐이겠습니까. 무수한 고통의 세월이 있었을 것입니다. 그리하여 모든 것을 하나님의 영광으로 돌리는 완벽한 헌신의 상태가 되었기 때문에 기적이 가능했던 것입니다.

그렇게 완전하게 하나님에게 모든 영광을 돌리는 완전한 겸손과 완전한 낮춤의 상태에 도달하기까지 무수한 고통과 시련을 견뎌내야 합니다. 그러한 노력과 과정을 배제한 채 오로지 개인의 욕심과 욕망으로 가득 찬 상태에서 그것도 인류의 구원을 위한 것도 아니고 개인의 욕심과 욕망을 이루어달라고 기도한들, 설사 하나님의 신도를 살려달라고 기도한들, 신은 늘 침묵할 수밖에 없는 것입니다. 정확히 말하면 신은 늘 침묵하고 있는 무정한 분이라고 착각할 수밖에 없는 것입니다. 그러한 기도에 늘 응답한다면 세상은 지금보다 더한 지옥이 되었을 것입니다.

신의 생각을 읽기 위해서는 신의 입장과 상태가 되어야 하는데 사람은 인간의 생각에 머물며 신의 생각을 해석하려 합니다. 그렇게 유추된 해석은 인간의 생각이지 결코 신의 생각이 아닙니다. 인간의 수준에서는 물에 빠졌을 때 허공에서 불쑥 신의 손이 나타나 자신을 끌어올려줄 거라 기대합니다. 그것은 인간적인 상상이고 개인의 욕심으로 가득 찬 인간의 세계이지 신의 세계가 아닙니다. 그렇게 일일이 신이 직접 지구에서 일어나는 모든 일에 관여한다면 얼마나 바쁘겠습니까. 또 얼마나 복잡하고 힘이 많이 드는 일입니까. 근처에 있는 사람을 보내거나 소방관을 보내면 간단한 일이죠. 또 신이 있는지 없는지 시험해보는 자리에 일일이 신이 나타나야 한다는 것은 얼마나 한심하고 유아적인 발상입니까.

더러는 이렇게들 따집니다. 신이 전지전능하신데 그것도 안된단 말인가? 그것도 안되는데 무슨 전지전능인가? 이렇게 따지는 분들은 한번쯤 생각해 봐야 합니다. 모든 것을 알고 모든 것에 관여하고 모든 것을 조종한다면 과연 이 세상이 의미가 있을까요? 재미가 있을까요? 신이 얼마나 심심할지 한번쯤 신의 입장도 배려해 봐야 합니다.

신의 의도와 생각을 제대로 읽기 위해서는 신의 생각과 일치가 되어야 하는데 결코 쉬운 일이 아닙니다. 자신의 생각이 가득하면 신의 생각이 들어올 자리가 없습니다. 그래서 불교를 비롯한 대부분의 수행법들이 에고를 완전하게 버리는 데 집중하고 있습니다. 자신의 생각을 완전하게 비운 상태에서 완전하게 신과 일치시키기 위해 마음과 입으로 신의 이름을 부르며 일치점을 찾습니다. 거짓과 잡념이 없는 진실한 말이라고 하여 진언(眞言)이라고 합니다.

나의 이야기 – 보일러소리

사람들은 내가 지난 13년 동안 새벽 4시에 일어났다고 하면 믿지 않습니다. 고3 학생도 아니고 고시생도 아닌 평범한 직장인이 왜 새벽 4시에 일어난다는 말인가. 그게 하루 이틀도 아니도 13년 동안 계속하고 있다면 이 사람과 계속 관계나 거래를 해야 되는지 심각하게 고민하는 얼굴이 됩니다. 하기야 나를 낳아주신 시골에 계신 어머니조차 믿지 않으시죠. 지난 추석에 어머니는 고등학교 3학년인 제 딸에게 물었습니다. 진짜 그때 일어나나? 요즘 아이들은 시크해 대답이 짧죠. 예. 그러자 다시 우리 어머니는 저의 아내에게 묻습니다. 진짜가? 예. 어머님...... 시크하지 못한 아내는 한마디 덧붙이죠. 어머니, 곤이 아빠 이상해요.

처음 내가 새벽 4시에 잠을 깬 건 시끄러운 보일러 소리 때문이었습니다. 내 방은 보일러 바로 옆방이었고 여름이라 문을 활짝 열어놓고 잠을 잤죠. 그런데 새벽에 보일러가 윙윙 소리를 내며 돌아갔습니다. 잠을 못 잘 정도로 시끄러웠죠. 이 철없는 가정주부가 가스비 아까운 줄 모르고 한여름에 보일러를 틀어 놓았다고 생각했습니다. 아침 밥상에서 무슨 한여름에 보일러를 틀어 잠을 설치게 하냐고 나무랐죠. 숟가락을 문 아내가 쌍심지를 켜며 무슨 소리냐고 대들었죠. 나는 아침부터 큰 소리 내기 싫어 그냥 출근했죠.

그런데 그 다음날 새벽에도 마찬가지였죠. 내 증거를 잡으리라. 나는 벌떡 일어나 보일러실에 갔죠. 보일러가 돌아가면 아내를 깨워 현장을 들이밀 참이었죠. 그러나 보일러는 전혀 작동을 하지 않고 있었습니다. 이상하다. 잘못 들었나. 그러나 다시 자리에 돌아와 누우면 또 보일러가 돌아갔습니다. 이게 사람을 놀리는구나 싶어 가보면 또 보일러는 돌아가지 않았죠. 돌아와 누우면 또 보일러가 돌아가고. 귀신인가. 머리끝이 쭈뼛 섰습니다. 온 몸의 촉수를 모아 귀를 기울여 보니 그건 내 몸 안에서 나는 소리였습니다.

모든 것은 내 밖이 아니라 내 안에서 일어나고 있었습니다. 내 몸 안에 발전기가 있었던 것입니다.

아무튼, 내가 새벽에 일어날 수밖에 없는 첫 번째 이유는 보일러 소리였습니다. 두 번째 이유는 더욱 기가 막힙니다.

『잠은 별로 오지 않았네.

나의 몸은 수면 상태의 불완전한 평화보다

더 완벽한 정적을 초월한 의식 속에서 경험했던 것일세.

근육이야 잠자는 동안에 이완되지만

심장과 폐와 순환기 계통은 잠시도 쉬는 법이 없지.

그러나 초월의식에 들어가면 모든 내부기관이

우주 에너지로 충전되어 신체 활동이 중단된 상태가 지속된다네.

그래서 나는 몇 년간 잠이 필요 없었지.』 － 잠자지 않는 성자 람 고팔

3
육자관(六字觀)

　세 번째 그림은 육자관인데 밀교의 육자관 수행을 그림으로 그려놓은 것입니다. 물론 여섯글자(六字)는 산스크리트어 '옴마니반메훔' 여섯 글자를 말합니다. 이 수련에 대한 설명은 한국 밀교의 대표종파인 대한불교 진각종의 진각교전에 나와 있습니다.

　『'옴'자는 자성법신인 비로자나 부처님을 상징하고 근본 우주 모든 중생이 함께하는 성품의 자리이다. 옴자의 관이 이루어지면 비로자나 부처님이 계신 법계궁의 문이 열려 근본 자리인 불성이 앞에 나타난다.
　'마' 자는 동방 아촉여래를 상징하며 중생의 어리석은 마음에서 나오는 성내는 마음이 잦아들어 청정하게 고요함을 얻는다.
　'니' 자는 남방 보생여래를 상징하고 못 먹고 못 살아 헐벗고 굶주리는 중생을 하나도 남김없이 구제하여 탐욕으로부터 벗어나 중생들을 안락 국토로 이끈다.
　'반' 자는 서방정토 극락세계의 교주이신 아미타불을 상징하고, 지옥 아귀 축생의 삼악도를 영원히 중생으로부터 멀게 하여 부처님 법계에 들어 물러나지

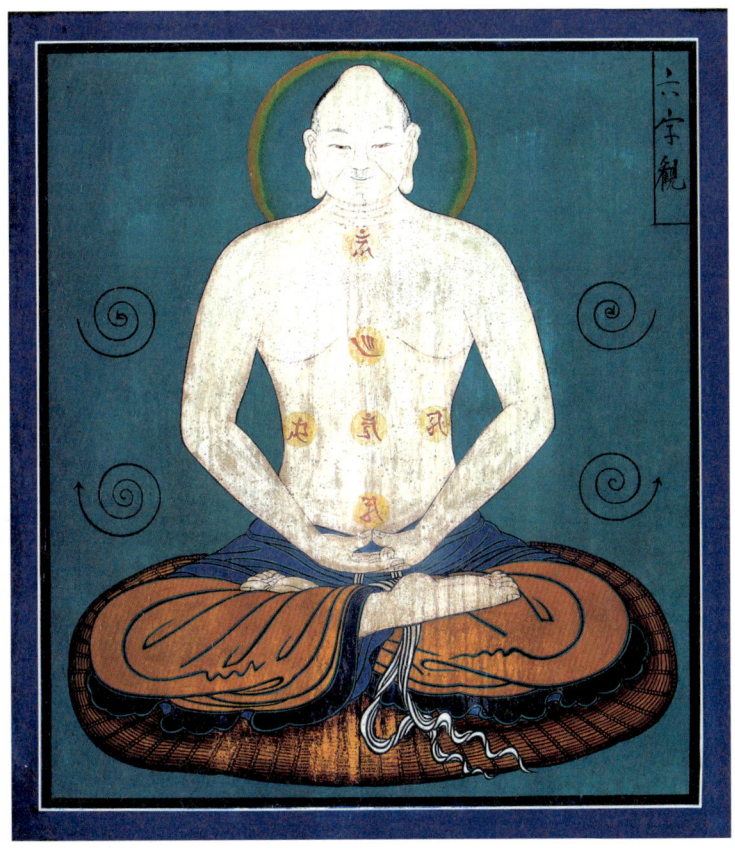

육자관(六字觀).
육자관은 밀교의 수행법이며, 여섯 글자(六字)는 산스크리트어 옴마니반메훔. 집중하면 실제 글자가 있는 곳이 따듯해짐.

않게 한다.

'메' 자는 북방 불공성취여래를 뜻하며 공들여 수행한 중생은 노력한 만큼의 결과를 가져다 줘 공(空)에 빠지지 않게 하고 수련에 더욱 정진하여 모두 안락 국토에 태어나게 한다.

'훔' 자는 불세계 즉 부처님이 계시는 법계를 수호하고 수행자들을 원수와

마의 유혹으로부터 벗어나게 하고 중생의 삼독을 멸하게 하여 열심히 정진할 수 있도록 옹호하여 불의 세계로 이끌어 준다.

이 여섯 글자를 관(觀)하여 글자에서 빛이 일어나 온몸이 밝아지고 시방세계가 환히 열릴 때 수행이 원만해졌음을 스스로 안다.』 - 진각종 진각교전

앞선 두 번째 그림의 '염불'이 서론이었다면 '옴마니반메훔'은 본론입니다. 물론 육자진언 또한 염불에 해당하는 천수경 속에 들어 있는 내용의 일부에 불과합니다. 그러나 이 진언은 일부이지만 핵심을 담고 있습니다. 특히 밀교에서는 이 여섯 글자 진언이 교리의 핵심입니다. 그래서 밀교가 발달한 티베트에서 이 진언을 가장 많이 외웁니다.

불교에서건, 밀교에서건, 힌두교에서건, 엄청나게 많이 사용되는 육자진언이지만, 사실 옴마니반메훔이 정확히 무슨 뜻인지 어떤 효과가 있는지 알고 있는 사람들은 그리 많지 않습니다.

『글자 주위가 뜨거워지고 그 기운이 커져서 다음 글자로 옮기고 해서 여섯 글자가 하나로 되어 목의 훔자에 이르면 목이 터질 것 같아 답답함을 느낀다. 그러면 입을 약간 벌려 기운을 전부 시방법계로 보내고 불세계로부터 감로의 기운으로 바뀌어 다시 입으로 돌아와 훔자에 머물고 이렇게 된 뒤 다시 자신을 돌아보면 몸의 청정함과 가벼운 느낌이 들며 따뜻해져 사념이 사라지고 자비심만이 남아 심신이 평정하게 된다.』 - 진각종 진각교전

위의 글을 읽고 양익스님이 그린 그림을 다시 보게 되면 각 글자가 뜨거워져 있음을 알 수 있습니다. 또 양쪽에 있는 화살표 소용돌이가 수행

자의 탁한 기운을 뱉어 내고 불세계의 청정한 감로의 기운을 받아들이는 뜻이 담겨 있음도 이해가 될 것입니다. 실제 계속 하다보면 글자가 있다고 상상하는 부분에 은은한 열기를 느낄 수 있을 것입니다.

결국 육자진언을 하는 가장 큰 목적은 내 몸과 마음을 깨끗하게 정화시키는 것입니다. 이것은 매우 중요한 기능입니다. 몸과 마음이 정화되지 않고는 어떤 큰 깨달음이나 도통도 이루어지지 않습니다. 반드시 몸과 마음이 청정하게 된 뒤라야 큰 깨달음이 옵니다. 너무나 당연한 귀결 아니겠습니까. 그래서 아무리 많은 돈을 갖다 바치더라도 6개월 속성이니, 3개월이니 하는 속성과정은 불가능하다는 것입니다. 몸과 마음이 정화되는 데는 반드시 정확한 정화의 방법과 일정한 시간이 필요합니다.

아무튼, 여기서 하나 생각해 봐야 되는 대목이 있는데 밀교에서 특별한 수인을 맺고 마음으로 생각하는 부처는 비로자나불입니다. 그러나 천수경에는 옴마니반메훔이 비로자나불이 아닌 관세음보살을 부르는 진언이라고 되어 있죠. 어떤 차이가 있는 걸까요? 아무런 차이가 없는 걸까요? 처음 듣는 이야기라 골치 아프다고요.

사실 대부분의 불교 경전은 석가모니 부처님이 살아계실 때 대중이나 제자에게 깨달음의 세계에 이르기 위한 강의의 내용입니다. 그렇지만 경전의 뜻을 해석해 보면 반야심경 외에는 별 특별한 내용이 없어 보입니다. 그냥 사소한 이야기를 반복하거나 여러 부처님의 명호들을 나열한 수준에 불과한 듯 보입니다. 그런데 자세히 들여다보면 평범해 보이는 단어 안에 아주 깊은 의미가 들어 있습니다.

관세음보살(觀世音菩薩)에서 觀은 본다는 뜻입니다. 그런데 그 뒤에 오는 世音은 세상의 소리입니다. 즉, 세상의 소리를 본다는 것인데, 소리는 듣는 것인데 왜 본다고 했을까요? 이 대목을 깊이 생각해보면 문세음보살(聞世音菩薩)로 하지 않고 관세음보살(觀世音菩薩)로 했는지 알 수 있습니다.

그래도 이해가 되지 않는다구요? 그러시다면 실제로 해보면 됩니다. 어떻게 하냐구요? 그냥 눈을 감고 앉아 첫 번째 단계인 좌선을 하면 됩니다. 좌선을 하고 가만히 앉아 있으면 눈으로 보는 것 말고 또 다르게 관찰되는 세계가 열립니다. 그래서 육체의 눈으로 보는 것을 시각이라고 하지만, 육체의 눈 이외에 또 다른 의식의 눈으로 자각할 수 있는 세계를 觀이라고 합니다. 그래서 일반적인 시각이 아닌 자각하는 觀의 눈이기 때문에 보는 것뿐만 아니라 듣는 것도 가능합니다. 사실 觀은 본다는 示의 능력과 듣는다는 聞의 능력이 포함된 능력입니다. 그래서 觀世音입니다.

그래서 관세음보살이 듣고 보는 소리는 옴마니반메훔입니다. 불교나 힌두교나 요가나 어디서나 옴마니반메훔입니다. 도대체 끼지 않는 곳이 없습니다.

도대체 왜 그런 것일까요? 그래서 이 여섯 글자의 의미를 자세히 잘 살펴봐야합니다. 여섯 자에는 도대체 어떤 뜻이 있는 것일까요? 우선 옴마니반메훔에서 '옴'의 뜻을 살펴보죠.

옴마니반메훔(inner light)

『a - u - m의 세가지 소리로 이루어진(산스크리트에서 모음 a와 u는 합쳐져서 o가 됨) '옴'이라는 음절은 하늘·땅·대기의 삼계, 힌두의 삼신인 브라마·비슈누·시바 등 세가지 중요한 것들을 의미한다. 이같이 '옴'에는 전우주의 정수를 신비롭게 구현하고 있다. 힌두인들은 기도·찬송·명상할 때 시작과 끝에서 이 음절을 외며 불교도나 자이나교도들도 의례에서 이것을 자유롭게 사용한다. 이것은 요가 수행에서도 이용되고 있으며 청각 명상법과 관계가 깊다.』

— 다음백과

　　자아실현협회(SRF)의 창시자 파라마한사 요가난다께서는 서양의 아멘~ 이 옴에서 파생되었으므로 같은 의미라고 하셨습니다. 앞에서 觀에 대해 얘기할 때도 그랬지만 이 옴~ 소리 또한 직접 들어봐야 소리의 의미를 정확히 알 수 있습니다.

　　어떻게 듣냐구요? 조용히 새벽에 깊이 觀하고 있으면 누구나 이 소리를 들을 수 있습니다. 갑자기 어디서 이런 소리가 들려올까 두리번거릴 필요는 없습니다. 이 소리는 귀를 막아도 들리는 소리이기 때문에 외부가 아니라 자신의 내면에서 나오는 소리라고 봐야 됩니다. 또 누구나 동일한 소리로 들리기 때문에 우주의 가장 기본이 되는 소리임을 알 수 있습니다.

　　닭이 먼저냐 계란이 먼저냐는 질문과 비슷한 질문을 해볼까요? 이 세상이 처음에 만들어질 때 빛이 먼저 만들어졌을까요? 아니면 소리가 먼저 만들어졌을까요? 빛? 소리? 저마다의 의견이 있겠지만 저는 감히 소리라고 주장합니다. 성경에도 창세기에 '빛이 있으라.'라고 하죠. 즉, 성경대로 하면 빛이 있으라는 말(소리)이 빛을 창조한 것이니 성경에도 소리가 먼저라는 데 한표를 던진 셈입니다. 말장난 같다고요?

　　제가 소리라고 판단하게 된 근거는 제가 그렇게 겪었기 때문입니다. 앞으로 자주 언급될 내용이지만 단순하게 떠오르는 생각과 직접 겪어서 현실과 연결되는 판단과는 엄청난 차이가 있습니다. 실제의 현실과 연결되는 생각은 실제 존재하는 세상의 연장이지만, 실제와 연결되지 않는 생각은 망상에 불과합니다.

　　시끄러운 도시가 가장 조용해지는 시각은 새벽입니다. 새벽에 깨어 자신의 내면을 관하고 있으면 먼저 우주의 근본 소리인 옴~ 소리가 들리고 더욱 집중하여 觀하면 빛이 떠오릅니다. 조지 해리슨이 노래에서 말한 내면의 빛(inner light)이죠. 그래서 저는 소리가 먼저라는 것입니다.

『잠자지 않는 성자 람 고팔이 물었다.

왜 잠을 자지 않는가?

무쿤다(파라마한사 요가난다)가 대답했다.

눈을 뜨나 감으나 빛이 환하게 번쩍여서 잠을 잘 수가 없습니다.

그런 체험을 했다니 자네는 축복받은 사람일세.

내면의 광휘(inner light)를 보는 것은 그리 쉬운 것이 아니라네.』

— 요가난다 자서전, 잠자지 않는 성자 람 고팔

우리의 몸은 아주 신비한 존재입니다. 매일 술과 담배와 스트레스에 찌들어 바쁘게 사는 사람은 우리 몸의 신비에 대해 모르고 살아가죠. 그러나 그 모든 것을 끊고 고요히 앉아서 내 몸을 들여다보면 내 몸 안에 온갖 신비한 것들이 눈을 뜹니다. 몸 안에는 보일러도 있고, 몸 안에는 불빛보다 밝은 빛도 있습니다. 또 몸 안에는 교회의 종소리보다 더 아름다운 종소리도 들리고 온갖 악기의 소리도 들립니다. 특히 내 몸 안의 빛은 세상의 어떤 빛보다도 밝고 아름답습니다. 아무리 비싼 보석의 빛도 내면의 빛 앞에서는 초라해집니다. 음악소리도 이 세상 어떤 음악보다 더 아름답고 영원하죠. 이 아름다운 것들은 도대체 어디서 누가 만들어 내는 걸까요.

그 빛과 그 소리와 함께 퍼지는 행복은 세상 그 어떤 물질의 가치로도 살 수 없습니다. 그래서 젊은 나이에 이미 많은 돈을 벌었던 조지 해리슨이 인도에서 고생해 가며 직접 찾아 다녔던 것입니다. 이러한 내면의 행

인도에서 연꽃은 부처님의 불꽃이라고 하는데, 수행의 마지막 단계인 사하스라르 차크라가 열리면 연꽃을 닮은 빛의 꽃이 인간의 내면에 핀다. 더러운 곳에 뿌리를 내려 아름다운 꽃을 피우는 모습이 수행자와 닮아 수행자의 꽃이라 부른다.

복들에 비해 돈이 줄 수 있는 만족감은 너무 작습니다. 그래서 돈 많은 사람들이 더 큰 행복감을 느끼기 위해 더 많은 돈을 벌려 하지만 돈이 줄 수 있는 행복은 10억이나 100억이나 똑같죠. 오히려 기대감이 무너지니 갈증만 더할 뿐입니다. 결국 돈의 노예가 되는 셈인데 지구에 사는 인류의 대부분이 돈의 노예가 되었죠.

두 번째 '마니반메'입니다. 즉, '옴마니반메훔'에서 첫 번째 듣는 소리는 옴~ 이었고, 두 번째는 '마니반메'입니다. 마니반메의 뜻은 연꽃 속의 보석이라는 뜻입니다. 즉, 이것은 보는 것입니다. 첫 번째 옴~은 소리이기 때문에 귀로 듣는 것이고, 두 번째 '마니반메'는 연꽃 속에 빛나는 보석이기 때문에 눈으로 보는 것입니다. 그러니까 보는 것과 듣는 것 이 모두를 觀한다는 것은 듣는 것과 보는 것을 모두 포함한 의미라는 것입니다.

여기서 '마니반메'의 뜻, 연꽃 속에 있는 보석은 바로 내면의 빛(inner light)을 일컫는 말입니다. 이것을 보고 보석처럼 빛나므로 연꽃 속의 보석이라고 한 것이죠. 즉, 옴 소리를 들으면서 집중(觀)하고 있으면 연꽃 속에 있는 보석처럼 빛나는 빛을 보게 됩니다. 물론 절대 쉽게 볼 수 있는 빛은 아닙니다. 그러나 제대로의 방법으로 노력하면 누구나 볼 수 있습니다. 사람의 내면에는 누구나 똑같이 빛이 존재하기 때문입니다. 이 빛이 천국으로 안내하는 길잡이입니다. 그래서 티베트인들은 이 빛을 보게 해달라는 염원을 담아 평생을 쉼 없이 옴마니반메훔을 반복합니다. 옴마니반메훔을 통해 그들이 추구하는 천국이 바로 샹그리라이죠.

『이 기간 동안 가장 두드러진 체험은 쿤달리니 샤크티,
즉 '뱀' 에너지의 깨어남이었다.
나는 실제로 그 에너지(inner light)를 보았다.
처음에 척추 아래에 잠들어 있던 에너지가 깨어나
수슘나를 통해 상승하더니 각기 여섯 개의 센터를 거쳐
정수리에 있는 일천 장의 연꽃잎인 사하스라르 차크라에 이른 것이다.
나아가 나는 쿤달리니가 상승할 때
다른 연꽃들도 피어나는 것을 보았다.
이런 현상은 비전이나 황홀경을 동반했다.』 – 라마크리슈나

라마크리슈나는 탄트라 명상 체험에서 연꽃과 연꽃 속의 빛 '마니반메'를 체험하고 위와 같이 기록을 남겼습니다. 그러므로 그의 제자 비베카난다가 '신이 있다면 체험하라' 라고 자신 있게 주장할 수 있었던 것이죠.

옴마니반메훔의 마지막 글자 '훔~' 은 우주와의 합일을 뜻합니다. 옴 소리를 듣고 내면의 빛을 보고 난 뒤 우주와 합일하면 비로소 신과 내가

하나가 된다는 뜻입니다. 그러므로 옴마니반메훔은 종교의 목적과 수련 방법이 모두 녹아 있는 핵심의 진언입니다.

밀교에서도 그렇지만 옴마니반메훔을 열심히 수련하는 대부분의 단체는 이 진언이 세속의 소원을 이루게 해주는 강력한 진언이라고 믿고 있습니다. 그러나 앞에서 살펴보았듯이 이 진언의 목표와 효과는 전혀 다른 곳에 있습니다.

나의 이야기 – 새벽에 일어 날 수밖에 없는 두 번째 이유

나라고 왜 아침잠의 달콤한 맛을 모르겠습니까. 그러나 도저히 새벽에 깰 수밖에 없는 이유가 보일러 소리 말고 또 있는데 그건 바로 새벽 발기입니다. 누구나 정상적인 남자라면 새벽에 두세 번 발기를 한다고 합니다. 그러나 대부분 그냥 자연스레 가라앉아 잠을 자는데 큰 방해를 받지 않는다고 하네요. 사실 팔팔한 20대나 30대 초반 무렵은 가능하지만 보통 30대가 넘어서면 새벽 텐트는 옛 추억이 되죠.

그러나 나의 경우는 신기했습니다. 몸에서 보일러 소리가 들림과 동시에 발기되어 딱딱하게 굳어진 상태는 아무리 시간이 흘러도 절대 저절로 꺼지지 않았죠. 30분이 지나도 그대로였고 심지어 더욱 더 딱딱하게 굳어져 나중에는 흡사 나무토막 같죠. 손으로 억지로 누르고 있으면 나중에는 고통이 오고 신체의 모든 힘들이 이쪽으로 몰려 터져버릴 것만 같습니다. 그래서 버티다가 할 수 없이 나는 새벽 꿀잠을 포기하고 벌떡 일어나 앉게 됩니다. 그러면 그렇게 애를 써도 가라앉지 않던 것이 채 30초도 지나지 않아 금새 발기는 죽어 버립니다. 그리고 동시에 수많은 벌레가 기어오르는 듯 기운이 등과 척추를 타고 머리 위로 올라갑니다.

이것은 아주 중요한 사실입니다. 그래서 나는 자신 있게 주장할 수 있는 것입니다. 쿤달리니를 깨우는 것은 성에너지라는 것이죠. 즉, 연꽃 속에 보석을 만드는 실체는 성 에너지, 성(性) 호르몬이라는 것입니다.

그래서 시바신의 이마에 두 줄의 표시가 있고 시바신의 아내가 성기로 상징되는 돌(링감)에 우유를 붓습니다.

우리가 섭취한 음식이 소화를 통해 정력이 됩니다. 우리가 먹는 음식들은 모두 햇빛을 받아 그 빛이 축적된 것이죠. 우리가 먹는 밥도 그렇죠. 그래서 우리는 음식을 통해 빛을 흡수하고 그 빛을 성행위를 통해 발산하지 않고 척추를 통해 거꾸로 끌어올리면 몸 안에서 빛이 발산합니다. 에너지(빛) 보존의 법칙이 철저하게 적용되는 것이죠. 이 얼마나 과학적입니까. 이것이 야곱이 본 거꾸로 오르는 사다리죠.

아무튼 나는 위의 두 가지 이유로 13년 동안 새벽 4시에 일어나지 않을 수 없었죠. 이젠 조금 믿음이 가시나요?

바라나시 시바사원의 링감 ⓒ서창덕
여성의 성기 위에 남성 성기를 상징하는 링감이 올려져 있고, 흰 소가 보고(觀) 있다.
힌두교 수련의 핵심.

4 칠륜합장(七輪合掌)

　이제부터 그림이 조금 어려워집니다. 어렵다는 것보다 낯설다고 하는 표현이 더 정확하겠네요. 아무튼, 내가 알고 있는 한 공개된 수련법 중에 벽화와 같은 칠륜합장의 수련법은 없습니다. 즉, 저도 잘 모르는 그림입니다. 다만 국선도의 좌사법과 비슷한 동작입니다. 즉, 합장한 손의 끝이 미간에 오는 자세는 국선도의 좌사법과 거의 동일한 자세입니다. 좌사법은 국선도 각 단계별 수련법의 거의 마지막 정리 자세에 해당합니다.

　저의 경우 건곤단법 좌사법 자세에서 꼬리뼈를 망치로 3일 동안 두드리는 충격을 받았고, 그 충격이 척추 위로 기운이 올라가는 계기가 되었습니다. 다른 자세에서는 그러한 현상이 전혀 발생하지 않았는데 유독 좌사법 자세에서만 그러한 현상이 발생했습니다. 국선도 지도자 중에는 좌사법 동작 하나만을 몇 시간씩 시키는 분도 있습니다. 그만큼 수련의 진도를 빠르게 하는 자세입니다.

　칠륜합장의 자세가 과연 어떠한 효과를 유도하는지에 대한 단서가 너무 부족합니다. 요가 동작 중에 비슷한 동작이 있기는 합니다. 칠륜이라고 하는 것은 당연히 일곱 개의 차크라를 활성화시키는 수련법일 것입니다

칠륜합장(七輪合掌)
국선도 좌사법의 자세가 이와 비슷하다.
아마도 쿤달리니를 깨우는 데 효과적인 자세인 듯하다.

다. 그러나 내가 직접 해보지 않았기 때문에 뭐라고 얘기하기엔 부족합니다. 너무나 궁금하지만, 스님은 벽화에 대해 단 한번도 강의를 하신 적이 없었기 때문에 정확한 뜻을 알 수는 없습니다. 왜 그랬을까요? 중앙의 법당 벽에 화려한 그림들을 그려놓고 왜 일언반구도 안하신 것일까요?

혹시나 싶어 청련암 종무소에 들어갔습니다. 양익스님의 온화한 존영에 삼배를 하고 업무를 보시는 분에게 혹시 벽화에 대한 설명서나 내용을 정리한 자료가 없는지 물었습니다. 그러자 그분은 그런 자료는 절대 없다며 확신에 찬 대답을 했었죠. 그래도 미련이 남아 혹시 알아 볼 수 없느냐고 물었더니 양익스님은 자료를 남기거나 제자는 물론 대중들에게도 그 흔한 법회 한번 열지 않을 정도로 싫어하셨기 때문에 자료가 없는 게 확실하다고 합니다.

그때였습니다. 구석 소파에 비스듬히 누워 주무시는 줄 알았던 스님이 벌떡 일어나셨습니다. 키가 크고 건장한 체구에 한눈에도 무술을 하는 분 같았죠. 아니, 어디서 오신 분들이신데 그 그림에 대해 묻느냐며 성큼성큼 다가와 놀람과 의심의 눈초리를 보냅니다. 지금 신도들은 물론이고 청련암에 있는 스님들조차 벽화에 대해 관심이 없는데 어떻게 외부인이 그 그림에 관심을 갖느냐는 겁니다. 그래서 우리는 자초지종을 설명하고 그림에 대해 물었습니다. 스님은 자신도 잘 모르지만 자신이 알고 있는 내용만 알려주겠다고 해서 몇 몇 그림에 대한 설명을 들을 수 있었습니다.

그분의 말씀에 의하면, 이 그림을 양익스님이 직접 지시하시고 화공으로 하여금 그리게 하셨는데 한 번도 이 그림에 대해 제자들을 모아놓고 강의를 하신 적이 없었다고 합니다. 다만, 각자 공부를 하다가 그 그림에 대해 궁금한 점이 있으면 개별적으로 스님을 찾아가 질문을 하면 그 때 질문한 당사자에게만 답을 했다고 합니다.

방법이 없었습니다. 자료를 찾아 벽화를 해석하는 길은 포기해야 했습니다. 당시 스님의 제자를 일일이 찾아가 물어보는 방법도 있겠지만 그 스님들이 개인적으로 성취한 수련의 비밀인데 그것을 외부인에게 발설할 일은 절대 없을 것이기 때문입니다. 유일한 방법은 벽화의 그림들이 어떤 효과를 주는 자세인지 그림과 같은 자세대로 수련을 해보는 수밖에 없습니다. 물론 세세한 호흡법이나 구체적인 방법이 있겠지만 자꾸 반복하다 보면 나름 터득하게 되는 요령입니다. 또 비록 양익스님이 안계시더라도 간절하고 강렬하게 의문을 갖고 이해하려고 집중하면 차원이 다른 세계에 있더라도 통할 수 있다고 저는 확신합니다.

  이 그림의 해석을 돕는 그림이 바로 위의 그림입니다. 사실 양익스님이 매우 무뚝뚝하셨다고 하지만 저는 쌍으로 그려놓은 위의 그림들을 보노라면 자상함과 가르침의 지혜가 느껴집니다. 위의 그림은 금강광보살(金剛光菩薩)입니다. 그림은 가부좌를 한 채 왼손은 가볍게 주먹을 쥐고 오른발 위에 놓았고, 오른손은 왼손 위에 등을 맞댄 채 손바닥을 위로 펼치고 있는데 그 손바닥 안에 하얀 불꽃이 두 개나 피어 있습니다. 그러므로 이 칠륜합장의 자세는 보이지 않는 내면의 불꽃을 피어오르게 하는 수련법임을 알 수 있습니다. 불꽃이 빨간색이 아닌 흰색이라는 것이 바로 내면의 불꽃이라는 의미입니다. 칠륜합장에서 七이라는 숫자의 의미 또한 불(火)입니다.

  금강광보살(金剛光菩薩)은 금강계 37존 가운데 남방월륜(南方月輪)의 보생여래 우측에 있는 보살이며, 밀호는 위덕금강입니다. 남쪽 방향의 의미 또한 불(火)입니다. 이처럼 진리는 어느 곳에 두어도 늘 일치하지만 진리가 아닌 것은 억지로 끼워 맞춰도 종국에는 항상 오류로 귀결됩니다.

  혹여 이런 꼼꼼한 길 찾기에 어떤 분은 모두 필요 없다. 뭐 그리 복잡하게 수련을 하느냐. 도(道)라고 하는 것은 그냥 단박에 깨치면 되는 것이라고 역정을 내실 수도 있습니다. 요즘은 의외로 이런 분들이 많고 또 이런 분들이 목소리가 크니 대중의 환호를 받거나 귀하게 받들어지기도 합니다.[주19] 돈오돈수냐 돈오점수냐 거창한 논쟁을 합니다. 꼭 이렇게 가야만 하는 이유를 설명하기가 쉽지는 않지만, 하나의 일화를 들어 보면 이

금강광보살(金剛光菩薩)
금강계 37존 가운데 남방월륜 우측에 위치한 보살. 밀호는 위덕금강.
오른 손바닥 불꽃이 핵심.

런 차이가 있습니다.

『옛날, 인도에 프라라다라는 소년 성자가 있었습니다. 어느 날, 악마 히란냐 카시푸는 프라라다를 죽이기 위해 코끼리 한 마리를 프라라다에게 던졌는데 날아간 코끼리는 프라라다를 죽이지 않고 오히려 부드럽게 몸통으로 감싸서 소년을 보호했습니다.

　많은 세월이 흘러 두 명의 인도 소년이 소년 성자 프라라다 이야기를 읽고 감동하여 자신들도 프라라다와 비슷한 영적인 힘을 달성할 목적으로 정글로 가서 며칠 동안 열심히 명상과 단식 수행을 했습니다.

　며칠 뒤, 그들은 자신들의 영적인 힘이 모든 것을 정복할 만큼 되었다고 확실하게 믿게 되었습니다. 그들은 완전하게 확신할 수 있었으므로 자신이 있었습니다. 곧 그들에게 자신들의 믿음을 시험할 기회가 찾아왔습니다.

　정글에 한 무리의 야생 코끼리 떼가 지나가고 있었습니다. 그들은 확신을 갖고 큰 수컷 코끼리에게 접근했습니다. 그들은 그 옛날, 코끼리가 프라라다를 죽이지 않고 부드럽게 감싼 것처럼 그 수컷 코끼리가 자신들도 부드럽게 감싸 안아줄 것이라고 굳게 믿었습니다.

　그러나 그 수컷 코끼리는 갑자기 자신들을 가로막은 두 소년이 자신들에게 위해를 가할 것처럼 보여 그 두 소년을 마구 짓밟고 지나갔습니다. 그 두 소년은 굳은 믿음에도 불구하고 자신들이 믿었던 신성한 코끼리에게 밟혀 죽고 말았습니다.』 － 파라마한사 요가난다, 바가바드기타

파라마한사 요가난다

　파라마한사 요가난다 주석의 기타에 나오는 일화인데 수련하는 사람들에게 참고가 되자고 여기에 소개합니다. 즉, 단박에 깨쳤다 하더라도 코끼리 앞에 서면 아무런 효과 없이 밟혀 죽고 만다는 것입니다. 대개는 경전이나 명상과 관련된 책 몇 권을 읽고는 이게 별거 아니구나. 다 이해가 되는구나. 이렇듯 쉽게 깨치는 걸 보니 아마 내가 선택받은 천재라서 그런가보다 등등. 이런 착각을 경계하기 위해서 위의 일화를 소개한 것

파라마한사 요가난다(1893~1952) (다음 캡쳐)
이 사진은 마하 사마디 1시간 전에 LA에 있는 호텔에서 찍었다. 제자들을 위한 무한한 에너지가 담겨 있어 이 사진 앞에서 기도한 많은 제자들의 고민이 해결되었다. 스티브 잡스의 아이패드에 저장된 유일한 책의 저자. 비틀즈의 조지 해리슨이 그의 책을 읽고 인도로 감.

입니다. 이 세계가 잘 알려지지 않은 세계이다 보니 사기꾼도 많고 착각도 많아 매우 조심해야 합니다.

자신은 도에 대한 확신이 있겠지만 코끼리에게 밟혀 죽는다면 비로소 확신이 착각이었음을 깨닫죠. 그러나 이미 늦습니다. 이와 유사한 일들이 주위에 무수히 많이 일어나고 있습니다. 교회에서, 절에서, 기타 여러 종교단체에서, 명상하는 곳, 수련하는 곳에서 비일비재하게 일어납니다. 어떤 사람은 착각으로 본의 아니게 속이고, 어떤 사람은 돈을 벌기 위해 일부러 속입니다. 비슷하게 포장하여 신의 이름으로 협박하고 사기를 치면 잘 걸려드니 이보다 더 좋은 장사가 없죠. 그러나 하늘에 죄를 지으면 빌 곳이 없다고 했는데 몇 년 편하게 살기 위해 수천 년 고통의 세월이 기다리고 있는 걸 모르고 벌이는 일입니다.

성자 프라라다와 두 소년은 어떤 차이가 있었던 것일까요? 이 둘의 차이는 믿음의 크기와 연관된 것이 아닙니다. 프라라다는 인체의 각성을 통하여 마음과 생각뿐만 아니라 실제 자기 자신 에고의 한계를 벗고 신과의 합일을 이루었고, 두 명의 소년은 이런 과정 없이 생각만 가득했기 때문입니다. 확신이라고 느끼지만 그것은 에고의 틀 속에 갇힌 일개 개인의 잡념에 불과하지 절대 신의 생각은 아니죠. 조금 더 쉽게 설명해 보면, '내가 곧 신이다.'라고 하는 것과, '신이 곧 나다.'라는 것의 차이라고 할까요.

언젠가 발표된 통계를 본 적이 있는데 미국에서 기독교를 믿는 사람들의 대부분이 요한 계시록에 나오는 세상의 종말을 믿고 있다고 합니다. 지구에 종말이 올 때 선택된 사람들만 구원받을 것이고 당연히 자신도 그 선택의 범위 안에 있다고 믿는다는 것입니다.

세계 최첨단의 과학과 최고의 지성들이 모여 있다는 미국에서 어떻게 이런 비이성적인 집단 착각이 가능한지 놀랍지 않은가요. 언젠가 굉장히 큰 장로교회의 장로님들을 만난 적이 있는데 그들과 식사를 하며 '계시록에 나오는 세계의 멸망을 믿습니까?'라고 물은 적이 있습니다. 그분들의 대답은 대단히 짧고 빨랐습니다. '물론입니다. 그것을 믿지 않는다면 현재 믿고 있는 신앙의 의미가 없습니다.' 그분은 아마 자신들 뿐만 아니라 대한민국 기독교 신자의 대부분은 그렇게 믿고 있을 거라고 했습니다.

미국에 요가의 뿌리를 내린 파라마한사 요가난다께서는 요한계시록의[주20] 내용이 미래 세계의 종말을 다룬 내용이 아니라고 분명하게, 몇 번이나 강조했습니다. 그것은 요한이 쿤달리니가 각성되면서 나타나는 현상을 적은 내용이라는 것이죠. 충격적이지 않습니까? 착각과 실재의 차이죠. 기독교는 왜 요한에게서 이처럼 멀리 와버린 걸까요?

다시 그림으로 돌아가, 금강광보살 그림에 그려진 것처럼 마음의 등불이 켜지지 않으면 수련은 더 이상 전진하지 못합니다. 국선도 10년 정도를 수련하면 본격적으로 높은 단계의 수련에 들어가는데 이때 단전의 열기와 빛을 보지 못하면 고단계의 수련은 불가능합니다. 이때의 빛과 열기가 바로 금강광보살 그림 마음의 등불입니다.

빛과 열기를 가진 실체가 몸과 마음 안에 존재한다고 하면 과학적으로 말이 되느냐, 무슨 헛소리냐고 하실 것이지만 분명히 존재하며 사실입니다. 이것이 물질에 영향을 미치기 때문에 사실이라는 것입니다. 물질에 영향을 미치지 못하면 그건 착각이고 망상에 불과합니다.

각자의 경험은 모두 다르지만 빛을 보게 되는 것은 어떤 수련이든지 비슷하게 나타나는 현상입니다. 어떤 분은 갑자기 단전에서 뜨거운 불과 같은 열기가 몸 이곳저곳을 미친 듯이 돌아다닌다고 했고, 실제로 몸에 화상을 입었다는 분도 있었습니다. 저 또한 수영구청의 출장소장으로 근무할 때 한겨울에 얼굴의 피부가 홀랑 타버려 얼굴 껍질이 한 꺼풀 벗겨지는 사고를 당한 적이 있었습니다. 너무 신기하지 않습니까.

히말라야 고산지대 티베트에서는 수련자들이 상체를 벗고 얼음 위에 앉게 한 뒤 물에 흠뻑 젖은 수건을 어깨 위에 올려 몸으로 말리게 합니다. 누가 얼마나 빨리 많은 수건을 말려 내느냐에 따라 수련의 척도를 잰다고 합니다. 이건 내면의 불을 일으키지 않으면 불가능한 일이죠.

결국, 몸 속 내면에 있는 마음의 등불이 켜지는 게 매우 중요한데 인도의 요가에서는 쿤달리니가 각성되어야 등불을 켤 수 있다고 합니다. 그래서 요가에는 쿤달리니를 각성하게 하는 방법이 무수하게 많이 있습니다. 방법의 대부분이 프라나, 즉 호흡을 이용하는 방법과 특정한 자세를 이용하는 방법입니다. 국선도는 호흡과 자세를 동시에 이용하여 등불을 켜지게 하죠.

그런데 여기서 간과하지 말아야 할 중요한 부분이 있는데 그것은 재료입니다. 즉, 등불이나, 촛불이나, 형광등이나, 모든 불들은 그 불을 일으키고 유지하게 하는 원료가 있어야 하는데 바로 성호르몬이죠. 그래서 왕성한 정력을 가진 젊은 시기에 수련해야 한다는 것이고, 64살이 넘어 정력이 소진되어 버리면 아무리 노력해도 원료가 없기 때문에 등불은 켜지지 않죠. 청담스님께서 개운조사 수능엄경 발간 서문에 진작에 알았어야 하는데 본인은 너무 늦게 알아 수련할 수 없다고 한탄하신 이유가 바로 이것입니다.

청담스님 수능엄경 서문

"내가 지난 날 봉암사에 있을 적에, 해봉 노스님 계신 곳에서 소문으로 도장산 심원사에서 개운화상께서 남몰래 수행해서 도를 증득했다는 말씀을 들었고 또 봉암사에 보관된 그 스님의 유품인 금도끼를 본 적이 있었다.

요즈음에 대원을 일으켜서 장차 개운화상께서 남겨놓은 수능엄경 원고를 간행 유포하고자 하는 먼 곳의 도반께서 두 세 차례 우편으로 서문을 요청하기에 사양하다가 마지못해 억지로 몇 줄 쓰노라.

슬프다! 나같은 늙은 사람은 이른바 '늙은이는 수행할 수가 없고 낡은 수레는 구르지 못한다.'고 한 경우에 해당하는지라, 능히 닦아 지킬 수 없어서 즐거운 마음으로 병을 받아들이고 헛되이 세월만 보내면서 팔짱 낀 채 죽기만을 기다리게 되었으니 이제 와서 후회한들 무슨 소용 있으리요. 뜻이 같은 젊은이들은 나의 쇠모한 꼴을 보고 깨달아 후일로 미루지 말고 속히 공부에 착수하기를 간절히 바라노라.

옛부터 오늘에 이르기까지 비록 지혜가 십철과 같다 하더라도 진사를 만나지 못하고서는 스스로 깨달은 사람이 아직까지 없었다. 스승을 만나는 길이 세 가지가 있으니 첫째는 심지가 정직해야 하고, 둘째는 계율이 정결해야 하며, 셋째는 정성이 느껴 통해져야 한다. 이 세 가지가 원만히 이뤄져야만 참 스승을 배알할 수 있을 것이요, 만일 일호라도 아만이 있으면 도기가 아니기 때문에 얼굴을 대하고도 지나쳐 버려서 마침내 법을 듣지 못하고 허망한 생을 살아가면서 끝내는 죽음의 파도에 휩쓸릴 뿐이니 애석하지 아니한가?

공부하는 사람들은 더욱 마땅히 스스로 반성하고 스스로 경책하여 계율을 굳게 지키고 욕됨을 참아내며 마음을 돌이켜 도에 향해야 하는데도 정성을 다하지 않고 진사를 만나기 어렵다고 말하면서 도리어 게으름을 피우거나 또는 내가 이미 깨달음에 이르렀다고 하면서 끝끝내 헛되이 받아들임을 잊어버리고 만다. 내가 처음으로 발심한 사람들을 위하여 억지로 조금이나마 도움이 되도록 노력했을 뿐이다. 나무아미타불.

— 대한민국 26년 경술 10월 15일에

삼각산 우이동 도선사 호국선원에서 운수산인 청담은 삼가 서하다."

나는 위 글을 보고 많이 놀랐습니다. 청담스님이 누구입니까? 지금까지도 명성이 자자하신 분인데, 그분이 타인의 시선을 아랑곳 않고 태연히 자신의 처지를 들어 늙은이는 수행할 수가 없고 낡은 수레는 구르지 못한다고 슬퍼합니다. 청담스님이 유명한 분인지는 알지만 구체적 삶이 어땠는지는 잘 모르기 때문에 잠깐 스님의 삶을 들여다보고자 합니다.

청담스님은 1926년 고성 옥천사에서 출가 후 명산대찰 고승을 찾아 수도 정진하는데 범인(凡人)이 감당할 수준을 넘어섰다고 합니다. 서울 개운사, 충남 덕숭산 정혜사, 강원도 금강산 유점사, 오대산 상원사, 경남 가야산 해인사 등을 순례하며 보름 정도 굶는 것은 예사이고 항상 걸어 다녔다고 합니다. 상원사 적멸보궁에서는 추운 겨울에도 맨발로 지냈고, 영하 15도 20도의 강추위에도 방에 불을 때지 않고 내의도 입지 않은 채 10년을 지냈으며, 부처님처럼 하루 한 끼만 먹었습니다.

스님이 금강산 마하연에서 공부하던 30대 초반 이야기인데 당시 스님은 입승을 맡고 있었는데 성철스님, 지월스님이 함께 공부 중이었다고 합니다. 한 겨울을 나기 위해 식량과 땔감 준비를 다 마쳐 모두 흡족해 하는데 청담스님만이 난감한 표정을 지으시며 이번 철에 모두 목숨을 떼 걸어놓고 정진할 텐데 용맹정진하다 죽으면 다비(茶毘)할 나무가 없다며 걱정을 하시더랍니다. 공부하다 죽겠다는 각오를 내비치는 말이었죠. 젊은 수좌시절 설악산 봉정암에서 정진할 때 공부에 매진하다 보니 도반이 모두 떠난 사실도 몰랐다는 유명한 일화도 전해옵니다.

만공스님으로부터 인가를 받고 봉정암에서 여러 도반과 함께 지내게 되었는데 스님은 평상시에도 결제와 마찬가지로 시간을 지켜 공부를 해 도반들은 힘들어했고 도반들이 동안거 해제 날을 알려주지도 않고 일주일 식량만 남겨놓고 청담스님 몰래 떠나버렸다고 합니다. 공부에 전념하느라 시간가는 줄 몰랐던 청담스님은 혼자 밤을 새고 나서 보니 큰 눈이 내려 큰 절인 백담사로 갈 수가 없었고 이듬해 봄까지는 꼼짝없이 갇혀 있어야 했는데 일주일이 지나서부터는 굶은 채 정진할 수밖에 없어 목숨이 경각에 달렸는데, 보름이 지났을 때 홍천의 일본인 군수와 경찰서장 꿈에 설악산신이 나타나 '지금 봉정암에 도인이 공부하고 있으니 속히 가서 공양하라'고 하여 인원을 대거 동원하여 눈을 치우며 올라가니 피골이 상접한 스님이 좌선삼매에 들어 있었다고 합니다.

이렇듯, 용맹정진의 표상이었고 도가 높아 존경을 한 몸에 받았던 청담스님이지만 정본수능엄경 발문에서 '청담같이 쇠모하게 늙지 말고 바른 수행법을 따라서 얼른 수련하라'고 재촉합니다. 도대체 이건 무슨 말씀일까요?

이 말씀을 단순하게 청담스님의 겸양으로만 받아들이면 아무런 답이 없습니다. 겸양이면 저렇게 간곡하게 후회하며 후학들에게 당부하지 않았을 것입니다. 그렇다면 도대체 무슨 차이가 있다는 말일까요? 그러니까 개운조사 주석 정본수능엄경에 당신께서 평생 닦은 불법과는 다른 무엇이 담겨 있다는 뜻입니다. 내가 이 책에서 계속 강조하고 있는 것도 바로 그런 이유 때문입니다.

평생을 목숨 걸고 정진한 청담스님 조차 이럴진대 책 한 두어 권과 약간의 명상경험으로 내가 이미 깨달음을 이뤘다는 착각을 해서는 안된다는 것입니다.

나의 이야기 – 런닝과 팬티

『하이고 배야!!! 어느 날 빨래를 개키던 아내가 배꼽을 잡고 방바닥에 떼굴떼굴 구르며 깔깔깔 웃어댑니다. 티브이에 우스운 장면이 나와 한번 웃기 시작하면 좀체 웃음을 참지 못하는 아내인데, 이번에는 티브이가 아닌 내 팬티를 개키다 웃음이 터졌습니다.

벌써 치매가 오는가? 아내가 다른 것도 아닌 내 팬티를 보다 웃음보가

터진 터라 찝찝한 마음을 달래며 아내의 웃음이 그치기를 기다렸습니다. 한바탕 웃음태풍이 지나간 뒤 아내가 들어 보인 팬티에는 아내의 새끼손가락이 들락거릴 정도로 동그란 구멍이 뚫려 있습니다. 그만큼 내가 근검해서 팬티에 구멍이 날 때까지 입은 것을 뭐가 그리 우습다고 난리를 부리냐 타박을 했더니 아내가 다른 팬티 몇 장도 들어 보입니다. 그 팬티들도 하나같이 구멍이 뚫려 있었는데 구멍이 뚫린 부위가 모두 항문이 있는 자리입니다.

우와! 이 정도였던가. 나는 방귀로 신문지를 뚫었다는 얘기가 전혀 불가능한 얘기가 아니라는 것을 알았죠. 사실 새벽 수련시간에 3일 동안 망치가 내 꼬리뼈를 두드리고 간 뒤 몸과 마음에 여러 변화가 있었지만 그 중에도 단연 으뜸은 방귀와 트림이었습니다. 거의 1분에 한번 꼴로 방귀와 트림이 나왔는데 아무리 참으려고 해도 도저히 참을 수 없었죠. 저녁을 먹고 소파에 앉아 티브이를 보고 있으면 방귀가 쏟아졌는데 방귀소리가 어찌나 큰지 거의 따발총 소리와 흡사했죠. 처음엔 냄새도 고약해 방귀만 뀌면 아내와 아이가 선풍기를 돌리고 다른 방으로 피신하거나 난리를 쳤는데 점차 고약한 냄새는 사라지고 소리는 요란하지만 냄새가 전혀 나지 않았죠. 대변도 마찬가지였습니다. 믿기 어렵겠지만 나중에는 똥에서도 은은한 향기가 풍기더군요. 믿어지십니까?

믿어지지 않겠지만 또 이런 일도 있었습니다. 나는 어릴 때부터 하얀 런닝과 팬티를 입는 습관 때문에 지금도 특정업체의 옛날식 하얀 런닝과 팬티만 고집하는데 한동안 아내는 내 런닝과 팬티에 누런 꽃가루가 묻어 있다며 도대체 낮에 무슨 일을 하고 다니냐며 따지더군요. 내의에 묻은 노란 꽃가루는 뜨거운 물에 삶아도 쉽게 지워지지 않았습니다. 그런데 나중에 보니 와이셔츠에도 노란 것들이 묻어 있었죠.

그건 꽃가루를 묻힌 게 아니었습니다. 그건 내 몸에서 나온 누런 진액이었습니다. 그건 20년 동안 하루에도 몇 갑씩 피워댄 담배와 스트레스로 쌓인 내 몸의 독이었습니다. 그러니 그게 뜨거운 물에 삶는다고 해도 쉽게 지워질 리가 없었던 것입니다.

  사람의 몸에는 어마어마한 독소들이 쌓여 있습니다. 내 몸이 깨끗하게 정화되던 시기에 지하철을 타거나 버스를 타면 옆 사람에게서 나는 냄새 때문에 제대로 숨을 못 쉴 정도였습니다. 이처럼 몸에 쌓인 독소들이 모두 빠져나갔을 때 정신은 진보합니다. 그래서 몸의 변화와 정화 없이 정신이 절대 진화하지 않는다고 강조하는 것입니다.』

5
정념송(正念誦)

『요가는 빛을 보거나 들리는 소리로, 또는 척추와 대뇌 속의 신성한 에너지들의 초의식 작용을 통하여, 미묘한 지각들과 조율할 수 있다. 이 힘들의 진동하는 원천에 집중할 때 신성한 옴 소리를 들을 수 있으며, 요기는 무지개 색깔의 에스트랄 몸을 볼 수 있다.』 – 파라마한사 요가난다

이 그림을 보고 당황하셨나요? 첫 번째 그림 좌선이야 이미 잘 알려진 것이고, 두 번째 그림 염불도 익숙한 것이죠. 세 번째 그림 옴마니반메훔도 절에서 워낙에 많이 외운 것이니 잘 안다고 할 수 있겠죠. 네 번째 그림 칠륜합장도 뭐 그저 그런 합장의 연장이니 크게 어색함이 없죠. 그런데 다섯 번째 그림에서 갑자기 뜨악해집니다. 이게 뭘까요? 아무리 눈을 씻고 찾아봐도 불교의 경전에 이런 건 없었거든요.

이쯤에서 다시 한 번 강조하고 싶은 것이 바로 이런 부분입니다. 좌선과 염불과 화두를 통하여 가만히 앉아서 약간의 깨달음을 얻었다고 하여 기고만장해서는 절대 안 된다는 것입니다. 그야말로 겨우 긴 여정의 시작을 했을 뿐인데 마치 자신은 공부를 다 한 것인 양 큰 소리치고 무시하

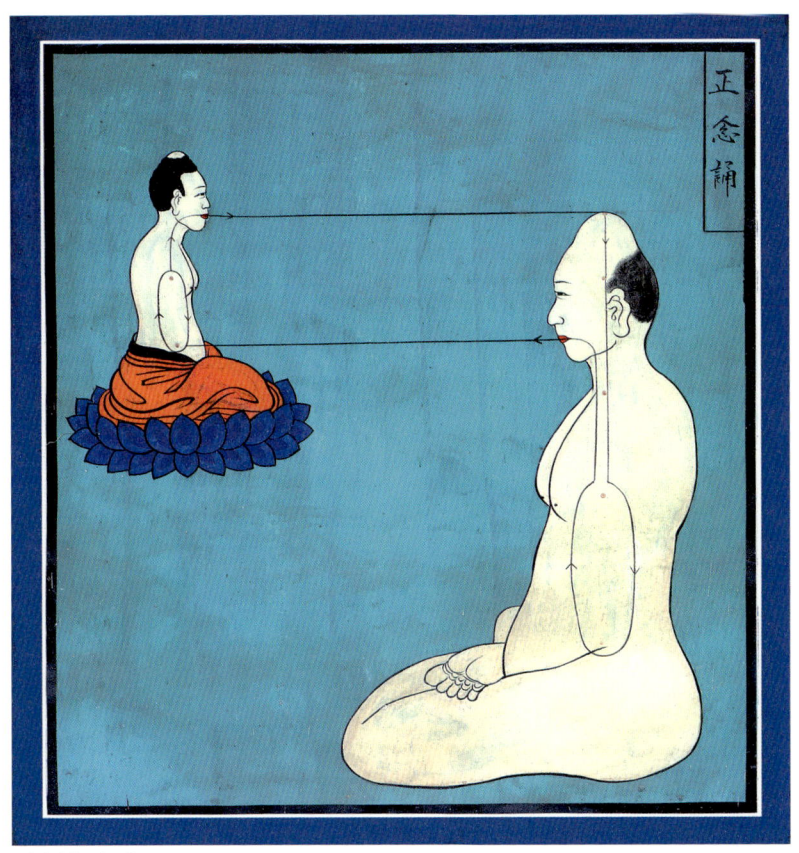

정념송(正念誦)
몸과 마음이 정화되어 깨끗해지면 그때 비로소 에스트랄 몸을 볼 수 있으며, 보통 사람의 눈에는 보이지 않는다.

고 다른 사람을 가르치려고 합니다. 다른 사람에게 피해가 가는 것은 물론 본인에게 가장 큰 손해입니다.

위 파라마한사 요가난다의 말씀처럼 수련자는 반드시 빛을 보고 소리를 들어야 합니다. 빛이 보이지 않고 소리가 들리지 않으면 준비가 되지 않았다는 증거입니다. 어, 분명 나는 모든 진리를 깨쳤는데 왜 빛이 보이지 않고 소리가 들리지 않는 걸까? 당연히 의심하셔야 합니다.

  소리나 빛을 듣거나 보겠다는 것도 아상이고 잡념이라고 하실 분도 계실 것입니다. 맞는 말씀이지만 그렇게 모든 아상을 초월할 정도의 고수가 되어 날기 위해서는 먼저 걸을 수 있어야 합니다. 수련은 실제이고 물리이고 과학입니다.

  빛이 보이지 않고 소리가 들리지 않는다는 것은 내 몸이 충분히 깨끗하게 정화되지 않았다는 증거입니다. 빛과 소리는 우리가 사는 물질세계보다 한 단계 위의 세계입니다. 내 몸이 탁한 물질에 머물러 있으면 한 단계 위의 빛과 소리가 보이고 들리지 않습니다.

  앞 그림처럼, 좌선과 염불과 육자관과 칠륜합장을 통하여 몸과 마음이 깨끗이 정화되어져야 합니다. 몸이 정화되기 시작하면 척추가 트이기 시작합니다. 위 파라마한사 요가난다의 말씀처럼 척추와 대뇌 속의 신성한 에너지들이 초의식 작용을 통하여 인지되면 그것과 조율하고, 활용하여, 내 몸과 마음을 업그레이드 시켜야 합니다.

  이 신성한 에너지의 진동하는 원천(중심)에 집중할 때 신성한 옴소리를 들을 수 있습니다. 바로 옴마니반메훔의 옴~입니다. 옴 소리가 들리는 수준까지 깨끗해져야 비로소 자신 속에 분명하게 존재하는 에스트랄 몸을 볼 수 있습니다. 그렇게 되고 나서야 아, 내 몸이 죽어도 끝난 게 아니구나, 영혼이 사는 저승이라는 곳이 존재하겠구나, 하는 사실을 비로소 알게 됩니다. 바로 다섯 번째 그림 정념송의 그림이죠. 정념(正念). 그러므로, 바른 마음을 갖는 경지가 절대 쉬운 경지가 아니라는 것이죠.

  우리는 눈으로 보이고 만져지는 물질로 구성된 몸밖에 없다고 생각하지만 사실은 물질의 몸 외에 에스트랄 몸이 따로 있습니다. 에스트랄 몸은 보다 더 정밀하기 때문에 육체의 눈에 보이지 않을 뿐이죠. 우리의 몸이 정화되어 깨끗하게 되면 그때 비로소 에스트랄 몸을 볼 수 있습니다.

아직 때가 묻지 않고 백회가 완전하게 닫히지 않은 상태의 아기들은 에스트랄 몸을 볼 수 있습니다. 아기들이 어떤 사람을 보고는 울고 어떤 사람을 보고는 금방 울음을 그치는 이유가 바로 그 때문이죠. 그때 아기의 눈을 가만히 들여다보면 아기가 보는 곳이 보통의 사람들이 보는 위치보다 약간 위쪽(머리 위)에 있음을 알 수 있습니다.

파라마한사 요가난다께서 얘기한 소리와 빛은 일반적인 빛과 소리가 아닙니다. 꼬리뼈에서 쿤달리니가 열려 척추를 통하여 기운이 상승하기 시작하면 반드시 빛이 보이고 소리가 들리는데 일반적인 빛은 눈을 감으면 보이지 않지만 이 빛은 눈을 감아도 보이는 빛입니다. 소리 또한 귀를 막으면 들리지 않아야 하는데 이때의 소리는 귀를 막아도 들리는 소리입니다.

처음에는 아주 신기하죠. 소리도 처음에는 약간 투박한 소리이지만 내 몸과 마음이 정화되어 더욱 맑아지면 현실에서는 들을 수 없는 너무나 아름답고 맑은 음악소리가 들립니다. 빛도 마찬가지입니다. 이 세상 어떤 보석의 빛도 내면의 빛보다 아름답지 않습니다. 지상의 빛과 소리와는 비교도 되지 않는데, 이때의 빛과 소리는 한 차원 높은 에스트랄 차원의 빛과 소리이기 때문입니다. 이러한 상태가 더욱 깊어졌을 때 본인의 에스트랄 몸을 볼 수 있는 것입니다. 척추의 차크라가 열려야 하는 이유가 바로 여기에 있죠.

우리가 물질의 세계보다 높은 차원의 천국에 들어가기 위해서는 당연히 물질보다 높은 차원의 영역에 들어갈 수 있어야 합니다. 당연하죠. 또 이것은 어떤 종교를 믿고 믿지 않고와는 전혀 상관이 없는 문제입니다. 그렇지 않습니까?

이 이야기를 처음 접하는 분들은 과연 이것이 실제로 가능한가? 그냥 상상으로 하는 것이 아닌가? 등등의 의문이 많이 드실 것입니다. 그러나 이것은 엄연한 현실이고 실제입니다. 이것과 관련된 자료와 사례들은 무수히 많습니다. 수련과 공부의 과정에서 이 단계가 이해되고 체험되지 않으면 한 단계 앞으로의 전진은 어렵습니다. 체험되지 않더라도 계속할 수밖에 없겠지만 실체가 잡히지 않으니 뜬 구름 잡는 것처럼 어렵고 답답하죠. 그렇게 해서는 힘들어서 공부를 오래 할 수 없습니다. 공부는 누가 오래 앉아 있는지의 경쟁이 아닙니다.

이 그림을 국선도에서는 분신법(分身法)이라고 합니다. 분신법은 국선도 진기단법에서 수련하게 되는데, 10년의 예비과정이 있어야 합니다. 10년이 길게 느껴지시겠지만 그것도 쉬지 않고 했을 때 그렇다는 것이고, 사실 직장생활 하면서 10년 만에 진기단법까지 오르기는 굉장히 어렵습니다. 분신법은 눈앞에 나와 똑같은 분신을 띄워 놓고 그 분신과 함께 호흡을 하는 것입니다. 이 그림은 불교의 현교와 밀교 어느 가르침에도 없는 내용입니다.

양익스님은 수련 도중에 어느 날 갑자기 눈앞에 저절로 나타났다고 합니다. 고요히 수련을 하고 있는데 갑자기 나를 닮은 분신이 눈앞에 나타나 놀랐다는 말씀인데 특별한 행운이 찾아온 경우이고 전생에 그만큼 수련을 많이 했다는 증거일 것입니다.

이런 행운의 경우를 제외하고는 대개 어마어마하게 혹독한 수련의 과정을 거쳐야 분신을 볼 수 있습니다. 그러나 문제는 어마어마하게 혹독한 수련을 거친다고 하더라도 모두에게 분신이 나타난다는 보장이 없다는 것입니다. 어떤 사람은 기본적으로 나타나야 하는 내면의 빛(inner light) 조차도 나타나지 않는 경우가 허다합니다. 심지어 10년 이상 국선도 수련을 한 사람이 아직 기(氣)라는 것을 한 번도 느낀 적이 없다고 고백할 정도입니다.

자, 다음 장에서는 매우 진귀한 자료를 공개합니다. 천기누설의 죄를 짓는 게 아닐까 여러 고민이 있었지만 사실 이 책의 내용 대부분이 천기누설과 관련되지 않은 내용은 별로 없습니다. 그러므로 이 책을 보는 분들은 절대 이 책의 내용을 가볍게 보아서도 안 되고 무시하거나 비난해서도 안 됩니다. 누구보다 본인에게 굉장히 큰 누가 됩니다. 경고를 무시하면 모든 책임은 본인에게 있습니다.

청산선사 분신법 강의

"분신법이란 것이 있는데, 첫째는 자기라고 하는 물체가 허옇게 흐릿한 물체로 나타나는 경우가 있는데 이것을 잡는 것이 첫번 째 공부인 거에요. 이것을 찾아내야 해요. 마지막에는 대소의 체격이 나타납니다. 적게도 보이고, 조그마한 뭐가 보이기도 하고, 내지는 하늘과 같이 꽉 찬, 큰 물체로 나타난다 이 말이에요. 대소의 차이가 생긴다. 이것이 처음, 첫 단계입니다.

이 상태에서는 단전호흡이라는 상태를 완전히 초월해야 해요. 비식즉, 식이라, 호흡을 안 하나 호흡을 한다 이 말이에요. 또 비사즉 사라, 생각을 하지 않으나 생각을 한다, 이런 경지에 들어가야 해요. 정말 깃털을 갖다 놓아도 깃털 하나 움직이지 않아야 되요. 그것이 되지 않고서는 10일 고경이니, 영체니, 아무 소용이 없다. 차라리 시간낭비다. 통리를 그때 아는 거에요."

위의 글은 청산선사께서 핵심 제자들을 모아놓고 하신 강의의 극히 일부입니다. 약 50년 쯤 전의 일입니다. 이때 가만히 듣고 있던 제자 중에 어떤 분이 답답한 마음에 질문을 합니다.

"눈을 감고 하는데 영체가 보여요? 마음으로 보인단 말인가요? 눈을 감고하는데 어떻게 영체가 보여요?"

"그러니깐 경지에 가면 보이지. 그러면 영체가 안보인다 말이야? 그것은 누구나 다 보여요. 여태까지 중기, 건곤, 원기, 다 설명을 했는데 그렇게 하면 안보이는 분은 없어요....."

(고요.....)

"그 다음 또 질문....."

(고요.....)

위의 대화내용은 분신법에 대한 강의인데 분신법의 단계에 있는 분들에게는 아주 귀한 자료인데 극히 일부만 옮긴 것입니다. 느끼셨겠지만 방법은 달라도 파라마한사 요가난다께서 말씀하신 에스트랄 몸을 보는 과정과 비슷합니다.

청산선사님의 강의에도 나오듯이 국선도의 수련에서 본인의 영체를 볼 수 없으면 그 다음 단계의 수련은 나갈 수 없습니다. 물론, 본인의 영체를 보지 않았다고 하여 마지막 단계를 못 이뤘다고 단정하는 것은 옳지 않습니다. 그러나 분신법은 마지막 단계를 가기 위한 아주 좋은 과정임에 틀림이 없습니다.

아무튼, 위의 녹취록에서 재밌는 질문과 대답이 이어집니다. 강의를 듣던 제자 중의 한사람이 질문을 합니다. 눈을 감아도 보인다는 도대체 그런 말도 안 되는 소리가 어디 있느냐, 자신은 보이지 않는데 뭐가 보인

청산선사 (다음 캡쳐)
9,700년간 산중에서 비밀리에 전해 내려오던 우리 민족고유의 수련법을 1967년 세상에 처음공개하여 국선도라 칭함. 수련이 극치에 이르면 물과 불에도 영향 받지 않음을 몸소 시현하여 수련의 실제를 증명. 1984년 모든 걸 버리고 재 입산한 진정한 도인.

다는 것이냐고 따집니다. 이 제자의 질문에 모두들 웃지만 사실은 웃는 사람들도 대부분 질문자처럼 분신을 보지 못했던 사람들일 겁니다.

왜냐하면 선사께서는 누구나 볼 수 있다고 하셨지만, 이 강의를 듣는 청중들의 반응은 고요하죠. 고요의 의미는 간단합니다. 그들도 그렇게 나타나는 사람이 거의 없었기 때문이죠. 전혀 없지는 않았겠지만 거의 대부분이었겠죠. 청산선사께서는 산으로 들어가시며 진기단법의 실력자가 나오면 서슴치 않고 그에게 모든 것을 전수하겠다고 하셨습니다. 누구나 가능하다고 하셨지만 사실은 그렇게 되기가 매우 어렵다는 것을 말씀하신 셈이죠. 그래도 전혀 불가능한 것은 아니니 된다는 생각으로 열심히 배운대로 수련하라는 뜻일 것입니다.

양익스님도 그렇고 청산선사님의 강의도 그렇고 두 분의 공통점은 영체의 발견이 호흡과 관계가 있고, 특히 명경지수와 같은 흡지의 상태에 돌입해야 한다는 공통점이 있습니다. 고요하게 호흡을 고르면 사람은 한 단계 높은 차원으로 올라갑니다. 어수선하고 정신이 혼란한 상태에서는 절대 불가능하죠. 눈을 감아도 보이고 눈을 떠도 보인다는 것은 내 눈과 내 귀가 물질적인 차원을 넘어섰다는 것입니다.

그런 상태가 되면 남이 보지 못하던 것도 보게 되고 남이 듣지 못하는 소리도 듣게 됩니다. 그게 바로 옛 사람들이 얘기한 천안통이고 천이통이 열리는 것이죠. 그 모든 능력들이 올바른 수련을 해가는 과정에서 부수적으로 저절로 생기게 되는 현상인 것인데 천안통과 천이통을 열겠다고 오로지 그곳에만 집중해서는 주객이 전도된 것이죠.

이 대목을 쓸 무렵에 나는 매우 힘든 일을 겪었습니다. 인생에 대해 전혀 모르던 무렵인 20대 후반에 겪었던 것과 비슷한 사건이었습니다. 지금 와서 인생에 대해 전혀 몰랐던 시기라고 말하지만 사실 당시는 인생에 대해 모든 걸 알고 있다고 생각하던 때였죠. 이상하게도 사람은 어떤 나이라도 심지어 십대의 나이에도 자기가 살고 있는 인생에 대해 자신이 제일 잘 알고 있다고 착각합니다. 부족하다는 생각은 전혀 안하죠. 세월이 지나면 그때는 인생을 잘 몰랐구나. 하는 생각이 들지만 당시에는 전혀 느끼지 못하죠.

이제 여고 3학년이 된 딸에게 가끔 잔소리를 하면 돌아오는 대답은 늘 똑같죠. 자기기 다 알아서 한다고. 자신은 이미 인생의 모든 문제를 잘 알고 있으니 알아서 하겠다고 합니다. 그러나 짐작하셨겠지만 결국 스스로 알아서 잘 하지 못하죠. 알아서 잘 할 수 없다는 게 증명되어도 또 다른 일을 만나면 금세 까먹고 또 자신이 제일 잘 알고 있으니 당연히 잘 알아서 하게 내버려 두라고 합니다. 대부분 마찬가지죠.

아무튼, 그 젊은 시절의 대책없는 자신감에 따른 착각 때문에 나는 덜컥 어려운 일에 휘말려 무려 6년 동안 죽을 고생을 합니다. 심지어 너무 힘들어 죽을 생각도 몇 번 했었죠. 나와 비슷한 경험을 했던 많은 사람들이 스스로 죽거나 죽임을 당했다고 합니다. 물론 성공적인 극복의 경험은 나중에 내 인생에 좋은 밑거름이 되었죠.

그와 비슷한 일이 30년이 훌쩍 지난 시점에 그때와 전혀 다른 삶과 시각을 가진 내게 찾아왔습니다. 대체 왜 이런 황당한 일을 또 겪게 되는 것일까? 이유가 뭘까? 골똘히 생각하고 있던 시점에 친구가 술자리에서 불쑥 이런 말을 던졌습니다. '너, 천기누설 그만 하란다!' 나는 술이 확 깨어 그 친구에게 다시 물었습니다. '도대체, 뜬금없이 무슨 소리냐?' 그 친구의 대답이 걸작입니다. 몰라, 나도. 하여튼, 그만 하란다! 그 친구가 친하게 지내는 수련하는 친구가 있는데 그가 내 어려움을 감지했던 모양입니다. 어떤 수련이라도 고요하면 불가능한 일이 아니니까요.

천기누설

무엇이 천기누설일까요? 또 어떤 범위까지일까요? 이 글을 쓰며 나는 수백 번도 넘게 고민했습니다. 흔히 천기누설을 하면 안되는 이유로 악한 사람들에게 비법이 흘러가 악용되는 것을 막기 위한 것이라고 합니다. 그래서 파라마한사 요가난다의 크리야 요가는 미리 비밀서약을 받습니다. 크리야 요가 뿐만이 아니죠. 그 동안 나는 중국과 미국과 한국에서 세상에 공개되지 않은 많은 비밀법을 전수 받았습니다. 하늘의 보살핌이 없었으면 절대 연결될 수 없는 인연이고 행운이었죠. 그런데 비밀법을 직접 수련하며 느꼈던 생각은 과연 이 방법을 선하지 않은 사람들, 부정한 의도를 가진 악한 사람들이 이 비밀법을 터득하여 악용을 할 수 있을까? 소설이나 영화에서는 그러한 사례들이 무수히 많이 등장하죠.

그러나 저는 불가능하다고 봅니다. 그렇다고 악인의 악용이 전혀 100% 없다고 하는 것은 아닙니다. 요는 한번은 몰라도 두 번 세 번 반복적으로 그런 악행을 저지르는 것은 불가능하다는 것입니다. 즉, 한두 번 그렇게 악용하면 그러한 능력은 그 다음부터 막혀 버리거나 반드시 하늘의 응징이 있습니다. 하늘의 그물이 성글어 보여도 결코 놓치는 법이 없다는 말이 바로 그 뜻이고 그 원리이죠.

그렇다면 어떤 이유로 천기누설을 하지 말라는 것일까요? 그건 아무것도 모르는 사람이 그러한 법을 비방하여 영원히 그 법으로부터 멀어지거나, 또는 위의 사례처럼 악용하여 스스로 하늘의 응징을 받아 망하는 경우를 막기 위한 것입니다. 하늘은 선하든, 악하든, 모든 중생을 사랑하니까요. 그러한 이유로 저는 누설되는 범위에 대해 늘 고민합니다. 그래서 웬만하면 새로운 언급보다는 앞의 세대에서 다른 사람들이 이미 언급한 내용의 범위를 벗어나지 않으려고 노력합니다. 예를 들면 이런 거죠.

여기, 우리가 사는 동양 말고 서양에도 비밀로 내려오는 법을 익힌 고수가 있습니다. 지중해의 작은 섬나라 키프로스에서 태어난 다스칼로스[※주21]라는 분이죠. 그가 쓴 책을 읽어보신 분들은 아시겠지만, 키리아코스 마르키데스가 쓴 '지중해의 성자 다스칼로스'에 나오는 주인공입니다. 그는 공무원 생활을 하다가 은퇴한 평범한 할아버지처럼 보이지만 사실은 엄청난 고수입니다. 서양에 이런 고수가 존재할 수 있었다는 게 도저히 믿어지지 않지만 사실입니다.

그리스의 성자 다스칼로스

사실, 고수는 동양이든 서양이든 똑같습니다. 여기서 똑같다는 말에 대한 정확한 이해가 필요합니다. 예를 들어 천국의 세계에 대한 묘사를 한다고 할 때 동양과 서양의 고수가 표현하는 천국은 동일합니다. 神의 세계도 마찬가지이고 영혼의 세계도 마찬가지입니다. 고수의 반열에 오른 과정, 즉 길은 달라도 올라가서 보는 풍경과 현지의 묘사는 똑같아야 합니다. 물론, 표현하는 언어와 문화는 다릅니다. 에베레스트 정상에 오르는 루트는 달라도 에베레스트 정상의 봉우리는 하나뿐입니다. 에베레스트 정상에 올랐다면서 한라산에서 보는 풍경을 묘사한다면 그는 에베레스터 정상에 오른 사람이 아닌 것입니다. 한라산의 풍경을 묘사하면서 그곳이 에베레스트 정상이라고 하는 건 사기이거나 착각입니다.

이렇듯, 산악의 세계에서는 불가능한 일이지만 종교나 수련의 세계에서는 가능합니다. 왜 그럴까요? 이유는 공인된 자료가 없기 때문입니다.

> 『우리는 거친 육체와 짝을 이루는 심령체와 이지체를 가지는데, 그것들은 육체가 형성되게 하는 자궁과 같은 역할을 합니다. 이는 창조된 거친 물질계 전체에도 해당되는 사실입니다.
>
> 예컨대, 거친 물질지구는 그 배후에 심령지구, 즉 4차원에 존재하는 지구를 가집니다.
>
> 그리고 또 이지지구가 있는데 그것은 5차원에 존재합니다.

이 심령이지체는 성령의 직접적인 감독 아래 있으며, 거친 육체를 유지 보존하는 것이 가장 중요한 기능입니다.』 - 지중해의 성자 다스칼로스

서양인답게 설명이 이성적이고 명확합니다. 이것이 바로 문화의 차이죠. 그는 이 지구상에 태어난 모든 인간 삶의 목표는 이 심령이지체를 육체만큼 완벽하게 만드는 것이라고 자신 있게 말합니다. 또한 보다 높은 세계에 들어가기 위해서는 이러한 영체를 완벽하게 만들어야 가능하다고 합니다. 서양에서 태어난 그는 심령이지체라고 부르고, 대한민국에서 태어난 청산선사는 영체라고 했죠. 그리고 양익스님은 정념송(正念誦) 그림으로 표현하셨죠.

다스칼로스는 심령체(분신법)를 만들기 위해서 규칙적인 명상과, 자기성찰과, 분석을 해야 한다고 강조합니다. 그렇습니다. 명상입니다. 명상은 영체를 만들기 위한 세계 공통어입니다. 극동과 중앙아시아와 유럽이라는 지역이 서로 이역만리 떨어져 있어도 에베레스트 정상에 오르는 방법은 사실 크게 보면 똑 같습니다.

『분심법이란 것이 있는데, 첫째는 자기라고 하는 물체가 허옇게 흐릿한 물체로 나타나는 경우가 있는데 이것을 잡는 것이 첫번째 공부인 거에요. 이것을 찾아 내야 해요.
마지막에는 대소의 체격이 나타납니다.
적게도 보이고, 조그마한 뭐가 보이기도 하고, 내지는 하늘과 같이 꽉 찬 큰 물체로 나타난다 이 말이에요. 대소의 차이가 생긴다.
이것이 처음, 첫 단계입니다.』 - 청산선사

서로 이역만리 떨어진 곳에서 각자 독립적으로 발생한 수련법인데 마

지중해의 성자 다스칼로스 (다음 캡쳐)
1912년 지중해 키프로스에서 태어난 영 능력자. 1975년 미국 메인대학교 사회학자에 의해 세상에 알려짐. 그의 주장은 요가, 국선도의 핵심과 일치.

지막에 완성한 경지는 똑같습니다. 종교의 이름은 달라도 결국 동일한 하나의 신(God)임을 증명한 셈이죠. 다스칼로스는 서양에서 내려온 전통 수련법의 맥이고, 양익스님은 불교의 수련법이고, 청산선사님은 1만년 배달민족의 전통 수련법이죠. 또 파라마한사 요가난다의 크리야 요가는 인도의 전통 수련법입니다.

방법이 달라도 명상을 통해서 우리가 공통적으로 얻을 수 있는 것은 자신에 대한 분석입니다. 자신을 가만히 들여다보면 지금까지 본인이라고 생각했던 자신이 진정한 자신이 아니라는 의심이 들게 됩니다. 식욕, 정욕, 물욕 등의 너머에 변하지 않고 빛나는 또렷한 자아가 존재함을 느끼게 됩니다. 식욕과 정욕과 물욕을 극복하지 못하는 사람은 그 너머에 존재하는 진아(眞我)를 보지 못합니다. 부자가 천국에 이르는 것은 낙타가 바늘구멍을 지나가는 것보다 더 어렵다고 한 이유죠.

명상을 통해 모든 것에서 자유로워질 때 빛이 나타나는데 아잔 브람의 표현은 아주 적절합니다. 명상의 뒤에 나타나는 빛을 이보다 더 간명하고 정확하게 표현한 명상서적을 저는 아직 보지 못했습니다.

모든 책들이 명상 뒤에 남는 무아지경과 지복을 이야기합니다. 그래서 그것이 명상의 끝인 줄 압니다.[※주22] 아잔 브람은 끝이 아니라 시작임을 자세하게 표현하고 있습니다. 안타깝게도, 이 책을 읽은 수많은 독자들은 아래 문장을 제대로 이해하지 못했을 것입니다.

> 『몸, 생각, 감각을 놓아버려서 오직 아름다운
> 정신적 표상이 남는데 이것이 바로 빨리어로 니밋따라고 합니다.
> 아름답게 빛나지만 이것은 빛이 아닙니다.
> 빛이 아니지만 대부분 사람들에게 빛으로 나타납니다.
> 보름달이 구름 뒤에서 나오는 것과 같습니다.』 - 아잔 브람 놓아버리기

너무 쉽지 않습니까. 내면에 존재하는 신비한 빛이 단지 명상만으로 성취할 수 있다는 것이. 그냥 모든 걸 내려놓는 명상만으로 천국으로 안내하는 길잡이 빛을 얻을 수 있습니다. 구름만 걷히면 보름달은 저절로 나타납니다. 그것은 상징적 표현이 아니라 말 그대로입니다. 빛이 보이

금강구녀보살(金剛鉤女菩薩)
3고저 구소의 덕을 표치한다고 함. 지혜를 통해 깨달음의 세계로 인도하는 보살.
금강수원 33존의 한 분으로 제불을 고수하는 덕을 담당.

면 노력하여 조금씩 확대하고 크게 만들어 가면 됩니다.

   빛을 논하다 보니 벽화에서 너무 멀리 왔습니다. 앞에서 많은 설명을 했기 때문에 간단하게나마 벽화의 의미를 살펴보겠습니다. 정념송의 위에 있는 그림은 금강구녀보살(金剛鉤女菩薩)입니다. 금강구녀보살은 지

제2장 비밀의 사원 벽화 177

혜를 통해 깨달음의 세계로 인도하는 보살입니다. 금강구녀보살은 금강수원 33존의 한 분으로 제불을 고수하는 덕을 담당하며 3고저로서 구소의 덕을 표치한다고 합니다.

구소의 덕이라는 것은 구소대사의 마음이 되어 그 마음을 생하는 선정의 마음을 나타내며 금강에 끌려 구제를 멈추지 않는 움직임을 말합니다. 지혜를 통해 깨달음의 세계로 가라는 뜻, 즉 지혜를 동원하라는 것이고, 나아가 구제를 멈추지 않는 구소대사의 덕을 쌓아야 되다는 의미입니다. 즉, 지혜와 덕을 겸비하면 영체가 나타날 수 있다는 의미로도 해석이 가능합니다.

아래 그림의 글자는 앞에서 살펴본 대로 정념송(正念誦). 결론은 바른 마음입니다. 청산선사님의 말씀도 마찬가지입니다. '분신법을 하기 위해서는 고요한 마음, 밝은 마음, 심전선화(心田善化)가 중요하다. 심전선화가 되지 않고서는 이 어려운 관문을 통과하기 어렵다'고 하셨습니다.

분신을 만들기 위해서는 꼬리뼈에서 발화한 기운이 백회까지 올라가야 하는데 몸에 병이 있으면 기운은 그곳을 먼저 채웁니다. 물이 흘러가는 것과 같은 이치입니다. 물은 아래로 흐르지만 기운은 위로 흐릅니다. 물이 흐르며 구멍난 곳 후미진 곳을 채우듯, 위로 오르는 기운 또한 절대 건너뛰는 법이 없습니다. 몸에 있는 병은 몸에 뚫린 구멍이나 다름없습니다. 그 구멍을 고치고 막지 못하면 기운은 당연히 그 구멍으로 빠져나가 버립니다.

마음도 마찬가지입니다. 신체의 몸은 분명하게 감지되지만 마음의 병은 감지가 어렵기 때문에 몸의 병보다 더 골치가 아픕니다. 마음의 병은 강한 집착입니다. 그런데 강한 집착은 쉬운데 집착 같지 않은 집착이 문제입니다.

세밀하게 뜯어보면 집착하지 않으려는 마음도 집착에 포함되기 때문입니다. 그래서 원각경에 세존께서 멀리 여의려 하는 마음을 강하게 집착하면 안 되기 때문에 그런 허망한 마음도 또한 멀리 여의어야 하며, 나아가 멀리 여의려는 것도 허망한 것이니, 그런 생각마저도 멀리 여의어서 더 여읠 것이 없게 되면 모든 허망한 것이 사라진다고 하셨습니다. 그렇다면 방법은 그냥 관(觀)하는 방법 밖에 없다는 것이죠.

원효대사께서 "옛 스승이 말씀하기를, 삼매라고 함은 정사(正思)라는 뜻이다'고 하셨는데, 말하자면 정(定)에 들었을 때 경계를 깊이 살피고 바르게 생각하는 까닭에 정사라고 한다고 하셨습니다. 바로 벽화에 그린 정념(正念)송의 상태가 어떠한 상태인지를 잘 설명해 주고 있습니다. 정념(正念)을 가졌을 때 비로소 우주의 본심(本心)이 눈앞에 나타나는 것입니다.

다시 앞으로 돌아가, 다스칼로스의 언급처럼 이 세상 살아가는 인간의 유일한 목표는 천국에 이르는 것입니다. 천국에 이르기 위해서는 명상을 통해 심령체를 보아야 하고 육체만큼의 수준으로 완벽하게 만들어야 됩니다. 육체를 가진 인간이 100년을 산다고 하더라도 어마어마하게 긴 영혼의 삶에 비하면 짧은 찰나에 불과합니다. 고등학교 3년 동안을 잘 보내면 평생 편안하게 사는 것과 마찬가지의 경우입니다. 그러므로 놀고 싶고, 담배도 피고 싶고, 술도 마시고 싶고, 나이트클럽에도 가고 싶고, 이성도 사귀고 싶은 욕심을 참아야 합니다.

참기도 싫고 노력하기도 싫고 하고 싶은 대로 무엇이든 마음대로 하고 사는 사람들은 이 세상 죽고 나면 아무 것도 남지 않는 무(無)의 세계라고 생각합니다. 그런데 죽었는데 아직 끝난 게 아니라면, 그때는 후회해도 이미 돌이킬 수 없습니다. 엄청나게 긴 암흑과 고통의 지옥을 감수해야 합니다. 겨우 고등학교 3년 동안 놀았던 시간에 대한 대가치고는 너무

가혹하죠.

그리스의 다스칼로스 선생이 말씀하셨듯이, 천국에 이르기 위해서는 심령체를 육체처럼 완벽하게 만들 수 있어야 되고 그러기 위해서는 모든 욕심을 버리고 놓아야 합니다. 일견 모든 욕심을 버리는 것과 심령체가 나타나는 것이 아무런 관련이 없어 보입니다. 그러나 수능엄경을 보면 어떤 이유인지 명확하게 드러납니다. 이것은 정확한 물리의 법칙이 적용되는 이론입니다.

선과 악의 경계가 갈수록 모호해지고 있지만 사실 선악의 구별은 아주 간단합니다. 자신의 욕심만 채우기 위한 행동은 악(惡)이고, 자신의 욕심을 버리고 타인을 생각하는 이타심은 선(善)입니다. 이기적인 생각만 쫓는 사람은 결코 심령체를 만들 수 없고 당연히 천국에 이를 수 없고 그가 가는 곳은 지옥뿐입니다. 너무나 당연한 귀결이며 절대 에누리가 있을 수 없습니다.

영체가 나타나는 사람은 상관이 없겠지만 영체가 나타나지 않는 사람은 다른 대책이 필요합니다. 영체가 나타날 때까지 하면 되지만, 아무리 노력해도 영체가 나타나지 않는다면 그대로 멈출 수는 없으니 다른 방법을 찾아야 합니다.

『원각(圓覺)을 전혀 모르는 자는 범부이고,
원각을 깨치려고 하나 원각을 완전하게 깨치지 못한 자는 보살이며,
원각을 온전하게 갖추어 원각의 상태에 머물러 있는 자가 여래이다.
원각을 떠나서는 6도(道)가 없고,
원각을 버리고서는 3승(乘)이 없으며,

원각이 아니고서는 여래도 있을 수 없고,

원각을 버리고는 참된 진리도 없다.』 － 원각경

6
호제일관(毫臍一觀)

　천국에 이르는 여섯 번째 계단은 호제일관(毫臍一觀)입니다. 호(毫)는 몸에 난 털을 말하고 제(臍)는 배꼽입니다. 몸에 난 털과 배꼽을 하나로 보라(觀)는 뜻이 됩니다. 그림을 참고하면 보다 더 쉽게 이해가 되실 것입니다.

　배꼽의 양쪽에는 눈이 있고 눈의 한가운데에 있는 제3의 눈과 배꼽을 동시에 합하여 관하는 그림입니다. 정념송에서 얻은 빛이 배꼽 아래로 갔습니다. 앞에서 발견한 심령체를 조금씩 키우고 완벽하게 만드는 방법이 바로 단전호흡이라고 강조하는 그림이죠.

　그림보다 더 자세한 설명이 있을 수 있을까요? 없습니다. 이 그림을 보면서 들었던 생각은 양익스님은 겉으로는, 특히 제자들 앞에서는 엄청나게 엄격하시고 과묵하셨지만 내면의 마음은 엄청 자상하고 따뜻한 마음을 가졌다는 추측이 듭니다.

　자, 그런데 이게 끝이 아닙니다. 조금 더 자세히 그림을 살펴봐야 합니다. 늘 그렇듯 양익스님은 비슷하게 보이지만 조금 더 자세히 보면 그 속에 전혀 다른 깊은 의미가 숨어 있는 경우가 많습니다.

호제일관(毫臍一觀)
배꼽과 털을 함께 보는 것. 선도의 태식법과 비슷하나 약간 다름. 피부호흡의 직전단계

  사실, 단전호흡 수련을 한 분들에게 이 그림은 낯익은 그림입니다. 태식법(胎息法)이라고 하여 뱃속의 태아가 숨 쉬는 것처럼 호흡하는 방법입니다. 그런데 이 그림을 가만히 관찰해보면 태식법이라고 이해하고 넘어가기에는 뭔가 부족합니다. 그렇습니다. 이 그림은 태식법과 다른 중요한 차이가 있습니다.

  아랫배에 사람의 얼굴을 그린 것은 아기를 그린 태식법과 비슷하지만,

이 그림의 주제는 호제(毫臍)라고 하는 배꼽과 배꼽 주위의 털에 있습니다. 그리고 태식법은 호흡법이지만 이 그림은 호흡을 하라는 의미가 없습니다. 이 다음 그림이 생기호흡관인데 호흡을 하라는 의미의 그림에는 호흡이라는 제목을 붙였죠. 그래서 이 그림은 호흡이 아니라 그냥 관(觀)하라는 것입니다. 호제(毫臍)를 함께(一) 보라(觀)는 뜻이죠. 그래서 호제일관(毫臍一觀)이죠.

호흡하는 것과 그냥 보는 것과는 어떤 차이가 있을까요? 차이가 없을까요? 차이가 있습니다. 그 차이를 알기 위해서는 그림과 똑같은 자세를 취하고 실제 해보시면 됩니다. 그래서 그림이라고 하는 장르가 글보다 훨씬 더 자세하고 자상하다는 뜻입니다.

이 그림에 대해 한 가지 더 짚고 넘어가야 될 부분이 남았습니다. 관찰력이 뛰어나신 분들은 눈치를 채셨겠지만, 처음 염불할 때는 옷을 입었던 그림이 육자관의 단계에서부터 옷을 벗고 있습니다. 이 다음 단계의 그림은 피부호흡의 단계입니다. 그렇다면 호제일관의 단계는 피부호흡으로 들어가기 직전의 단계임을 알 수 있습니다.

국선도 수련에 진기단법은 분신법의 단계이고 진기단법 다음 단계인 삼합단법은 피부로 호흡하는 것입니다. 사람은 누구나 조금씩은 피부로 호흡을 하고 있습니다. 목욕탕 물에 들어가 몸을 담그면 처음엔 조금 답답하게 느껴지는 현상이 바로 피부호흡을 못하기 때문입니다.

그렇다면 폐로 호흡하지 않고 순전히 피부로만 하는 호흡이 가능한 걸까요? 청산선사께서는 미국의 유명한 후버댐에 몸이 떠오르지 않게 쇠사슬을 달고 들어가 20분을 견딘 적이 있습니다. 더 오래 견딜 수 있었는데 바깥에 있는 사람들이 너무 오래 반응이 없자 죽었나 싶어 줄을 당기는 바람에 일찍 나오게 되었다고 합니다.

그런데 국선도에서도 그렇고 양익스님의 그림도 그렇고 굳이 어려운

금강구보살(金剛鉤菩薩)
오른 손에 든 구로 인간을 구제한다고 함. 앞의 금강구녀보살과 비슷한 역할. 그래서 금강구보살을 보시의 德이라고 함.

피부호흡을 하라고 하는 이유는 무엇일까요? 사람들에게 자신이 고수임을 증명하기 위해 묘기를 부려야 하기 때문일까요? 아니죠. 여기 피부호흡이 필요한 중요한 이유가 있습니다. 그것은 피부호흡이 잡념을 없애고 명경지수와 같이 맑은 정신을 획득하는데 아주 중요한 역할을 하기 때문입니다.

조금이라도 명상을 해본 사람은 아시겠지만 사람은 호흡을 통하여 잡념이 일어납니다. 호흡이 잔잔해지고 더욱 발전하여 호흡이 완전히 멈추게 되면 비로소 끊임없이 일어나는 생각도 멈추고 생각이 멈춘 명경지수와 같은 고요한 상태에서 우주신과의 합일(神人合一)이 용이해 집니다. 아잔 브람이 그토록 강조한 '아름다운 호흡 만들기'도 바로 호흡이 끊어진 상태를 유도해 우주와 합일을 이루기 위함입니다.

그렇다면, 쌍으로 되어 있는 위쪽의 그림에서 참고할 만한 내용이 있을까요? 호제일관의 위 그림은 금강구보살입니다. 오른 손에 인간을 구제하는 구를 들었습니다. 아래 그림의 수련법이 인간을 구제하는 길이라는 뜻을 내포한 의도로 보입니다. 비슷한 의미로도 보이는데 금강정경에 나오는 금강구보살의 의미는 보시의 德이라고 합니다.

나의 차원을 한 단계 높인다는 것은 수평의 길을 편안하게 떠밀려 내려가는 것이 아니라, 수직의 계단을 타고 거꾸로 중력을 거슬러 올라가는 일입니다. 그래서 계단이라는 표현 보다는 천국의 사다리라는 표현을 더 자주 사용합니다. 수평이동은 물결에 몸을 맡기면 되지만 폭포를 거스르는 수직의 상승은 많은 에너지를 필요로 합니다.

차원을 거슬러 올라가는 에너지는 좋은 음식이나 단백질이나 비타민 같은 영양제나 특별한 보양식을 먹는다고 해결되지 않습니다. 천하장사만큼 센 힘을 가져도 불가능하죠. 차원을 거스르는 에너지는 오로지 척추 제일 밑에 위치한 쿤달리니만이 가능합니다.

그래서 인간이 차원을 상승시킬 때는 반드시 척추를 통해야 합니다. 폭포를 오르는 물고기는 중간에 쉼 없이 날아올라야 하지만 인간의 척추는 대나무의 마디처럼 마디가 있어 중간에 힘들면 머물며 쉴 수 있습니다. 중간 베이스캠프 역할을 하는 것이죠. 그것이 바로 차크라가 하는 역 ※주23)

할입니다.

　인간은 어떤 선택을 하느냐에 따라 결과가 너무나 극명하게 달라지는 존재입니다. 최악의 선택을 하면 짐승보다 더 못한 존재가 됩니다. 사람을 속이고 고통을 주고 사람을 잔인하게 죽이기까지 하죠. 반면에 최선의 선택을 하면 일본의 전설 속 물고기 고이가 날아오르는 것처럼 인간은 신(神)이 됩니다. 부처님도 그랬고, 예수님도 그랬고, 많은 성인들이 증명하고 있습니다.

　짐승은 최선의 선택을 하더라도 신이 될 수는 없습니다. 짐승은 최악의 선택을 하더라도 짐승 이하의 존재가 되지는 않습니다. 오로지 사람만이 어떻게 사느냐에 따라 극명하게 결과가 달라지는 존재입니다.

　짐승 이하와 인간 이상이 나누어지는 경계선이 바로 허리입니다. 허리 이하로 떨어지면 인간은 짐승이 되고 허리 이상으로 올라가면 최정점 머리에 이르게 되고 그곳에서 인간은 폭포를 오르는 전설의 고이처럼 마지막 육체를 박차고 하늘로 날아올라 신이 될 수 있습니다. 허리 이상으로 올라가는 길은 오로지 척추에 있는 차크라를 통해서 가능합니다. 사람이 가진 인체는 동일하기 때문에 누구에게나 척추와 차크라가 존재합니다. 선택은 신이 준 자유의지로 오로지 본인이 하는 것입니다.

　짐승 이하가 되겠다는 사람은 이 책을 읽을 이유가 전혀 없습니다. 현재보다 상승된 존재가 되겠다는 사람에게 이 책은 분명 도움이 될 것입니다. 척추를 통하는 방법 이외의 방법이 존재할 수도 있을 것입니다. 그러나 내가 아는 한 다른 방법은 없습니다.

　기도를 하든, 명상을 하든, 호흡을 하든, 주문을 외든, 불경을 외든, 화두를 잡든, 온갖 방법을 동원하든, 결국 그 방법들에서 나오는 효과는 척추를 통하여 상승하여 뇌에 이르게 됩니다. 그렇지 않더라는 사람은 상승이 전혀 일어나지 못했거나, 척추를 통한 상승의 과정에 둔감하거나 관심이 없어 놓쳤기 때문입니다.

　사람이 척추를 통하여 상승하는 과정은 마치 식물이 꽃을 피우는 과정과 비슷합니다. 식물은 꽃을 피우는 데 자신이 가진 에너지의 70%를 쓴다고 합니다. 30%의 에너지로 생명을 연명하게 하고 나머지 모든 에너지는 꽃을 피우는데 집중을 하는 것이죠.

　뿌리에서 물과 영양분을 흡수하여 줄기를 통해 제일 꼭대기로 밀어 올려 최대한 예쁜 꽃을 피워 벌을 불러들이고, 벌을 통해 수정이 되면 자신이 가진 모든 것을 쏟아 부어 열매를 만듭니다. 인간에게도 그 어떤 꽃보다 아름답고 맑은 빛의 꽃이 피며 그 꽃잎들은 모두 일곱 개의 차크라와 연결되어 있습니다.

　바로 일곱개의 차크라가 인간을 구제하는 금강구보살입니다.

코끼리 머리를 한 가네샤

　인도에는 이상한 모양을 한 신들이 많이 있는데 그 중에서도 단연 으뜸은 코끼리 머리에 네 개의 팔을 가진 가네샤 신입니다. 놀랍게도 청련암 벽화 그림에도 가네샤신(본문 104페이지 금강의천)이 그려져 있습니다. 인도에서는 뭐 저따위를 신으로 떠받드나 이해가 되지 않겠지만 사실은 깊은 이유가 있습니다.

　가네샤는 신들의 왕이라 할 수 있는 시바 신과 파르바티 신 사이에서 태어난 아들입니다. 가네샤는 어머니 파르바티가 목욕을 할 때 앞을 지키고 있었는데 오랜만에 히말라야 수행에서 돌아온 시바가 집에 들어가려 하자 가네샤는 아버지인줄 모르고 못 들어가게 막았고, 시바는 아들인 줄 모르고 화가 나서 가네샤의 목을 베어 버립니다. 뒤늦게 알게 된

인도 힌두교의 신 가네샤 (다음 캡쳐)
시바신의 아들. 인간의 몸에 코끼리 머리를 지님. 사람들의 장애를 제거해 준다고 하며, 문학과 학문의 보호자라고 함. 큰 덩치에 어울리지 않게 작은 쥐를 타고 다님.

파르바티가 슬퍼하자 시바는 급한 김에 지나가던 코끼리의 머리를 베어 가네샤의 머리에 붙여 주었고 그렇게 시바 신의 아들 가네샤는 코끼리 머리를 갖게 되었습니다.

자, 그런데 이 감동 하나 없는 신화에 무슨 의미가 있는 걸까요? 의미를 모르면 인도의 신들은 절대 이해되지 않습니다.

제2장 비밀의 사원 벽화 189

가장 중요한 점은 가네샤가 비록 짐승의 머리를 하고 있지만 사실은 신의 아들이라는 것입니다. 그것도 최고의 신인 시바신의 아들이죠. 부모가 신이니까 아들도 당연히 신입니다. 그러나 가네샤는 동물의 머리를 가졌습니다. 동물의 머리를 가졌다는 것은 생각이 동물이라는 것입니다. 가네샤는 자신이 신인줄 모르고 한갓 동물에 불과한 존재로 착각하고 있죠. 사람도 마찬가지죠. 사람도 사실은 신의 아들인데 동물처럼 부모가 서로 좋아 섹스를 해서 태어난 존재로만 알고 있죠.

뱀이 목을 감고 있는 시바신

인도에서 최고의 신으로 모셔지는 시바신은 한마디로 징그럽습니다. 뱀이 목을 칭칭 감고 있고 머리와 손에도 뱀이 혀를 날름거리고 있죠. 최고의 신이라고 하기엔 너무 품위가 없어 보입니다. 그런데 시바신은 사원은 물론이고 인도의 가정에 가면 대부분 모시고 있을 정도로 인도 최고의 신입니다. 도대체 왜 그런 걸까요? 시바 신의 형상에는 수련의 깊은 비밀이 담겨 있기 때문입니다. 시바 신의 형상을 정확히 해석할 수 있으면 수련의 비밀을 모두 푼 것이나 다름없습니다.

우선 그의 목과 머리 위와 팔에 감겨 있는 뱀은 쿤달리니를 뜻합니다. 쿤달리니는 인간의 힘이 아니라 우주 근본에서 나오는 자연의 힘입니다. 그야말로 신의 힘이죠. 시바의 머리에는 항상 초승달이 걸려 있습니다. 하현달이 아니라 상현달이라는 데 의미가 있습니다.

쿤달리니는 달과 깊은 관계가 있습니다. 그래서 상현달을 걸어 놓은 것입니다. 몸이 우주와 연결되어 있으면 몸의 반응만으로 초승달과 보름달을 감지할 수 있습니다.

시바신 (다음 캡쳐)
힌두교 최고의 신. 창조자이며 파괴자로 다양한 속성을 지님.
시바신을 정확하게 이해하려면 쿤달리니 능력자여야 함.

    시바의 앞에는 링감, 즉 남근상이 있습니다. 이것 역시 쿤달리니와 연관이 있습니다. 쿤달리니는 성에너지가 변화된 것이기 때문입니다. 어떤 그림에서는 시바의 아내가 시바의 남근에 우유를 붓는 장면이 있죠. 왜 우유를 붓는 것일까요? 야한 상상을 할 필요가 전혀 없습니다. 힌두교 사원에 가서 남녀가 성행위를 하는 장면을 보며 야한 것만 상상하게 되면 아무 것도 이해하지 못한 것이나 다름없습니다.

　이마 한가운데 반쯤 뜬 눈이 있고 그 눈에는 두 개 또는 세 개의 줄이 그어져 있습니다. 이것 역시 바로 성 에너지와 연결되는 의미이죠. 또 왼손에 작은 북을 들고 있는데 쿤달리니가 열려 상승하게 되면 듣게 되는 소리입니다. 둥둥 북소리를 듣게 되죠. 오른손에 든 삼지창에도 의미가 있습니다.

　시바의 머리 꼭대기에서 한줄기 물이 폭포처럼 쏟아져 내려옵니다. 갠지스 강물인데 사실은 우주 근원에서 내려오는 빛의 에너지입니다. 이 에너지가 곧바로 인간에게 내려오게 되면 너무 강하기 때문에 인간은 견딜 수 없습니다. 그래서 시바 신을 통해 받게 되는 것입니다.

　그러나 쿤달리니가 열린 사람은 우주에서 바로 에너지를 받을 수 있습니다. 굳이 음식을 통하여 에너지를 흡수하지 않아도 됩니다. 보통의 사람은 우주에서 곧바로 에너지를 받을 수 없기 때문에 음식을 먹는 것입니다. 이 에너지는 하늘이 주는 연금입니다. 우리는 국민연금보다 하늘의 연금을 받기 위해 노력해야 합니다. 인도인들이 시바 신을 열심히 모시는 이유는 무한한 에너지 하늘의 연금을 받기 위해서입니다.

　우리의 옛 도인들이 거의 음식을 먹지 않았다는 것도 바로 그러한 이유 때문입니다. 또 서양이나 동양에 음식을 전혀 먹지 않고 살았다는 성자들도 모두 이러한 이유 때문입니다. 사실 알고 보면 그들에게 일어난 현상은 모두 똑같았습니다. 쿤달리니죠.

나의 이야기 – 신의 노크

　이제부터 잠깐 나의 경험을 쓰려고 합니다. 벽화 설명만 하면 너무 지

인도 서부 사막지역 라자스탄의 해질 무렵
사진에는 없지만 해질 무렵이 되자 이슬람교도들의 합창소리가 크게 들림.
인도의 서부 사막지역은 대부분 이슬람교도임.

루하지 않겠습니까. 또 나를 잘 모르는 사람들은 이런 글을 쓰는 저자가 궁금할 것입니다.

  지금은 새벽 5시입니다. 새벽 3시에 일어나 글을 쓰다 척추에서 계속 기운이 상승하는 바람에 잠시 쓰던 걸 멈추고 가만히 몸을 맡깁니다. 가네샤를 받치고 있는 쥐가 부지런히 움직이는 시간입니다. 쥐가 부지런히 움직이자 막혔던 곳이 뚫리고 척추와 어깨가 뚝뚝 소리를 내며 풀리고 배에서 꾸르륵 소리가 들리고 방귀가 나오고 귀가 펄럭이고 귀에서 댕-댕- 종소리가 들립니다. 인근 선암사에서 들려오는 종소리처럼 내 몸 안에서도 똑같은 종소리가 들립니다. 내 몸 속 어디에 쇠로 만든 종이 있어 이런 소리를 내는 것일까요?

방 안에 형광등을 켜놓았는데 형광등보다 더 밝고 맑은 빛이 내 눈 앞에 타오릅니다. 눈을 떠도 보이고 눈을 감아도 보이는 푸른 빛입니다. 폭죽이 터지는 것과도 비슷한데 빛의 꽃이 피는 것과 가장 비슷합니다. 그래서 푸른 연꽃, 청련암(靑蓮庵)이죠. 지금 내가 할 일은 아무것도 없습니다. 그저 모든 걸 맡기고 내 몸에 일어나는 변화를 지켜보기만 하면 됩니다. 이것이야말로 옛 선조들이 그렇게 강조했던 물망물조(勿忘勿助)의 세계, 바라지도 말고 돕지도 말고 초연히 지켜만 보고 있는 것입니다. 그래서 이때부터 신이 일을 한다고 하죠.

지금 내 몸은 정화가 되고 있는 중입니다. 어제 회사에서 실적이 오르지 않아 하루 종일 스트레스를 많이 받았었는데 어제 스트레스를 받아 아팠던 왼쪽 머리가 묵직하니 느낌이 오다가 곧 시원해집니다. 약국에 가서 두통약이나 비타민을 처방 받을 필요가 없습니다. 척추를 타고 올라가는 기운이 몸의 나쁜 곳을 알아서 치료해 줍니다. 의학을 상징하는 지팡이에 두 마리의 뱀이 칭칭 감으며 올라가는 이유가 바로 여기에 있음을 의사들은 모릅니다. 죽었다 깨어나도 모릅니다.

어떤 사람은 한 마리의 뱀이 맞다 하고 어떤 사람은 두 마리의 뱀이 맞다 합니다. 둘 다 맞는 얘기입니다. 처음은 오른쪽으로 올라가고 두 번째는 왼쪽으로 올라가고 나중에는 중간으로 올라갑니다. 오른쪽 왼쪽 양쪽으로 올라가기 때문에 두 마리 같지만 사실은 꼬리뼈에서 나오는 한 마리가 하는 것이죠.

수련에 앞서 우선 병이 치료되어야 합니다. 몸에 병이 있으면 뱀은 모든 에너지를 그 병의 치료에 쏟아 붓습니다. 인체의 모든 병이 치료가 된 뒤에야 비로소 기운은 가장 중요한 머리에 올라갑니다. 그래서 아픈 사람이 신의 경지에 올랐다는 말은 당연히 거짓말입니다. 세상의 모든 수련법은 몸과 마음을 치료하고 정화하는 과정이라고 해도 과언이 아닙니다.

지금부터 13년 전. 나의 나이 겨우 마흔이 되었을 때, 의사가 이대로 방치하면 곧 죽을 수 있다고 경고했습니다. 겨우 마흔밖에 못살았는데 이대로 죽는다는 것은 너무 억울했습니다. 그래서 저는 그때까지 살아왔던 삶의 시계를 멈췄습니다. 그리고 오로지 죽지 않겠다는 일념으로 국선도 수련을 시작했습니다.

의사가 한 뭉치의 약을 주며 완치의 치료방법은 없고 늦추는 것만 가능하니 앞으로 병원에 의지하며 평생 관리하며 살아야 한다고 했지만 저는 의사의 말을 듣지 않았습니다. 완치가 안 된다면 평생 병원에 돈을 갖다 바칠 이유가 없다고 생각했죠.

다행히 저는 단전호흡이 망가진 몸을 다시 되살리는 능력이 있다는 것을 알고 있었습니다. 양익스님도 오로지 폐병에서 살아남기 위해 호흡에 매달렸듯이, 저 또한 오로지 살기 위해 국선도 수련에 매달렸습니다.

새벽 5시부터 도장에 나가 수련하고, 저녁에도 퇴근하면 곧장 집으로 가지 않고 도장에 들러 2시간 이상 수련을 하고 집으로 갔고, 주말에도 배낭을 메고 산에 올라가 혼자서 수련했습니다. 최소한의 일상생활과 잘리지 않을 만큼의 직장생활 외에는 모든 에너지를 단전호흡에 쏟아 부었죠. 내가 죽으면 직장이고 뭐고 아무런 소용이 없지 않습니까.

그렇게 6개월쯤 지났을 즈음에 갑자기 몸에 이상한 현상이 일어나기 시작했습니다. 사실은 정상적인 변화인데, 전혀 예상하지 못했고 그 누구도 알려주지 않았기 때문에 이상하게 받아들일 수밖에 없었습니다.

그날도 나는 평소처럼 새벽 5시부터 도장에 나가 수련을 하고 있었죠. 그런데 바닥에서 누군가 망치로 두드려댔습니다. 도장은 2층에 있었고 1층에는 블라인드를 설치하는 가게였는데 새벽부터 천장에 못을 박는 작업을 한다고 생각했습니다.

그런데 그 다음날 또 비슷한 시간에 바닥에서 망치질을 해대는 겁니

영축산
해발 1059미터. 경남 양산 통도사의 주산(主山).
석가모니 부처님께서 화엄경을 설법한 인도의 영축산과 닮았다고 함.
필자가 큰 기운이 필요할 때 항상 오르는 산.
정상에서 30분만 앉아 있어도 충분하게 충전됨.

다. 귀를 기울여 보니 뭔가 이상합니다. 그냥 망치로 두드리는 것과 약간 다르더군요. 그래서 얼른 방바닥에 손을 대 보니 바닥에서는 아무런 충격이 오지 않았습니다. 그런데 다시 자세를 잡고 호흡을 하면 또 바닥에서 망치로 두드리는 충격이 왔습니다. 그제야 나는 그 충격이 아래층에서 망치로 천정을 두드리는 작업을 하는 게 아니라 내 몸의 꼬리뼈가 스스로 통통 튀기 때문이라는 것을 깨달았습니다. 그냥 작은 느낌이 아니었습니다. 망치로 탕탕 두드려대는 듯 그런 강한 현상이 내 몸 꼬리뼈에서 일어났습니다. 놀랍지 않습니까? 도대체 왜? 어떻게? 무슨 이유로 이런 현상이 생기는 것일까요?

이거 뭔가 이상한 병에 걸린 게 아닐까 불안했습니다. 수련을 멈출까도 생각했지만 다행히 사흘이 지나자 망치질이 멈췄습니다. 그런데 이번에는 척추의 중간쯤 꼬리뼈에서 한 뼘쯤 올라간 위치가 끊어져 나가는 듯 아파오기 시작했습니다. 갑자기 뼈가 틀어졌나 싶어 다른 사람을 시켜 밟기도 하고 한의원에 가서 척추교정도 해봤지만 원인도 모르고 소용도 없었습니다. 그렇게 몇 달을 우울한 고통의 세월을 보내다 우연히 문제가 해결되었습니다.

아이고, 이제 살았다 싶었습니다. 그러나 그게 끝이 아니었습니다. 온몸이 돌아가며 아팠습니다. 어릴 때 다쳤던 부위가 다시 아프기도 하고 그야말로 온 몸이 부위별로 돌아가며 몸살을 했습니다. 무엇보다 곤란한 건 방귀입니다. 방귀를 도저히 참을 수가 없었습니다. 평균 30초에 한 번씩 방귀가 나오는데 흡사 따발총처럼 방귀소리도 엄청나게 컸죠. 티브이를 보고 있으면 아무리 참으려 해도 나오는 방귀를 참을 수 없었죠. 냄새도 엄청 고약하다 보니 아내와 아이는 옆에 있을 수가 없었죠. 혼자 거실에 앉아 티브이를 보다 보면 거실에 방귀 냄새가 가득 찼습니다. 하루는 아내가 빨래를 개다가 배꼽을 잡고 바닥을 구르며 웃기 시작했습니다. 얼마나 방귀를 세게 뀌어 댔던지 팬티마다 동그란 구멍이 나 있었습니다.

구멍 난 팬티를 버리고 새로 산 며칠 뒤 빨래를 개키던 아내가 내의를 새로 산지 얼마 되지도 않았는데 어디서 또 이런 걸 묻혀 오냐며 난리를 칩니다. 이번에는 도끼눈까지 뜨고 강도가 예사롭지 않았습니다. 분명히 세탁기를 돌렸는데도 런닝과 팬티에 누런 액체 같은 게 묻어 있다고 하더군요. 모든 내의가 마찬가지였죠. 아내는 바람을 피우는 게 아닐까 의심했습니다. 야! 바람을 피우면 루즈를 묻혀 와야지 누런 걸 묻혀 올리가 있냐고 큰 소리를 쳤지만 그것도 어쩐지 답변이 빈약했습니다. 이상하다 싶어 내의를 꼼꼼히 봤더니 빨았던 내의도 그랬고 현재 입고 있는 내의도 그랬습니다. 몸 이곳저곳을 살펴보니 몸에도 누런 꽃가루 같은 게 온통 묻어 있었습니다.

그랬습니다. 그건 내가 어디서 바람을 피느라 묻혀 온 게 아니었습니다. 그 동안 쌓여 있던 내 몸의 독소가 누런 진액이 되어 빠져나오며 내의를 누렇게 만들어 버렸던 것이죠. 그건 뜨거운 물에 삶는 빨래를 해도 지워지지 않았습니다. 그 독한 게 내 몸에 겹겹이 쌓여 있었다고 생각하니 끔찍했습니다.

그렇게 우여곡절을 겪던 며칠 뒤 위기가 찾아왔습니다. 그럭저럭 몸이 몸살을 해도 버티며 계속 수련을 해나갔는데 어느 날 머리가 깨질 듯 아프기 시작했습니다. 뭐랄까요? 바늘로 머리 이곳저곳을 쿡쿡 쑤셔대는 것 같은 통증이 시작되었죠. 나도 웬만한 고통은 잘 참아내는 편인데 이건 정말 도저히 참을 수 없는 고통이었습니다. 병원에 가서 처방을 받아 아주 강력한 두통약을 먹어도 효과가 없었습니다. 얼마나 고통이 심했던지 고통으로 몸이 경기를 일으킬 정도였죠. 이대로는 죽겠다 싶어 도저히 수련을 지속할 수 없어 며칠 수련을 쉬기로 했습니다.

수련을 멈추자 언제 그랬냐는 듯 거짓말처럼 두통이 사라졌습니다. 며칠 뒤 이제 괜찮겠지 싶어 다시 수련을 시작하면 또 똑같은 고통이 시작되었습니다. 그제야 아, 이건 몸이 트이는 과정이구나, 좋아지는 과정이구나 싶어 다시 억지로 참고 수련을 했고, 결국 나중에는 고통이 서서히 사라졌고 머리가 이전보다 엄청나게 맑아졌습니다. 이전에는 늘 머리가 무겁고 이끼가 낀 듯 멍했는데 구름이 걷힌 듯 머릿속이 맑아졌고 무엇보다 기억력이 엄청나게 좋아졌습니다. 방귀는 여전히 나왔지만 횟수가 갈수록 줄었고 더 이상 고약한 냄새가 나지 않았습니다. 내 몸에서는 아기의 젖비린내 같은 향긋한 냄새가 났고 심지어 대변에서도 비슷한 향기가 났습니다. 향기 나는 대변, 들어보셨습니까?

그런데, 어찌된 셈인지 몸이 전혀 고기를 받아들이지 않아 난처했습니다. 신선한 회는 괜찮았지만 오래 절여 두었던 생선구이는 아주 괴로웠죠. 억지로 돼지고기나 소고기를 먹은 날은 온 몸을 소금물에 절여 놓은 듯 무겁고 탁했습니다. 회식자리에서 술 몇 잔을 마셨다가 기절한 적도 있었죠. 소주 세 병쯤은 거뜬하게 마시던 주량이었는데 말이죠.

회식이나 술자리가 있었던 날은 반드시 더러운 화장실 꿈을 꾸었습니다. 똥을 눠야 되는데 가는 화장실마다 너무 더럽고 똥이 넘쳐 발 디딜 곳 없을 정도죠. 똥 눌 곳이 없어 이곳저곳 화장실을 기웃거리다 잠에서 깨곤 했습니다.

귀신에 쫓기는 꿈도 아닌데 그게 뭐 그리 고통스럽냐고 하실 분도 계시겠지만 직접 당해보면 엄청나게 괴롭습니다. 발 디딜 곳 없이 똥으로 꽉 찬 화장실 꿈을 꾸는 게 어찌나 괴로웠던지 회식자리라면 온갖 핑계를 대고 피하곤 했는데 도무지 피할 수 없이 회식에 끌려간 날은 예외 없이 똥 눌 곳을 찾아 밤새 더러운 화장실을 헤매고 다니는 악몽을 꿨습니다. 사실 직장을 다니며 수련을 한다는 것은 매일매일 전쟁을 치르는 것이나 다름없는 일입니다. 특히 술자리가 많은 한국은 그야말로 최악의 전쟁이죠.

이런 과정과 좌충우돌을 거치는 동안에 조금씩 조금씩 몸은 스스로 변화해 갔습니다. 내가 전혀 의도하지 않았고 내가 치료를 돕는 행동을 별도로 한 게 없었기 때문에 스스로 변화해 갔다는 표현을 쓰는 것입니다.

파라마한사 요가난다 설립한 미국 자아실현협회(SRF) LA에 있는 Lake Shrine 사원에서 명상. 곳곳이 신성한 영적 진동으로 충만해 어느 곳에서나 깊은 명상에 들 수 있음.

또 놀라운 사실은 실제 얼굴도 약간 형태가 바뀌더라는 것입니다. 환골 탈태라는 말이 진짜 거짓말이 아니었죠.

 나는 어릴 때부터 거울을 볼 때마다 내 얼굴에 대한 불만 한 가지가 있었는데 그건 바로 개구리처럼 튀어나온 눈두덩이었죠. 관상학적으로도 굉장히 좋지 않은 눈이죠. 이것만 아니면 나름 괜찮게 생긴 얼굴인데 이게 항상 얼굴 전체의 평균점수를 까먹고 있었습니다. 그래서 나는 늘 시간이 날 때마다 눈두덩 위를 꾹꾹 눌러주곤 했죠. 그러나 아무리 눌러도 눈망울 자체가 앞으로 튀어 나와 있었기 때문에 단 1밀리미터도 들어가지 않았습니다. 그런데 수련한지 2년쯤 지나 어느 날 유심히 거울을 보다 보니 어떻게 된 셈인지 나의 태생적 콤플렉스인 두 눈두덩이 어느 순간 갑자기 쑥 들어가 있었습니다.

또 하나 내 얼굴의 약점은 여드름입니다. 중학교 무렵부터 얼굴에 나타나기 시작한 여드름은 20대 후반까지도 내 얼굴에서 사라지지 않았습니다. 그래서 내 얼굴은 늘 건조하고 거칠고 오랜 기간 화산활동이 거쳐간 행성처럼 구멍이 숭숭 뚫려 있었죠. 평생 화산피부를 가졌던 내가 50대 중반을 바라보는 나이에 여직원들의 부러움을 사고 있습니다. 도대체 무슨 화장품이냐 묻지만 나는 가끔 생각나면 바르는 평범한 로션 외에는 아무 것도 바른 적이 없었죠.

무엇보다 큰 변화는 잠이 줄었다는 것입니다. 이 글을 쓰는 오늘은 새벽 3시에 잠이 깨었지만 보통은 11시쯤 잠이 들어 새벽 4시면 잠이 깼습니다. 예전에는 잠들기 전에 최소 30분이나 1시간쯤 뒤척이다 잠이 들었는데 이제는 머리를 베개에 닿은 뒤 1분이면 잠에 빠져 듭니다. 새벽 4시가 되면 저절로 잠이 깨이는데 이유는 더 이상 잠을 이룰 수 없을 정도로 성기가 빳빳해져 오기 때문입니다.

임독을 트이게 하는 에너지가 성 에너지가 변환된 것이라는 것을 깨달았습니다. 성기가 발기가 되면 누운 상태에서는 도저히 가라앉지 않지만 가부좌를 틀고 앉으면 곧바로 풀이 죽으며 척추 뒤로 에너지가 상승을 합니다. 그래서 늙은이는 수행할 수 없고, 낡은 수레는 구르지 못한다는 말이 나온 것이죠. 남자는 64세 이후가 되면 성 에너지가 마르기 때문에 수련을 해도 성취하기 어렵다는 것입니다. 물론 사람에 따라 조금씩 차이가 있으며, 64세가 넘어도 아직 정력이 마르지 않은 사람은 가능합니다. 또 마른 정력을 되살리는 방법도 있으니 미리 실망하실 필요는 없습니다.

꼬리뼈를 망치로 두드리던 날로부터 어언 12년이 지났습니다. 몸에 일어나는 이상한 변화에 도대체 이게 뭔가 불안하고 아파 많은 사람을 찾아가 물었습니다. 출판되어 있는 관련 책들을 샅샅이 읽었고 고수가 있거나 도움을 받을 수 있겠다 싶으면 국내는 물론 중국에도 갔었고 미국에도 갔었고 인도까지 갔습니다.

   그러나 아쉽게도 나를 정확하게 안내하는 곳은 없었습니다. 나는 좌충우돌하며 부딪치고 깨지고 실패하며 때로는 일어날 수 없을 정도로 좌절했지만 보이지 않는 존재의 도움으로 끝내 포기하지 않고 조금씩 조금씩 전진하여 지금까지 왔습니다. 이전에는 갖추지 못했던 많은 능력들이 생겼지만 그것은 전진에 방해가 될 뿐이라는 생각에 경계를 철저히 했습니다. 물론 내 수행은 아직 완성되지 않았습니다. 그러나 나와 비슷한 경험에 들어간 분들은 이 책이 도움이 될 것입니다.

7
생기호흡관(生氣呼吸觀)

이 그림은 피부호흡을 설명한 그림입니다. 앞에서도 언급했듯이 국선도의 삼합단법이 바로 이 피부호흡의 단계입니다.

국선도 수련을 하면 피부가 매우 좋아지는데 폐가 좋아지면 피부는 당연히 좋아지기 때문입니다. 피부를 관장하는 기관이 바로 폐인데, 한의학을 공부하며 왜 피부를 주관하는 곳을 폐라고 할까 궁금했습니다. 추측컨대 아마 오랜 진화과정을 거치면서 피부가 변형되어 폐의 기관이 되지 않았나 싶습니다. 그래서 폐와 피부가 연결되어 있다는 것이죠. 굳이 건강한 폐를 놔두고 어렵게 피부로 숨을 쉴 필요가 있냐고 질문을 하십니다. 맞습니다. 피부로 숨을 쉬어야 하는 이유가 있습니다.

숨을 쉬지 못하면 금방 죽는 것처럼 숨은 사람에게 매우 중요합니다. 그래서 나이가 들어 폐에 암이나 염증이 생기면 보통 살기 어렵습니다. 그런데 잡념을 없애는 명상을 하다보면 사실 숨이라고 하는 것이 매우 거추장스러운 것임을 발견합니다. 숨을 통하여 잡념이 일어나고 사라지며, 우리의 노화를 촉진하는 것도 바로 호흡 때문입니다. 인도에서는 사람마다 일평생 쉬는 숨의 양이 정해져 있다고 주장합니다. 그래서 호흡

생기호흡관(生氣呼吸觀)
피라미드 모양 아래 오른쪽 그림에서 코로 숨을 내쉬는 게 시작.
두 번째는 온 몸의 피부로 들이 마심. 중간 위의 그림은 호흡이 멈춘 상태의 흡지(吸止).

    수련을 하면 오래 사는 이유가 바로 호흡의 길이가 길어져 숨을 적게 쉬기 때문이라는 설도 있습니다.
    아무튼 숨이 그렇게 중요하지만, 숨을 멈추어야 비로소 우리는 맑은 정신으로 자연과 우주에 합일할 수 있습니다. 숨을 쉬지 않는 상태가 아니라 숨이 멈춘 상태라는 표현이 보다 정확할 것입니다.

약간 곁길로 빠지는 것 같지만 세상의 종말에 대해 얘기해 볼까 합니다. 세상에는 지구의 종말이 올 때 선택된 민족과 특정한 종교의 신자만이 살아남는다고 주장하는 종교와 나라가 많이 있습니다. 요한계시록을 믿는 기독교 계열이 그렇고 우리나라의 정감록이나 강증산 관련 민족종교 쪽이 그렇습니다. 이 외에도 많은 유사한 주장들이 있습니다. 그 주장에 동의를 하시나요? 여러분은 세상의 종말을 어디까지 믿고 있습니까? 종말론은 1999년에 정점을 찍고 잠시 하락 국면을 보이다가 최근 이상기후와 화산폭발로 다시 관심이 고조되고 있습니다.[주24]

과연 종말은 올까요? 바쁜데 할 일도 참 없다고요? 갈수록 지구의 환경이 파괴되어 가고 있고 특히나 미세먼지의 증가로 전 세계가 골머리를 앓고 있습니다. 지금처럼 미세먼지 증가에 대한 대책을 세우지 않는다면 지구에 사는 많은 사람들이 호흡곤란으로 죽음에 이를 수도 있을 것입니다.

미세먼지와 초미세먼지는 너무나 작아 창문을 닫거나 마스크를 한다고 하여 완전하게 차단할 수 없습니다. 조류독감처럼 호흡기를 통하여 순간적으로 전염병이 확산되는 상황도 닥칠 수 있습니다. 이럴 때 피부호흡을 할 수 있다면 피부호흡이 가능한 사람은 살아남을 수 있을 것입니다. 피부호흡은 공기를 마시는 호흡이 아니거든요. 그런데 피부호흡은 운동처럼 금방 익힐 수 있는 게 아닙니다. 최소한 3년 이상 수련해야 하고 몸이 충분히 정화되어 있어야 합니다.

그림의 제목은 생기호흡관(生氣呼吸觀)입니다. 그냥 피부호흡이 아니라 피부를 통해 살아 있는 기(生氣)를 흡입하고 내뿜는 것입니다. 호흡의 시작은 내쉬는 날숨부터입니다. 즉, 호(呼)가 먼저입니다. 화살표 왼쪽의 그림은 들이쉬는 흡(吸)입니다. 단 내쉬는 것은 코로써 하지만 들이쉬는 것은 피부로 합니다. 피부호흡을 할 때는 옷을 가능한 많이 벗어야 합니다.

자, 그렇다면 질문입니다. 호(呼)와 흡(吸)으로 호흡에 대한 설명이 끝

금강당보살(金剛幢菩薩)
금강계 37존 가운데 16대 보살.
밀호는 원만금강, 만원금강, 허공기보살 등으로 표현됨

나야 하는데 중간에 있는 그림은 무슨 뜻일 것 같습니까? 아래 그림처럼 아무런 화살표 표시도 없습니다. 도대체 이 그림은 무엇을 뜻하는 것일까요? 이 그림은 지(止), 즉, 흡하고 멈추는(吸止) 그림입니다. 국선도를 10년 정도 수련하면 호흡이 점점 길어지는데 들이마시는 시간과 내쉬는 시간이 길어지는 것이 아니라 흡지(吸止)의 상태가 길어지는 것입니다.

더러 어떤 사람들은 5분 이상 흡지를 할 수 있다고 자랑을 하기도 하는데 흡지는 억지로 길게 멈추는 것이 아니라 자연스럽게 멈추어져야 합니다. 멈추려고 의도하지 않는데도 자연스럽게 멈추어지는 것이 중요합니다. 멈추는 것이 숨을 쉬는 것보다 자연스럽다는 것이죠. 어떤 때는 10분 이상 흡지의 상태가 계속되어 이러다가 숨이 끊어지는 게 아닌가 불안해서 억지로 숨을 내쉴 때도 있습니다. 그러나 이때 불안해 하실 필요가 전혀 없습니다. 수련이 깊어짐으로 인해 오는 당연한 현상입니다.

흡지의 상태에서 인체는 비로소 우주와 많은 교류가 이루어집니다. 흡지의 상태가 계속 길게 이어져도 호흡이 가쁘지 않은 것은 흡지의 상태에서 피부호흡이 일어나기 때문입니다. 흡지야말로 호흡의 꽃이라 할 수 있습니다.

앞장 생기호흡관 그림의 제목은 금강당보살(金剛幢菩薩)입니다. 금강당보살은 금강계 37존 가운데 16대보살의 한분으로, 보생여래의 우측에 있으며 밀호는 원만금강(圓滿金剛) 만원금강(滿願金剛) 허공기보살 등으로 표현됩니다. 금강당보살의 의미가 원만한 금강을 갖추기 위한 보살의 의미이므로 밑에 생기호흡관이라는 그림과 연결 지어 생각하면 피부호흡을 통한 생기의 호흡이 원만한 금강을 갖추는 데 비결임을 알 수 있습니다.

퍼즐을 맞춰가듯 그림을 관찰하다 보면 그림을 통해 양익스님의 가르침이 들려옵니다. 일반적인 말을 통한 가르침보다 더욱 많은 얘기가 들어 있고 이것이 후학을 위한 무언(無言)의 애정인 셈입니다.

나의 이야기 – 음식감별사

『요즘 음식과 관련된 방송프로가 많습니다. 소위 먹방이죠. 전국의 착한 식당을 찾기도 하고 이름난 사람들을 불러 요리대결을 펼치기도 합니다. 그러나 나만큼 좋은 음식과 나쁜 음식을 빠르고 정확하게 구별할 수 없으리라고 감히 장담합니다. 나는 최고의 음식을 찾을 수 있는 음식감별사입니다. 자신하는 이유는 나만의 비법이 있기 때문인데 그건 바로 차크라를 이용하는 방법입니다.

몸에 좋은 음식을 먹었을 때는 곧바로 꼬리뼈에서 발생한 기운이 척추를 타고 머리까지 상승합니다. 그러나 조미료가 많이 들어갔거나 싱싱하지 않거나 농약이 많이 들어간 재료로 만든 음식은 입 안으로 들어가자마자 트림과 방귀가 나오기 시작합니다. 아주 나쁜 음식을 먹었을 경우 다음날까지 계속되는 날도 있고 최악일 때는 화장실에서 해결해야 합니다.

주로 조미료를 많이 쓴 음식과 약간 상한 생선을 구워서 내놨을 때가 특히 그렇습니다. 한번은 아내가 시내에 부대찌개 잘한다는 집이 있다고 해서 갔었는데 입구까지 손님들로 미어터질 지경이었습니다. 그러나 그 집을 나온 뒤 하루종일 트림과 방귀로 고생해야 했습니다. 물론 이후에 절대 그 집을 찾는 일은 없었습니다. 그러나 그 집은 지금도 성황리에 영업 중입니다.

그 집의 주인이 직접 카운터를 보고 있었는데 표정과 인상이 아주 좋지 않았습니다. 그 음식들이 그 많은 사람들에게 들어가 몸에 어떤 찌꺼기들을 남기고 새로운 병을 만들지 상상만 해도 끔찍합니다. 그런데 그렇게 해서 돈을 많이 번 그 주인은 남은 인생을 행복하고 건강하게 잘 살 수 있을까요?』

8
영육일치관(靈肉一致觀)

『에스트랄 척추의 꼭대기에는 영안의 빛나는 태양이 있다.

영안의 모습은,

황금빛 원광이 오팔 및 푸른색 구체를 감싸고 있으며

그 푸른색 구체 중심에는,

다섯 개 광선의 흰색 오각별이 자리해 있다.

황금색 빛, 푸른색 빛, 중심의 흰색별을 통하여,

각각 편제하는 우주의 진동(옴, 성령)으로서의 주님(황금빛)을,

그리고,

우주의 지성(쿠타스타 차이탄야, 크리슈나 의식, 그리스도 의식)으로서의

주님(푸른 빛)을

그리고,

우주의식(지복 넘치는 절대자)으로서의 주님(흰색 빛)을 경험한다.』

— 파라마한사 요가난다

모든 일은, 인터넷에 올라온 이 한 장의 사진으로 시작되었습니다. 이

영육일치관(靈肉一致觀)
영혼과 육체를 함께 관(觀). 인터넷에 올라온 이 한 장의 사진으로 본서의 집필동기가 됨. 설명으로 이해될 수 없음.

그림이 바로 우리를 이 자리에 있게 만든 장본인입니다. 나는 많은 나라를 돌아다녔고, 많은 책을 보았고, 많은 수련을 해왔지만, 세계 어디에서도, 어떤 나라의 수련과 관련된 책에서도, 이 그림만큼의 직접적인 설명을 듣거나 보지 못했습니다. 나는 솔직히 이 그림을 보고 처음에는 말문이 막혀 아무런 생각을 할 수 없었고, 나중에는 가슴이 뭉클해져 거의 울 뻔 했습니다.

길고 험난한 수련의 과정을 걸어가다 보면 누구나 벽에 부딪치고 관문을 통과하지 못해 몇 년을 끙끙 앓습니다. 도저히 안 되겠다 싶어 포기하면 그곳에서 영원히 진보의 시계는 멈춥니다. 다음 생을 기약해야 하죠. 그러나 백척간두 진일보. 백 척 높이의 절벽에서도 죽음을 두려워하지 않고 한 발 더 내딛는 용기처럼, 힘들어도 끝까지 포기하지 않고 계속 노력하다 보면 어딘가에서 문제를 풀어줄 인연이 옵니다. 제게는 바로 이 그림입니다.

청산선사께서 입산하시기 전에 이런 말씀을 남기셨습니다. 다시 당신은 산으로 들어가지만 '자신을 필요로 하는 제자가 있으면 반드시 그에게 다시 올 것이며, 자신이 오기가 어려운 경우에는 다른 사람이라도 보낼 것'이라고 말입니다. 나는 그 말을 믿습니다.

『뛰어난 업을 갖추고도 오히려 성취되지 않는다면 응당 스스로 놀라 깨닫고 더욱 더 정진해야 합니다. 허열한 생각을 일으켜서 이 법은 내가 감당할 수 없다고 말하지 말아야 합니다. 그 의지력을 이와 같이 펼쳐서 자리이타(自利利他)하고 언제나 부질없는 허물을 짓지 말아야 합니다.

수행자가 부지런하고 성실하며 쉬지 않는다면 수많은 성현들께서 그 마음을 그윽하게 비추시고 곧 위신이 세워지게 되어 온갖 장애를 여읠 수 있을 것입니다.

부처님과 보살들과 다함없는 중생들을 요익하게 하는 마음을 버려서는 안 됩니다. 언제나 일체지를 구하는 마음을 흔들리지 않게 하면 이 인연으로 반드시 그 종류에 따른 실지를 얻게 될 것입니다.』

— 대일경 대비로자나성불신변가지경 제7권

중국 화산 서봉에서 커피 한잔. 중국 도교 화산파 본부가 있는 화산은 해발 2,150m로 산 전체가 흰색의 화강암이라 기운이 강하다.

그림에 워낙 직접적으로 많은 내용을 담았으므로, 이 그림에 따로 제가 덧붙일 설명은 없습니다. 이게 무슨 그림인지 감이 잡히지 않는 분들은 파라마한사 요가난다께서 남기신 위의 글을 한 자 한 자 꼼꼼하게 잘 읽어보면 대략 무슨 내용인지 감이 올 것입니다. 이건 설명한다고 이해되는 영역이 아닙니다.

내가 이 그림에서 한 발짝도 앞으로 나가지 못할 때가 있었습니다. 세상 어디에 가도 가르쳐 주는 사람이 없었죠. 그러던 어느 날 우연히 신문에 난 기사를 보고 중국 화산파의 23대 장문[※주25)]으로부터 배우게 되었습니다. 매주 토요일 부산에서 KTX를 타고 갔다가 다시 부산으로 내려오곤 했었죠. 무려 1년 동안.

그분은 세 시간 동안 꼿꼿하게 서서 강의를 하셨고 제자들은 잠깐 쉬는 시간에 이런저런 개인적인 질문을 할 수 있었습니다. 무슨 질문을 하는지 주변을 서성대며 들어보면 대개가 질문의 수준들이 낮았죠.

나는 몇 번의 주저 끝에 잠깐 아무도 없는 틈을 노려 저 그림에 대해 물었습니다. 내가 자신 있게 묻지 않고 주저할 수밖에 없었던 이유는 늘 나름대로 고수라고 자칭하는 사람들을 찾아가 저 그림에 대해 물으면 헛것을 보는 이상한 사람으로 취급하거나 부질없는 것에 집착해 있는 한심한 사람으로 치부되었기 때문입니다. 그래서 이번에도 주저할 수밖에 없었습니다.

그런데 이번에는 달랐습니다. 그분은 뭘 그만한 걸 갖고 그러냐는 듯 피식 웃으시며 내 아래 위를 훑어보시더니 '견성(見性)'이라는 한 마디를 하셨습니다. 몇 년 동안 내가 너무 힘들게 고민했던 부분인데, 그 분은 뭘 그 정도를 갖고 고민하냐는 듯 간단하게 그냥 딱 한마디로 정의를 내린 것입니다.

'견성(見性)'

그 한마디는 이 세상 그 누구도 자신 있게 붙이지 못했던 단어였습니다. 그리고 한마디 더 덧붙이셨죠.

더 해봐!

이 말씀을 듣고 나는 며칠 동안 잠이 오지 않을 만큼 기뻤습니다. 그건 내가 가고 있는 길이 잘못된 길이 아님을 확인받았기 때문입니다. 그것이 진정한 스승의 역할입니다. 양익스님도 물어오는 제자에게만 확인을 해주셨죠. 사실 수련은 이 부분에서 가장 재미가 있습니다. 공부는 고독한 자기와의 싸움입니다. 스승이 옆에서 딱 붙어 매일 자신의 진도를 체크해 주면 모를까 아무도 없는 상황에서 자신의 공부가 어느 정도 진도를 나갔는지 앞으로 갔는지 뒤로 퇴보했는지 도무지 알 수가 없습니다. 그래서 외롭고 고독한 승부입니다.

나는 이 그림을 들고 전국의 많은 스승들을 만났습니다. 국내뿐만이 아니었죠. 그러나 대부분의 고수라고 이름난 분들은 이 그림에 대한 감흥이 전혀 없었습니다. 겨우 한다는 말씀이 모두 마음에서 비롯된 것이니 부질없다는 것입니다.

앞에도 언급했듯이 크게 덧붙일 내용은 없지만, (사실은 내용이 없는 게 아니라 못하는 것이지만) 저처럼 이 그림에 딱 걸려서 앞으로 나가지 못하는 분들을 위하여 몇 마디 덧붙입니다.

> 『명상 도중 7헤르츠로 잡히는 두뇌의 리드미컬한 자기 진동은 그 도넛 모양의 장이 0.5가우스의 힘을 가지고 있는 지구 자기진동과 거의 같다. 이 특수 저주파수(ELP) 파동의 주된 주파수는 7.5헤르츠인데 이를 슈만 공명(Schumann resonance)이라고 부른다.』 - 벤토브 쿤달리니 연구

지금 서양의 쿤달리니 연구는 많은 부분에서 진전을 이루었는데 도넛 모양의 장이 형성되는 것과 위의 그림 영육일치관의 영상은 거의 일치한다는 것을 알 수 있습니다. 그리고 그것이 지구 자기진동과 거의 같기 때문에 명상 도중에 우주의 시간변화가 수련자에게 직접적인 기운의 영역으로 영향을 미치게 됨을 알 수 있습니다. 시간에 자시(子時), 축시(丑時), 인시(寅時)라고 붙인 근거가 정확히 있다는 것이죠.

새벽 세 시와 네 시(寅時)가 되면 내 몸에 저절로 보일러가 돌아가는 것도 바로 그런 이유 때문입니다. 호랑이처럼 강한 기운이죠. 보일러는 미리 예약설정을 해놔야 하지만 인체의 시계는 그럴 필요가 없죠. 또 인체는 달에도 영향을 받습니다. 상현달의 기운과 하현달의 기운이 전혀 다릅니다. 시바신의 오른쪽에 상현의 초승달이 달려 있는 것도 바로 그런 이유 때문입니다.

이 그림과 쌍으로 된 위의 그림은 금강도향보살(金剛塗香菩薩)입니다.

금강도향보살(金剛塗香菩薩)
금강계 외사공양보살의 한분으로 여천의 보살형이라 함.
도향의 도(塗)는 칠하여 없앤다는 의미, 거듭난다는 의미도 있음.

 벽화의 아래 위 그림들이 전혀 상관이 없는 것처럼 보이지만 사실은 밀접한 연관이 있습니다. 한 쌍으로 되어 있는 그림을 이해하기 위해서는 음양에 대한 시각이 열려야 합니다.
 즉, 위의 그림은 양을 뜻하고 아래의 그림은 음을 뜻합니다. 양은 의식이고 영혼이며 음은 육체입니다. 신(神)은 양이고 사람은 음입니다. 음과 양이 합하여 합을 이루는 것이 수련의 궁극목표가 됩니다. 영혼과 육체가 하나가 되면 양의 신(神)과 내가 합일하게 됩니다. 이것이 신인합일(神人合一)입니다.

아래 그림의 제목이 영육일치관이라는 의미가 바로 그것입니다. 일반적으로 육체의 눈으로 자신의 영혼을 볼 수는 없습니다. 그러나 수련을 통하면 자신의 영혼을 볼 수 있습니다. 수련을 통하여 반드시 자신의 영혼을 볼 수 있어야 합니다. 이것을 견성(見性)이라고 합니다. 견성이라는 것이 화두를 깨치거나 생각으로 깨닫는 차원이 아니라 분명한 실재의 차원입니다. 다만 이것은 눈을 감아도 보이고 눈을 떠도 똑같이 나타납니다. 이미 육체의 차원에서 보는 게 아니라는 것이죠.

낯선 분들을 위하여 우리가 잘 알고 있는 십우도 그림을 참고해 봅시다. 십우도는 대부분의 절에 가면 흔하게 볼 수 있는 벽화입니다. 십우도(十牛圖) 여덟 번째 그림에서 소도 사라지고 나도 사라지고 둥그렇게 원만 남은 인우구망(人牛俱忘)의 세계가 바로 이 단계입니다. 흔히들 깨달음의 징표로 둥근 원 일원상을 많이 그리는데, 대부분 이 원을 상징으로 받아 들입니다.

아직도 보지 못한 사람은 아래의 대화가 많은 참고가 될 것입니다. 세존께서도 이에 대해 여러 군데서 정확하게 언급하고 있습니다.

"세존여래여. 저에게 가르침을 주십시오. 어떻게 수행하여야 합니까?
 어떤 것이 진실입니까?"

이와 같이 말씀드리자 일체여래께서는 이구동성으로 그 보살에게 다음과 같이 말씀하신다.

"선남자여, 마땅히 자신을 관찰하라.

그리고 본래 성취되어 있는 다음의 진언을 송하라."

"옴 질다발라 디 미등 가로미"
이때 보살은 일체여래께 아뢰어 말씀드린다.

『세존여래시여, 제가 두루 알고 나서 저의 자심(自心)을 보니 형상이 월륜(月輪)과 같습니다.』 － 금강정일체여래진시럽대승증대교왕경

 그나저나 왜 이 그림의 제목을 영육일치관(靈肉一致觀)으로 지었을까요? 그림의 제목에 달린 글자가 유일한 단서이므로 글자의 의미를 깊이 들여다봐야 합니다. 영육일치관은 이 그림이 영혼과 육체를 일치시키는 관법을 하고 있다는 뜻입니다.
 그렇다면 일반적인 사람들은 영혼과 육체가 일치되지 않는 삶을 살고 있다는 의미가 됩니다. 일치되는 삶은 고사하고 영혼이 있다고 믿는 사람도 그리 많지 않습니다. 안타깝죠.
 대부분은 죽으면 끝이지 뭐 남는 게 있느냐고 합니다. 즉 우리는 육체를 갖고 한 번 뿐인 삶을 살고 있으므로 살아 있을 때 맛난 거 실컷 먹고 어떤 짓이든, 그것이 불법이든, 부도덕이든, 최대한 즐기고, 욕심을 채우고, 내 배우자가 아니라도 예쁜 여자 잘 생긴 남자와 실컷 쾌락을 즐기다, 그렇게 한평생 보내다 가야 비로소 후회 없는 삶이라고 생각합니다. 영혼이 어디 있고. 신이 도대체 어디 있나. 있으면 내 눈 앞에 보여줘 봐. 그런 사람들에게 양익스님의 이 그림은 대답이 될 것입니다.

 영육일치관 윗 그림은 금강도향보살(金剛塗香菩薩)입니다. 이 보살은 금강계 외사공양보살(外四供養菩薩)의 한분으로 여천(女天)의 보살이라

고 합니다. 외사공양보살은 사방의 여래가 중앙의 대일여래를 공양하기 위해 유출하는 네 보살로 먼저 동방의 아촉여래는 향보살을 유출하여 공양하고, 남방의 보승여래는 화보살을 유출하여 공양하고, 서방 아미타여래는 등보살을 유출하여 공양하고, 북방의 불공성취여래는 도향보살을 유출하여 공양한다고 합니다. 인도에는 음양오행 사상이 성행하지 않았는데도 네 방향에 있는 보살의 의미는 정확히 음양오행의 사상과 일치합니다. 그런데 네 방향의 외사보살 중에 영육일치관의 위 칸의 그림에 북방의 불공성취여래(금강도향보살)를 그렸던 이유는 바로 영육일치관이 불공을 성취하는 그림이기 때문입니다.

금강도향보살(金剛塗香菩薩)의 한자 도(塗)는 칠하여 없앤다는 뜻입니다. 그래서 도색이라고 하면 색을 칠하여 어떤 자국이나 낙서 등을 없애 깨끗이 한다는 의미이죠. 특히 몸에 바르는 향을 도향(塗香)이라고 하는데 향으로 몸과 마음을 깨끗이 정화한다는 의미가 됩니다. 왼손으로 받치고 있는 그릇은 도향기를 그린 듯 하며 오른손 새끼손가락으로 도향기에 닿은 채 그윽하게 아래를 바라보고 있죠. 아마도 그릇에는 향의 가루가 담겼을 것이고 손가락으로 가루를 휘저으면 은은한 향이 감돌 것입니다.

우리가 가벼운 생각으로 향을 피우지만 사실 향은 많은 능력이 있습니다. 예수님이 돌아가신 뒤 그 몸을 침향으로 닦았다고 하고 동서양을 막론하고 거의 모든 종교의 의식에 향이 사용됩니다. 향 중에서도 최고의 향은 침향인데 좋은 침향은 금덩이보다 더 비싸게 거래됩니다.

침향(沈香)

침향은 베트남을 비롯한 인근 몇 개 나라에서만 자생하는데 최상급은 바티칸으로 가고 다음급은 세계적인 명품 향수 샤넬5에 들어간다고 합니다.

　베트남에 내려오는 침향나무의 전설은 여러 상징성과 실재(實在)성이 있습니다. 하늘의 천녀가 세상 풍경을 구경하러 내려왔는데 은은한 천상의 향을 맡고 눈치를 챈 왕자의 손에 잡혀 그만 결혼을 하게 되었다네요. 그러나 그 후 남편이 된 왕자는 이웃나라와 전쟁에 패해 죽고 전쟁에서 이긴 나라의 왕이 천녀를 잡기 위해 이곳저곳을 뒤졌고 천녀는 하롱베이에 숨어 있었는데 그곳까지 군사들이 찾아와 사람들의 발길이 닿을 수 없는 깊은 베트남의 늪지대에 나무로 변해 몸을 숨겼는데 그 나무가 바로 침향나무라고 합니다.

　하늘에서 내려온 천녀가 변한 나무이기 때문에 침향을 맡거나 마시면 곧바로 하늘의 세계와 통하게 되는 것은 당연합니다. 사람이 정화되어 하늘에 통하는데 차크라가 열린 사람도 10년 이상의 세월이 소요됩니다. 확률은 백만분의 일이니 사실상 대부분의 평범한 범인들은 거의 불가능하죠. 그러나 침향수는 가능성이 충분히 있어 보입니다.

　실제 체험해 본 결과 침향은 아주 독특한 능력을 지닌 특별한 향나무입니다. 가히 하늘에서 내렸다고 해도 과언이 아닌 나무죠. 앞으로 지구가 오염되고 사람들의 먹거리가 오염되어 치명적인 바이러스가 창궐하게 되면 큰 능력을 발휘할 때가 올 거라고 합니다. 그러나 그런 상황이 꼭 오지 않더라도 사람이 단기간에 육체를 정화시키는 데 지상에 이보다 더 좋은 방법과 물질은 없어 보입니다.

　침향이 만들어지게 되는 과정도 치료와 연관되어 있습니다. 주로 사람이 접근하기 어려운 베트남 정글의 습지에 침향나무가 자생하는데 정글에 사는 짐승들이 상처를 입으면 본능적으로 침향나무를 찾아가 나무를 발톱으로 긁어 침향나무에서 나오는 나무즙을 상처에 바른다고 합니다. 야생의 짐승들은 본능적으로 침향나무의 치료능력을 알고 있었던 것이죠. 그렇게 침향나무에 생채기를 내면 나무는 자신의 상처를 치료하기 위해 끈적끈적한 진액을 분비하고 그렇게 맺힌 진액이 50년, 100년이 지나면 탁월한 치료능력을 지닌 침향이 됩니다.

그런데 명상을 하지 않는 사람들의 경우 침향의 효과에 둔감하지만 명상을 통해 몸이 정화되면 침향의 효과는 배가됩니다. 그렇기 때문에 명상의 초보자를 최대한 빨리 정화시키고 진보시키는데도 큰 도움이 됩니다. 아마, 침향을 수호하는 신이 바로 금강도향보살(金剛塗香菩薩)이 아닐까 생각해 봅니다.

싱싱하고 잘 익은 과일을 구별하는 방법은 눈으로 보는 것과 냄새를 맡아 보는 것입니다. 물론 수박을 살 때는 두드려서 귀로 듣기도 합니다. 그러나 수박 외에는 대부분 시각과 후각으로 구별합니다. 그런데 요즘은 눈으로는 잘 구별할 수 없죠. 현대인들은 시각이 발달되어 있기 때문에 생산하거나 판매하는 사람들이 교묘하게 과일의 빛깔을 위장합니다. 그래서 과일의 향을 맡아 보는 게 시각보다 훨씬 좋은 방법이죠. 마찬가지로 사람에게 얼마나 많은 오염물질이 쌓여 있는지 구별할 수 있는 방법은 눈으로 보는 것과 냄새로 맡아보는 것입니다. 확실한 병자야 누구나 눈이나 코로 확연하게 구별할 수 있습니다. 그러나 중병이 들지 않은 애매한 사람들에게 얼마나 많은 탁기가 쌓여 있는지는 잘 모릅니다.

사람에게는 상상 이상으로 어마어마하게 나쁜 가스가 누적되어 있습니다. 나쁜 공기와 나쁜 음식을 분별없이 섭취한 결과죠. 이러한 가스를 호흡기와 피부와 배설로 잘 배출해줘야 되는데 현대인들은 그러한 능력이 떨어지니까 그렇게 쌓인 탁기들은 피부와 장기에 쌓여 결국 암을 유발하게 됩니다.

내가 손으로 휜 양초. 하얀 리본이 아님.

나의 이야기 – 명당 감별사

차크라가 열리면서 여러 가지 능력들이 생겼는데 특히 재밌는 능력이 바로 땅을 감별할 수 있는 능력입니다. 명당에 가면 차크라가 열리면서 수련할 때와 똑같은 현상이 일어납니다.

사찰의 위치를 잡았던 스님들이 모두 차크라가 열렸던 스님들이라는 거죠. 전국의 명찰들이 모두 명당에 위치해 있는 이유가 바로 그런 연유입니다. 석가모니 부처님도 큰 깨달음을 얻기 전에 하늘에서 보리수나무가 있는 쪽으로 옮기게 합니다. 개운조사의 스승도 인걸은 지령이라고 하는데 깨달음도 마찬가지라며 개운조사를 명당으로 데려갑니다.

2016년 초에 새로운 지점에 발령을 받아 부동산업과 공장을 하는 제법 큰 거래처에 인사차 들르게 되었습니다. 협회의 회장을 하고 몇 개의 공장과 땅을 갖고 있다고 하여 갔더니 기대와는 달리 부동산 소개소는 너무 작았습니다. 전체가 대여섯 평 남짓이고 건물도 낡아 비좁고 초라합니다. 거짓말 아닐까 두리번거리며 소장이 내준 커피 한잔을 마셨습니다. 그런데 앉은 지 채 1분도 지나지 않아 곧바로 차크라가 반응을 했습니다. 어럽쇼. 이게 뭐지? 설마.

나는 소장에게 슬쩍 이 집에 와서 돈을 많이 벌었냐고 물었습니다. 기억을 더듬더니 그랬다고 합니다. 그렇다면 이 옆집은 자주 이사를 가지 않느냐고 물었습니다. 소장은 어떻게 그걸 아느냐며, 몇 개월 만에 입주자가 바뀌고 작년에는 갑자기 입주자가 돌아가셨다는 얘기까지 늘어놓습니다. 그렇다면 확실합니다. 명당입니다. 한 가지 소원은 꼭 들어준다는 유명한 모 사찰보다 훨씬 좋은 자리였습니다. 나는 평수도 자그마하니 큰돈을 들이지 않아도 되고 이곳에 명상센터를 지으면 많은 사람들이 도움을 받을 것 같아 슬쩍 이제 소장님은 돈도 많이 벌었으니 이 낡은 건물은 나한테 팔고 더 크고 좋은 곳으로 옮기시라고 슬쩍 운을 띄웠습니다.

그런데 소장은 살 수 있었으면 벌써 자신이 먼저 샀다고 합니다. 할머니가 주인이고 자신은 세 들어 사는데 할머니가 절대 팔지 않는다고 합니다. 아, 아깝지만 할 수 없습니다. 단념하고 원래 이곳이 뭐하는 곳이었냐고 물었더니 주인할머니의 아들이 세탁소를 하던 자리랍니다. 그래서 그 주인은 지금 뭘 하시냐고 물었더니 구의원으로 출마해 3선까지 지냈다고 합니다. 과연 대단한 명당입니다.

육체가 땅의 기운에 반응하는 것은 육체가 땅과 같은 성분으로 만들어졌기 때문입니다. 그러나 일반인들은 땅의 기운을 느끼지 못합니다. 왜 그럴까요? 기운을 모르기 때문입니다. 천성적으로 느낄 수 있는 사람이 없지는 않겠지만 땅의 기운을 알기 위해서는 반드시 기수련을 해야 합니다.

기수련으로 땅의 기운을 감지할 수 있는 경지인지 아닌지는 양초를 휘어보면 알 수 있습니다. 양초를 휘어 본 사람은 아시겠지만 양초는 조금만 인위적인 힘을 가해도 쉽게 부러집니다. 양초를 쥔 사람이 반드시 우주의 기운과 감응이 되어야 양초는 저절로 휘어집니다. 기도를 하거나 제를 올릴 때 굳이 다른 것도 아닌 양초에 불을 켜는 이유가 바로 양초의 이런 능력 때문입니다. 양택이나 음택 자리를 잡을 때 그 지관이 반풍수인지 아닌지 궁금하면 양초를 갖다 주시면 됩니다.

9
입아아입관(入我我入觀)

　드디어 옷을 입은 그림이 등장했습니다. 입아아입관(入我我入觀)은 밀교의 중요한 원리입니다. 앞의 그림 영육일치관을 통해 나의 본성을 보게 되면 비로소 나와 신(神)과의 합일을 시도하게 됩니다. 대일경 대비로자나성불신변가지경 제7권에는 "하나의 몸과 둘의 몸, 내지는 무량한 몸이 동일하게 본체에 들어가고 유출됨도 역시 이와 같습니다."라고 되어 있습니다.

　이번에는 입아아입관(入我我入觀) 위의 그림에서 주는 힌트가 많기 때문에 위의 그림부터 살펴봅니다. 위의 그림 금강명왕보살(金剛明王菩薩)은 태장계 만다라 소실지원(蘇悉池院) 가운데 우측 끝에 주하는 보살로 밀호는 지명금강(持明金剛)입니다. 그런데 이 그림에서 유념해서 봐야 하는 것은 보살의 등 뒤에 불타는 둥근 광배입니다. 벽화 그림에서 처음으로 몸 뒤를 감싸고 있는 둥근 광배에 불이 활활 타고 있습니다.

　벽화에서 불이 붙어 있는 그림은 딱 두 군데입니다. 이 그림 금강명왕보살과 다음 그림 금강보보살입니다.

　불은 가장 강력한 정화방법입니다. 불은 모든 나쁜 것을 가장 빠르게

입아아입관(入我我入觀)
드디어 나와 신과의 교류가 시작된다. 신인합일(神人合一)은 상징이나 상상이 아닌 실제다.

태워 없애 버립니다. 물로 씻는 것보다 불로 태우는 것이 훨씬 더 빠르고 더욱 확실합니다.

　국선도의 수련법도 인체내면에 불을 만들고 크게 키우는 것에 집중되어 있습니다. 모든 수련법의 목적은 인간의 때를 씻는 정화입니다. 이것은 상징적인 표현이 아니라 열을 갖고 있는 진짜 불입니다. 물론 우리가 음식을 만들 때 사용하는 불과는 약간은 다른 종류이지만 열과 빛을 낸다는 면에서는 똑같습니다. 단전호흡으로 만들어진 불을 제대로 통제하지 못해 온 몸에 화상을 입은 사람도 있습니다. 내면에서 만들어진 불에 화상을 입는다? 믿기 어렵겠지만 사실입니다. 나도 직접 경험하지 않았다면 믿지 않았을 것입니다.

　믿어지지 않는다는 분들을 위하여 내 실제 경험을 얘기하고자 합니다.

지금부터 10년 전쯤이었죠. 바람이 선선하게 불던 어느 늦가을 이었습니다. 나는 수영구청의 은행출장소에서 출장소장으로 근무하고 있었죠. 전날 구청 직원들과 어울려 과음한 탓에 하루 종일 머리가 아팠는데 오후 다섯 시쯤 술이 깬 것 같아 망가진 기운을 회복한답시고 잠깐 햇빛을 보며 수련을 했죠. 바닥난 기운을 가장 빨리 회복하는 방법이 햇빛을 마주보고 하는 햇빛수련입니다. 은행의 출장소는 남서향으로 큰 창이 있었고 오후가 되자 해가 서산에 걸려 햇빛수련하기 딱 좋은 상태가 되었습니다. 햇빛수련에 한낮의 태양은 너무 밝아 자칫하면 실명이 될 수도 있기 때문에 아침저녁 해가 가장 좋습니다.

그런데 5분쯤 했을 때였습니다. 단전에 머물던 따뜻한 열기가 온몸으로 퍼지는가 싶더니 갑자기 불길이 치솟듯 열기가 얼굴로 치고 올라와 뜨겁게 달아올랐습니다. 아차, 큰일이다, 순간적으로 뭔가 잘못되었구나 싶어 행공을 멈추고 호흡을 해제하고는 모든 걸 내려놓고 쉬었습니다. 쉬고 있으니 차츰 얼굴의 열기도 가라앉았습니다. 잠시 뒤 거울을 보니 얼굴의 붉은 빛은 많이 가라앉았지만 눈이 시뻘겋게 충혈 되어 있었습니다.

참으로 신기한 것은 그 다음날이었습니다. 내 얼굴의 껍질이 몽땅 벗겨져 허옇게 일어났습니다. 마치 한여름 해운대 백사장에서 하루 종일 놀다 피부에 화상을 입었을 때와 똑같았죠. 나는 그때서야 몸에 일어나는 열이 진짜 불과 다름없다는 사실을 깨달았습니다. 아무튼 이것 또한 잘못된 수련의 결과죠. 국선도 수련에서 독맥에서 올라온 기운이 이마까지 올라오면 얼굴의 앞으로 내리지 말고 귀 뒤로 넘기라고 한 이유가 바로 얼굴에 입을 화상 때문입니다.

모든 수련이 올바른 방법을 따르지 않으면 문제가 되는 경우가 많은데 특히 호흡과 관련된 수련은 늘 조심을 해야 합니다. 호흡은 심장의 박동

금강명왕보살(金剛明王菩薩)
불은 최고의 정화 수단이다.

처럼 자율신경에 의해 자동으로 조절되는 기관입니다. 그런데 자율적으로 운영되는 기관에 사람의 의지가 작용하여 무리하게 인위적으로 호흡을 하게 되면 자율신경이 깨지게 됩니다. 호흡곤란증이 오게 되죠.

내가 단전호흡을 처음 알았던 때는 고등학교 3학년 무렵입니다. 그때 상업과목을 가르치는 선생님이셨는데 어디서 단전호흡 강의를 듣고 오셨던 모양입니다. 점심을 먹고 난 뒤라 모두들 수업에 집중하지 못하고 꾸벅꾸벅 조는 학생들이 많았죠. 그때 갑자기 선생님은 모두에게 눈을 감으라고 한 뒤 단전호흡 강의를 하셨습니다. 대부분 얼씨구 하며 아예 눈을 감고 자는 학생들이 대부분이었지만 저는 그때 아하 이게 뭔가 있구나 싶어 열심히 따라했습니다.

그 뒤 시중에 나오는 책을 읽고 혼자서 호흡 수련을 계속했는데 이게 그만 욕심을 부리다가 덜컥 호흡곤란증에 걸렸습니다. 문득 어느 날 어머니가 젊은 놈이 왜 그렇게 한숨을 자주 쉬냐며 나무라셨죠. 그러고 보니 정말 제가 한숨을 자주 쉬었는데 가만히 관찰해보니 제가 숨을 쉬지 않고 있었습니다. 숨을 쉬지 않으니 산소가 부족해지고 숨이 가빠오면 그제야 숨을 들이켜 후유 한숨을 내쉬는 그런 현상들이 반복되었습니다. 수련을 하지 않아도 한동안 호흡곤란증이 계속되어 고생을 했습니다.

양익스님도 병을 고치기 위해 숨을 참기 시작하면서 수련이 깊어졌듯이 호흡수련은 단전에 불을 일으키거나 쿤달리니 각성에 꼭 필요합니다. 그러나 정확한 기초를 다지는 과정이 필수입니다. 호흡은 반드시 불을 일으켜야 하고 그렇게 일어난 불이 우리의 온 몸을 돌아가며 정화를 합니다. 불이 정화효과가 큰 것은 우리의 몸과 마음에 쌓인 나쁜 것들은 대부분 음습한 것들이기 때문입니다. 육체의 병도 습하고 차가운 곳에서 생깁니다. 차가운 곳은 피와 기가 고이게 되고 고이면 썩고 병들게 됩니다. 암 걸린 세포부위가 얼음처럼 차가운 것도 그러한 이유입니다. 몸이 뜨거워서 생기는 병은 두통 외에는 없다는 말도 바로 그러한 이유입니다.

물로 정화되는 경우는 거의 없습니다. 물론 물은 육체의 더러운 때를 씻어내고 마음의 위안을 주기도 합니다. 그러나 우리가 조금 더 높은 곳으로 오르기 위한 그 이상의 정화기능은 없다고 해도 과언이 아닙니다. 그렇다면 세례요한이 예수님을 물로 씻은 장면은 무엇이냐고 묻습니다. 좋은 지적입니다. 이것은 일반적인 물이 아닌 성수입니다. 일반인들이 목욕탕에서 샤워할 때 샤워기에서 떨어지는 물과 다른 종류의 물이라는 것이죠.

말이 나온 김에 물과 불에 대한 얘기를 해볼까 합니다. 이것은 매우 중요한 부분이므로 꼭 집중하여 보시길 바랍니다.

주역(周易)은 공자가 가죽끈이 세 번이나 떨어질 정도로 많이 읽었다는 책인데 주역에서 가장 중요한 괘상이 바로 물과 불의 관계를 설명한 수화기제(水火旣濟)입니다.

수련을 하지 않는 인체의 물은 아래에 있습니다. 즉, 허리 아래 양쪽 신장에 있다고 봅니다. 신장이 진액을 걸러내는 등 신체의 물을 처리하는 기관이기 때문입니다. 이때 불은 머리에 있습니다. 인체의 불이라고 할 수 있는 눈(目)이 머리에 있고 생각은 머리로 하기 때문입니다.

이것은, 불은 위로 올라가고 물은 무겁기 때문에 아래로 내려가는 지극히 물리적인 이유이고 기본기능입니다. 지극히 물리적이고 자연스러운 상태이기는 하지만 이러한 상태에서는 기혈이 소모되어 마지막에는 병이 들고 죽게 됩니다. 수련을 하지 않는 일반적인 삶의 길이죠. 이러한 불완전한 상태를 불이 위에 있고 물이 밑에 있다고 하여 화수미제(火水未濟)라고 합니다.

그런데, 수련을 하게 되면 아래에 있던 물이 위로 올라가게 됩니다. 어떻게 아래에 있는 물이 위로 올라갈 수 있는 걸까요? 우리가 접하는 자연에서 땅에 있는 물이 하늘로 올라가는 유일한 방법은 물이 수증기로 변하는 것입니다. 물을 수증기로 바꾸기 위해서는 불이 필요합니다. 그러나 불은 머리에 있습니다. 눈에 있고 마음에 있죠. 그래서 눈과 마음을 물이 있는 인체의 신장 사이에 두면 차츰 불이 모여서 커지게 되고 일정한 온도 이상이 되면 드디어 신장의 물이 따뜻한 수증기로 바뀌어 척추를 타고 위로 상승하게 됩니다. 차크라가 열리는 것이죠.

그렇게 상승한 수증기는 머리에서 고이게 되고 무거우면 다시 아래로 떨어지게 됩니다. 이때 달달한 침이 입에 고이는데 이를 일컬어 감로수라고 하고, 이것이 바로 요한의 세례입니다. 물론 이것은 바가지로 퍼서 머리 위에 부어주는 물과는 완전히 다른 물이며 이것이 바로 성수(聖水)입니다. 세례요한이 예수께 행한 의식은 예수께서 이미 이러한 과정을 거쳐 신성해졌다는 선언인 것입니다.

주역의 63번째 괘상 수화기제는 인간의 완성을 뜻하는 것입니다. 주역의 마지막 64번째 괘상은 화수미제로 인간의 첫 출발점입니다. 주역의 64괘상은 바로 이러한 인간의 완성과정을 나타낸 것입니다. 길흉화복을 점치는 것보다 훨씬 깊고 높은 의미가 있다는 것입니다.

언제든 죽어도 되요.

이 글을 쓰고 있던 어느 날 인터넷을 검색하다가 이런 제목이 눈에 띄어 2초쯤 망설이다 클릭을 했습니다. 2초를 망설인 건 이 기사를 볼 가치가 있는가? 괜한 시간 낭비가 아닌가? 하는 망설임 때문이었습니다. 그 여배우는 유명 영화감독과의 불륜이 공공연하게 알려진 상태였죠. 칸 국제영화제 경쟁부문에 초청된 영화 이야기라는 내용인데 기사를 클릭했더니 기사보다 오른쪽에 세로로 나열된 사진들이 먼저 눈길을 잡아끕니다. 미녀 치어리더 아찔한 일탈. 끈이 끊어질 듯 화끈한 몸매. 착시 부르는 수영복 볼륨감 적나라. 여의사, 남성 말 못할 고민, 크기, 시간, 길이 10분이면 해결…… 그리고 그 옆에 사진과 영어자막이 들어옵니다.

　－That I'am not the master of my self.
　　(나는 내 인생의 주인이 아닙니다.)

-That I can at any time.

　(나는 언제든지 죽어도 좋아요.)

-everything is beautiful.

　(모든 게 너무 아름답거든요.)

　불륜의 상대남인 유명감독이 연출하고 그 여배우가 출연한 다른 영화에 비슷한 대화가 또 나옵니다.

-하고 싶은 것 다 해봐. 죽기 전에 하고 싶은 거 다해.
-죽음에 대한 미련이 없다.
-할 것 다 해봤고.
-죽고 싶을 때 죽고 싶다는 마음이다.
-곱게 사그라들었으면 좋겠다.

　죽기 전에 하고 싶은 거 다 해보자. 불륜이든, 도둑질이건, 강도질이건, 사기꾼이든, 도덕이나 옆 사람 눈치 보며 한 번뿐인 인생, 구속된 상태에서 살지 말고, 뭐든 한 번 맘껏 하고 싶은 대로 질러봐야 한다. 후회가 남지 않게.

　지구상에는 이렇게 살아가는 사람들이 의외로 많습니다. 그런데, 다 좋은데, 안됐지만 마지막 그들의 희망은 허락되지 않습니다. 즉, 죽기 전에 하고 싶은 거 다 해보는 것은 가능합니다. 그러나 그렇게 산 삶은 마지막에 죽고 싶을 때 곱게 사그라들며 행복하게 죽을 수 없다는 것입니다. 절대로.

　그렇게 죽을 수 없는 첫 번째 이유는 병입니다. 맘껏 섹스하고 맘껏 술

마시고 맘껏 살다보면, 그렇게 오랜 세월 살아갈 수 있을 것 같겠지만, 그런 쾌락의 삶은 언제나 어제처럼 짧습니다. 50년을 살아도 하루를 산 것처럼 언제나 짧고 부족하죠. 그러나 병의 고통은 너무나 깁니다. 단 하루를 앓아도 100년을 앓는 것처럼 고통스럽습니다. 단 하루 동안의 고통이라도 50년 쾌락을 상쇄하기에 충분합니다. 절대 마지막에 죽고 싶을 때 곱게 사그라드는 행복은 안타깝지만 보장되지 않습니다.

두 번째 이유는 인과의 법칙입니다. 눈에 띄지 않는 곳에서 맘껏 욕망을 채우며 살아간 삶은 나 외에는 아무도 모르기 때문에 어떤 보복도 없을 것처럼 보이지만 천만입니다. 언젠가는 반드시 응분의 책임을 져야 합니다. 이 법칙에 절대 예외는 없습니다. 그래서 옛 선인들은 하늘의 그물이 성글어 보여도 절대 놓치는 법이 없다고 하셨습니다.

어쩌다 보니 너무 멀리 갔습니다. 인터넷 클릭 한 번 잘못 했다가 주제를 잃어버렸습니다. 다시 벽화이야기로 돌아가 봅니다. 입아아입관(入我我入觀) 이 그림은 무엇을 뜻하는 것일까요?

위에서도 간단히 언급했지만 사실 이 그림에는 밀교의 핵심원리가 담겨 있습니다. 부처가 내 몸으로 들어오고 내가 부처의 몸으로 들어간다는 이 말의 의미는 죽어서 천국으로 가거나 다음 생에 잘 되기 위해 지금 생에 선업을 쌓는 게 아닙니다. 지금 현재 이 몸을 갖고 지금 현재 이번의 생에서 즉각 부처가 된다는 것입니다.

이것을 법신불의 가지(加持)라고 하는데 법신불의 힘으로 내가 현생에서 부처가 된다는 것이죠. 부처님에게 힘을 빌리는 방법이 바로 몸과 입과 뜻을 이용하는데 이를 삼밀가지 수행법이라고 합니다. 즉 몸으로서 법신불과 하나가 된 동작을 만들고, 입으로 법신불을 부르고, 그렇게 법신불과 하나가 되었다고 마음속으로 생각하는 것입니다. 바로 밀교의 삼밀가지 수행법이죠. 계행을 지키며 차근차근 닦아 나가는 일반적인 불교(현교)와는 다릅니다.

밀교 – 만트라 하레 크리슈나

앞에서도 언급한 바 있지만, 저는 밀교의 이러한 수련법을 마중물 수련이라고 부릅니다. 어릴 때 시골에서 자란 분들은 마중물에 대해 잘 아시겠지만 간단하게 설명하면 이렇습니다.

수십 미터 아래에 있는 우물물을 지상의 펌프로 끌어올리기 위해서 처음에 물 한바가지를 펌프에 미리 붓습니다. 그 물은 땅 밑에서 올라온 물이 아니라 이미 땅 위에 올라와 있는 물이죠. 그렇지만 그 물이 땅 밑에서 막 올라온 물인양 열심히 펌프질을 하다보면 어느 새 땅 속의 물이 위에 올라와 있는 물을 따라 땅 위로 쏟아지죠. 그래서 미리 붓는 물을 마중물이라고 합니다.

석가모니 부처님께서는 모든 것을 가진 신분으로 태어났지만 사람이 죽는 모습을 보고 이게 아니다 싶어 출가를 하게 되고 고행과 수련 끝에 부처가 됩니다. 일반적인 불교에서는 석가모니께서 이루셨던 방법으로 정진합니다. 그러나 밀교의 수련방법은 석가모니께서 터득한 방법을 따라하지 않습니다.

인생의 고집멸도를 깨닫고 팔정도를 행하는 방법을 따라가지 않는다는 것입니다. 그보다는 석가모니 부처님께서 그러한 과정을 통해 이룬 결과에서 출발합니다. 이미 내게 부처의 씨앗이 있고 결국 나중에 부처의 경지에 이를 것이므로 이미 내가 부처와 합일되었다고 생각하고 몸으로 그러한 동작을 만들고 입으로 외우며 실제 그러한 상태가 실현될 때

크리슈나 (다음 캡쳐)
힌두교 비슈누 신의 8번째 화신. 바가바드 기타에서 아르주나를 돕는 스승으로 나온다. 기독교의 그리스도 의식이 바로 크리슈나에서 유래되었다고 한다. 그러니까 크리슈나는 내 안에 들어와 있는 신이다. 하레 크리슈나는 자기 안의 신을 따르고 부르는 것

까지 지속적으로 하는 수행법입니다. 즉 이미 육지 위로 올라와 있는 기존의 물을 붓는 마중물과 비슷합니다.

어떤 분들은 그게 무슨 효과가 있을까 의심이 들 수도 있습니다. 그런데 사실 우리가 하고 있는 호흡법도 이러한 마중물 수련과 비슷합니다. 즉 내가 지금 눈으로 볼 수는 없지만 우주에 기운이 가득 차 있다고 생

각하고 그 기운이 나의 단전에 들어와 밝게 빛나는 기운으로 축적된다고 믿고 실제 그러한 기운이 쌓일 때까지 몸과 마음을 집중합니다. 우주에 기운이 가득 차 있고 그것이 호흡을 통해 우리 몸과 정신에 쌓일 수 있다는 사실을 과거 스승들께서 오랜 수련 끝에 밝혀낸 것을 우리는 그 결과를 믿고 따르는 원리죠.

이러한 내용들을 적용해 보면 호흡법 이외에도 사실 많은 수련법들이 이러한 마중물 효과를 사용하고 있다는 것을 알게 됩니다. 다만 밀교는 이러한 마중물 효과를 가장 극대화한 수련법이라 할 수 있죠. 세계적인 베스트셀러가 되었던 시크릿의 원리도 바로 이러한 마중물의 원리에서 차용한 것입니다.

마중물 수련에서 가장 중요한 것은 부처님의 힘이 작용하게 하는 가지(加持)입니다.[※주26] 사성제(四聖諦)와 팔정도(八正道) 수련이 가장 가치 있는 수련이라고 여기는 많은 분들이 위의 밀교수행법이 과연 효과가 있을 것인가 의심합니다. 어쩌면 당연합니다. 밀교는 사성제와 팔정도를 통하여 기초를 닦고 몸과 마음을 서서히 정화해 차근차근 단계를 밟아가는 수련법이 아니라 우물에서 숭늉 찾는 식으로 중간의 과정을 생략하고 결과에 집중하기 때문입니다. 그래서 이렇듯 약간의 무리한 수련에서 꼭 필요로 하는 것이 바로 부처님의 힘을 더하는 가지(加持)입니다.

부처님의 힘을 빌려오는 가지의 방법 중에 가장 널리 애용되고 있는 방법이 만트라 수행입니다. 그래서 만트라 수련을 일반적으로 밀교 수련법이라고 합니다. 조지 해리슨이 즐겨 외웠던 만트라는 '하레 크리슈나'입니다. 아직 힌두교에 대해 잘 모르던 시절에 나는 LA에 파라마한사 요가난다가 설립한 명상센터 Lake Shrine을 방문한 적이 있었죠. 그때 많은 방문객들이 언덕 중간에 피리를 불고 있는 아이의 조각상에게 진지하게 경배하는 것을 보고 저 동상이 누구기에 저토록 진지하게 기도하고 경배를 하는 것일까 갸웃했었죠. 나중에 한국에 와서 힌두교를 조금 더 공부하고 난 뒤에야 그 조각상의 아이가 '크리슈나' 라는 걸 알았습니다.

그런데 조지 해리슨뿐만 아니라 힌두교를 믿는 인도인들의 대부분은 크리슈나를 최고의 신으로 떠받듭니다. 그런데 크리슈나는 비슈누신의 8번째 아바타라로 서열이나 기타 여러 가지 이유를 보더라도 그렇게 최고로 떠받들어질 만한 존재는 아닌데 말입니다.

크리슈나는 청소년기에 동네 처녀들에게 아주 인기가 많았는데 피리를 잘 불었다고 합니다. 그래서 대개 크리슈나는 동네 처녀들에게 둘러싸여 피리를 불고 있는 모습으로 묘사됩니다. 아무튼 그런 형태나 이야기 구조를 봐도 그렇게 신성한 존재로는 여겨지지 않습니다. 물론 힌두교 최고의 경전인 바가바드 기타에서 아르쥬나를 돕는 스승의 역할도 있습니다.

다른 악기도 아닌 피리를 불고 있다는 것은 차크라의 각성과 연관이 있습니다. 그런데 피리를 불면 왜 아가씨들이 좋아서 모여 들었을까요? 저는 이것이 앞에서도 언급했던 성에너지와의 연관성을 나타낸 것이라 생각합니다. 아무튼 '하레 크리슈나' 만트라는 크리슈나를 부르고 상상하며 크리슈나의 지각과 인식을 내게 접목해 나로 하여금 크리슈나의 세계로 이끌어 달라는 의미입니다. 즉 이것을 일컬어 입아(入我)라고 할 수 있습니다.

흔히들 이러한 방법을 박티요가의 방법이라고도 합니다.[주27)] 박티요가는 헌신의 요가인데 나를 온전히 크리슈나 신에게 맡기기 때문이죠.

현교에서는 신(身) 구(口) 의(意)를 인간이 짓는 세 가지 업이라고 하여 끊임없이 정화하고 닦아야 하는 삼업(三業)이라고 하지만 밀교에서는 이 모두가 법신에서 나왔다고 하여 삼밀이라고 합니다. 즉 현교는 지금 현재의 나를 정화시키고 닦아 부처의 경지에 이르는 것이고, 밀교는 현재의 나의 에고를 버리고 모든 것을 신에게 맡겨서 부처와 합일하는 것입니다. 그래서 밀교는 법신의 힘이 필수입니다.

옴마니반메훔은 하레 크리슈나 만트라와 비슷하지만 약간 다릅니다. 옴은 비로자나불, 마는 아촉불, 니는 불공성취불, 반은 아미타불, 메는 보생불을 뜻하고 훔은 그러한 부처님이 내 가슴에 안기는 것입니다. 이것만 보면 하레 크리슈나 만트라와 비슷하죠. 그러나 산스크리트어로 옴마니반메훔이라는 뜻은 연꽃 속에 핀 보석인데 실제로 연꽃 속에 핀 보석을 본다는 뜻입니다. 그리고 실제 볼 수 있어야 합니다.

나의 이야기 - 명당 감별사2

과연 명당이 삶에 미치는 영향이 어느 정도일까요? 나는 다행히 은행의 지점장이라 이 부분을 증명하는 데 유리한 위치였습니다. 거래처 회사를 방문해보면 소위 잘나가는 거래처 중에서 수맥이라든가 좋지 않은 자리에 사장의 자리나 공장이 위치한 경우는 단 한 건도 없었죠. 거꾸로 부도 직전에 몰린 거래처는 대부분 좋지 않거나 평범한 자리에 있었죠.

나는 종종 힘들어 하는 거래처에게 간단하게 자리배치를 새로 해 부도 위기를 벗어나게 하곤 했습니다. 아주 심각하게 상황이 나쁜 거래처에게는 좋은 명당자리에 데리고 가서 기도를 하여 위기를 벗어나게도 했습니다. 구체적으로 언급하면 모두 알만한 사업가라 일일이 밝힐 수는 없지만, 지금까지 지점장으로서만 무려 6년 동안 그렇게 했으니 얼마나 많은 사례가 있겠습니까. 아마 며칠을 이야기해도 다 못할 정도입니다.

그렇다면, 부산에서 최고의 명당 기도터는 어디일까요? 해동 용궁사? 범어사? 또 어디 어디? 조금 더 범위를 넓혀 경북 청도의 사리암? 경남의 남해 보리암? 내 기준으로 최고의 기도터는 금정산 고당봉 서쪽 기슭에 있습니다. 부산에 그런 기막힌 절이 있다는 얘기를 들은 적이 없는데 우연히 금정산 등산을 하다가 발견을 하게 되었습니다.

바위에 붙어있다시피 절벽 중턱에 있는 그 암자는 들어서자마자 자리에 앉기도 전에 곧바로 차크라에 반응이 왔습니다. 하지만 암자의 공간은 겨우 네 사람이 앉으면 꽉 찰 정도로 작았습니다. 내가 처음 그곳에 갔을 때 아주머니 네 분이 앉아서 기도를 하고 있었는데 10분을 서서 기다려도 일어날 기미가 없었습니다. 바깥에 기다리는 일행들 때문에 아쉽지만 다음을 기약하고 내려올 수밖에 없었습니다. 그 자리가 이미 명당임이 알려졌기 때문에 그 암자가 비어 있는 날을 잡기가 어려웠죠.

그런데, 마침 주말에 태풍이 올라왔습니다. 나는 태풍이 몰아치는 새벽에 비옷을 입고 열심히 그 암자에 올라갔습니다. 얼굴에 비가 몰아쳤지만 명당의 기운을 만끽할 생각에 발걸음은 가벼웠죠. 두 시간을 할까. 아니면 오전 내내 할까. 에이 일어나기 싫을 때까지 하자.

나는 새벽녘 비바람 속을 뚫고 40분을 걸어 올라가 암자의 문을 열었습니다. 아, 처음에 나는 내가 헛것을 본 것이 아닐까 착각했습니다. 비바람 몰아치는 새벽 시간인데도 또 네 명의 아줌마들이 꼼짝도 않고 앉아 있었습니다. 그들의 옆에서 30분을 서 있었지만 그 네 명의 아주머니들은 눈 한번 뜨지 않았습니다. 아무리 헛기침을 해도 소용이 없었죠. 할 수 없이 나는 비바람을 뚫고 산을 내려올 수밖에 없었습니다. 내리막이었지만 내려오는 길은 무척 힘들고 길게 느껴졌습니다.

그 뒤 어느 날, 믿어지지 않겠지만, 우연히 내 방을 찾아온 마흔 살의 노처녀가 시집을 가고 싶다고 하여 그곳을 소개했는데 내 말을 믿고 그곳에 가서 기도를 올렸던 노처녀는 불과 3개월 만에 시집을 갔습니다. 자기보다 두어 살 많은 능력 있는 노총각을 만나 지금은 딸까지 낳고 잘 살고 있죠. 풍수의 명당자리는 관상이나 팔자까지 극복해 버릴 정도로 신비했습니다.

그 뒤 그 명당자리를 여러 어려운 사람들에게 소개해 고맙다는 인사를 많이 받았습니다. 그런데 약간 마음이 바르지 못한 사람이 있었습니다. 이런 사람을 소개해도 될까 주저하는 마음이 있었지만 그래도 인생이 불쌍하여 소개를 했습니다. 이후 1년쯤 지나 우연히 만난 자리에서 요즘도 그 명당에 가냐고 물었더니 그녀는 가지 않는다고 했습니다. 왜 그러냐고 물었더니 그 사람은 그 자리에서 크게 한방 맞았다고 합니다. 나는 속으로 고개를 끄덕였지만 그게 무슨 사연인지 물어보지는 않았습니다.』

※주28)
브하그완 슈리 라즈니쉬

이쯤에서 내 영적 방황의 한 페이지에 당당히 서 있는 인물을 소개할까 합니다. 명상에 관심 있는 분들은 대부분 아시겠지만 나는 그의 이름을 이렇게 알고 있었습니다. 브하그완 슈리 라즈니쉬.

그런데 요즘도 가끔 서점에 가서 명상코너 한 곳을 차지하고 있는 그의 책들을 지나치다 보면 사진은 분명 라즈니쉬인데 이름이 다릅니다. 오쇼 라즈니쉬입니다. 누군가 싶어 찾아봤더니 1989년에 그는 슈리 라즈니쉬에서 오쇼 라즈니쉬로 개명을 했더군요. 개명을 한 다음 해인 1990년에 돌아가셨으니 오쇼 라즈니쉬가 그의 최종 이름인 셈입니다. 이미 내 영적 관심에서 한참 전에 멀어진 뒤여서 자세히는 모르지만 단편적인 기억만으로도 그의 말년은 비참했습니다. 죽기 직전까지도 미련을 버리지 못하고 다시 옛날의 영화를 되찾기 위해 개명을 했을지도 모릅니다.

아무튼. 1980년 초반 무렵. 대한민국은 가히 라즈니쉬 강풍이 불었

양초를 맨손으로 잡아 휠 수 없는 사람은 정확한 지기(地氣)를 판단할 수 없을 가능성이 높다.
정확하게 판단하지 못하면서 함부로 터를 잡는 것은 큰 죄를 짓는 것이다.
사주팔자도 마찬가지다. 하늘에 죄를 지으면 빌 곳이 없다. ⓒ서창덕

다고 해도 과언이 아니었습니다. 춤꾼 홍신자, 스님 석지현, 시인 류시화...... 대한민국에 라즈니쉬 강풍을 불어오게 한 한국의 삼총사들이죠. 그들이 강풍의 어시스트들이었습니다. 최근에 독일에서 자란 친구와 대화를 하다가 그가 살던 마을 인근에 라즈니쉬를 따르는 사람들이 무리를 지어 살았다고 합니다. 오래 전의 기억이지만 아직도 그들을 생각하면 입가에 웃음이 떠나지 않을 정도로 황당한 집단이었다고 합니다.

아직도 내 서가엔 마하무드라의 노래 등 그가 쓴 몇 권의 책들이 누렇게 바랜 채 남아 있습니다. 당시의 나는 그의 책이라면 무조건 사서 탐독했죠. 그의 책들에 나오는 각종 수련법들은 무조건 따라했고요. 비단 나뿐만이 아니었죠. 대한민국에는 그를 따라하는 아주 많은 추종자들이 북적거렸는데 그는 대한민국 명상계에 많은 영향을 끼쳤고 안타깝게도 아직도 그의 영향은 현재 진행형입니다.

사실 영적으로 목마른 대한민국의 명상가들에게 그만한 음료를 줄 사

람이 없었죠. 해 지는 갠지스 강에 몸을 담그고 눈을 감은 채 깊은 명상에 잠긴 사진을 보고 나도 깊은 산 속에 들어가 개울에 물을 담그고 똑같은 수련을 해보기도 했죠. 그러나 한여름인데도 계곡물은 너무 차가워 채 10분을 앉아 있기도 어려웠습니다. 더운 인도의 갠지스강에서나 가능한 장면이었죠.

몇 년 동안 라즈니쉬 책을 열심히 읽고 따라한 덕분에 드디어 나는 그의 책 모두를 이해할 수 있었습니다. 그러므로 당연히 나는 스스로를 깨달은 존재라고 생각했죠. 그래서 나는 20대 초반의 젊은 나이에도 늘 삶과 동떨어진 채 보냈죠. 당연히 그래야 했습니다. 나는 평범한 사람들과는 근본적으로 다른 깨달음을 얻은 각자(覺者)였으니까요. 정말 그렇다고 나 스스로 굳게 믿고 있었습니다. 그런데 이상하게도 당시의 깨달은 나는 늘 졸렸습니다. 늘 꿈꾸듯 잠이 쏟아졌죠. 그래도 나는 뭔가 잘못되었다는 생각은 하지 않았고 깨달은 사람은 늘 비몽사몽의 정신으로 사는가보다 그랬죠.

한참이 지나서야 그건 깨달음이 아니라 깨달음에 대한 이론의 이해에 불과했다는 사실을 알았죠. 껍데기였죠.

그의 영향이 아직도 우리나라 명상계에 지대한 영향을 미치고 있다는 사실이 안타깝다고 한 이유가 바로 여기에 있습니다. 깨달음에 대한 이해. 깨달음을 소개한 책을 이해할 수 있다고 착각하는 사람들. 그들과 실제 최고의 수준에 오른 것과 어떤 차이가 있는 것일까요? 차이가 없는 걸까요?

10
혈자리(金剛寶菩薩)

― 삶이 그대를 속일지라도 슬퍼하거나 노하지 말라.

빨간 신호가 들어와 버스정류장 앞에서 기다리고 있는데 문득 버스 승강장에 써놓은 시(詩)가 눈에 들어왔습니다. 그 유명한 러시아의 문호 푸쉬킨의 시입니다. 아마 내가 세상에 태어나 처음 본 시였던 것 같습니다.

시골 이발소 큰 거울 위에 먼지가 잔뜩 묻은 채 갈매기 몇 마리가 나르는 푸른 바다를 배경으로 이 시가 씌어져 있었는데 사각사각 가위 소리를 들으며 뜻도 잘 모르지만 마땅히 눈을 둘 곳이 그곳 밖에 없으니 그냥 눈으로 글자를 그림 삼아 봤던 바로 그 시(詩)입니다. 그런데 푸쉬킨은 삶이 왜 사람을 속인다고 했을까? 나는 늘 그 그림 속의 시를 보며 궁금했습니다.

어른이 되어 북유럽 핀란드에서 유람선을 타고 러시아의 서쪽 도시 페체부르크에 갔는데 카페 이름이 '푸쉬킨 카페'라고 되어 있어 호기심에 들어가 봤습니다. 중간쯤 아무데나 자리를 잡고 앉았는데 주인이 와서 내가 앉은 바로 그 자리가 푸쉬킨이 결투를 하러 가기 전에 마지막 술잔

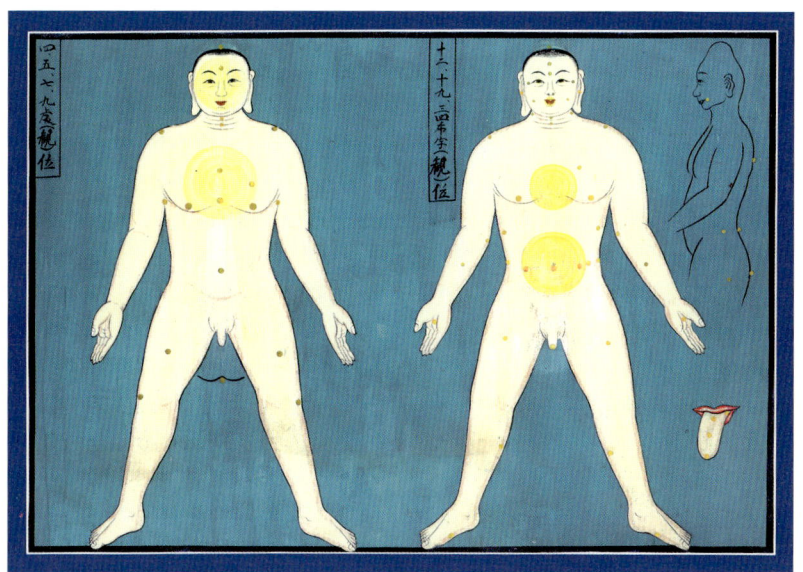

세 개의 차크라(아즈나, 아나하타, 마니푸라)와 혈 자리
우리가 알고 있는 혈 자리와 약간 다르며 인도의 나디와 유사함.

을 기울이고 떠난 자리라고 합니다. 대한민국의 시골구석에서 아무런 뜻도 모르고 봤던 그 시인과 내가 200년의 시간을 뛰어 넘어 같은 카페 같은 자리에서 만나는 인연이 있었을 줄이야. 그러고 보니 푸쉬킨이 앉았다는 자리 벽에는 자그맣게 푸쉬킨의 초상화가 그려져 있었습니다.[※주29)]

우리는 러시아 문학에서 톨스토이나 토스토에프스키를 최고로 여기지만 러시아 사람들은 당연히 푸쉬킨을 최고로 떠받듭니다. 내가 관심을 보이자 주인이 나를 맞은 편 자리로 끌고 갑니다. 맞은 편 벽에는 예쁜 여자가 그려져 있었는데 그 여자가 바로 푸쉬킨의 아내 나탈리야라고 합니다.

러시아 국민이 가장 사랑한 국민시인 푸쉬킨은 아내와 바람을 피운 장교와 결투를 벌이다 장교의 총에 맞아 죽었습니다. 글만 쓰는 시인이 총

쏘는 직업을 가진 군인과 총싸움을 하면 군인이 이길 확률이 몇 프로나 될까요?

99.9%쯤 자신이 이길 확률이 없다는 걸 푸쉬킨도 잘 알고 있었겠죠. 그러나 자신의 아내와 바람을 피운 바로 그 장교가 뻔뻔하게 여러 사람 앞에서 마누라도 제대로 관리하지 못하는 놈이라고 모욕을 주었으므로 당시의 관례상 결투를 신청하지 않을 수 없었습니다.

푸쉬킨은 내가 앉은 바로 그 카페 창가 자리에 앉아 마지막 보드카를 마시고 결투장소로 가서 죽습니다. 러시아인들이 가장 사랑한 시인은 아내의 정부가 쏜 총에 맞아 죽었죠.

그 푸쉬킨은 이렇게 썼습니다.

– 삶이 그대를 속일지라도 슬퍼하거나 노하지 말라.

우리는 이해하지 못하기 때문에 속인다고 생각합니다. 삶의 원리와 물샐틈 없이 돌아가는 신의 계획과 섭리를 이해하지 못하기 때문에 삶이 나를 속인다고, 더 나아가 나를 배신했다고 생각합니다. 그러나 삶은 단 한번도 절대 사람을 속일 의도도 없었고 속인 적도 없습니다. 그저 사람이 착각했을 뿐이죠.

승용차 안에서 파란 신호를 기다리며 버스정류장에 쓰인 푸쉬킨의 시를 보며 나는 궁금했습니다. 정부(情夫)의 손에 죽어간 푸쉬킨은 마지막 순간에 삶이 나를 속였다고 생각했을까요? 아니면 1%의 확률이라도 신이 자신의 손을 들어줄 거라 믿었던 것일까요? 혹여 그는 죽어가며 자신의 삶에게 슬퍼하거나 노하지 않았을까요? 여러분은 궁금하지 않습니까?

푸쉬킨이 뛰어난 시인인 이유는 신(神)을 언급하지 않았다는 것입니다. 사실 '삶'이라는 단어 뒤에는 신의 그림자가 숨어 있습니다. 그런데 '신이 그대를 속일지라도 슬퍼하거나 노하지 말라.'라고 하면 어땠을까요? 훨씬 시의 격이 떨어졌을 것입니다. 그것이 위대한 러시아의 대문호 푸쉬킨의 매력입니다.

    그러나 시의 격과는 상관없이 삶을 완전하게 이해하려면 반드시 신(神)을 알아야 합니다. 나와 신과의 관계를 모르면 우리네 삶은 완전하게 이해되지 않습니다. 우리가 머리 아프지만 청련암의 벽화를 들여다보는 이유입니다.

    그렇다면, 다시 이 책의 주제인 벽화로 돌아가 그림을 보겠습니다. 이 그림은 차크라와 혈자리를 설명하고 있습니다. 차크라와 혈자리에 대해 전혀 모르는 분들은 뭐 그냥 그런 흔한 그림이겠지 무심하게 지나치겠지만, 한의사나 혈자리를 공부한 지식이 있는 분들은 이건 뭐지? 내가 알고 있는 자리와 조금 다른데? 고개를 갸우뚱 할 것입니다.

    잘 보셨습니다. 이 벽화에 나와 있는 검은 점이 표시된 자리는 한의학에 나와 있는 기혈의 자리와 비슷한 것 같지만 자세히 보면 다릅니다. 벽화의 혈자리는 인체 365혈의 혈자리라기 보다는 인도의 나디를 설명한 자리와 더 유사합니다.

    쉽게 간추리면 차크라는 인도의 수련법이고 혈자리는 한국 등 동아시아의 수련법입니다. 차크라는 척추를 중심에 두지만 혈자리는 장부의 경락에 중심을 둡니다. 유사한 부분이 없지 않지만 실제 수련해보면 약간 다릅니다. 그러므로 단전호흡 수련으로 임독맥을 뚫었다고 하는 경우라도 인도에서 말하듯 일곱 개의 모든 차크라가 열린 것은 아닙니다.

    한의학을 공부하기 이전에 나는 과연 한의학에서 말하는 혈자리가 어떤 역할을 하는지 궁금해 부산의 연산동에 침으로 유명한 한의원에 가서 직접 침을 맞아보았습니다. 한의사는 혼자 중얼중얼 이상한 말을 읊조리며 옷 위에다 마구 침을 꽂았습니다. 신침을 놓는 듯 신비감이 있었지만 정신병자가 아닐까 하는 의심이 더 들었습니다. 어떤 곳은 잘못 꼽는 바람에 경기를 할 정도로 아팠습니다. 침을 꽂았을 때 아픈 건 정확하게 혈자리에 꽂지 못했다는 것이죠.

그런데 그렇게 대충 침을 꽂았는데도 5분쯤 지나니 온 몸에 기운이 돌기 시작했습니다. 단전호흡 수련할 때와 똑같은 반응이 나타났죠. 정신병자 같았던 그에게 기운이 돈다고 했더니 별 이상한 사람 다 보겠다는 표정을 짓더군요. 일본에서도 침을 맞으러 올 정도로 유명했는데 독감에 걸려 기침을 심하게 했고 현금 결제만 가능하다고 하더니 나중에 크게 세무조사를 당해 문을 닫았다는 얘기가 들렸습니다.

벽화의 그림에서 가장 위에 있는 것은 아즈나 차크라입니다. 가슴은 아나하타 차크라입니다. 가장 밑에 있는 것은 마니푸라 차크라입니다. 그림의 제목에 표시된 숫자는 각 혈자리의 수를 설명한 듯한데 헤아려 보면 약간 다른 이유가 있어 보입니다.

자, 여기서 우리가 유념해야 될 부분은 그림의 역할이 바뀌었다는 것입니다. 지금까지는 위의 그림이 아래의 그림을 리더하고 영향을 주는 관계였는데 이제는 아래의 그림이 위의 그림에게 영향을 주는 관계로 바뀌게 됩니다. 그러한 전환점이 되는 그림이 바로 여덟 번째 그림인 영육일치관입니다. 영육일치관의 단계에서 영혼과 육체가 일치하게 되었고 아홉 번째 그림 입아아입관의 단계에서 나와 보살(神)의 일치가 이루어졌고, 열 번째 차크라 그림에서 금강보보살은 가슴에 세 개의 불꽃을 얻습니다. 이후의 그림들은 아래의 그림과 대등한 관계 또는 아래의 그림이 리더하는 형태가 됩니다.

금강보보살(金剛寶菩薩)

　이해를 돕기 위하여, 벽화를 조금 더 자세히 살펴보도록 하겠습니다. 위의 그림 금강보보살의 광배는 붉은색에서 푸른색의 원으로 바뀌고 외곽의 원만 붉은 불로 타고 있습니다. 좌측의 불꽃이 감싸고 있는 금강명왕보살 그림과 좌우로 서로 비교해서 보면 각 수련의 단계별로 어떤 차이가 있는지 알 수 있습니다.

　우선 좌측 금강명왕보살의 바지가 노란색인데 오른쪽 금강보보살의 바지는 빨간색으로 바뀌었습니다. 좌측에서 사라진 노란색은 우측 그림 금강보보살의 광휘가 노란색으로 바뀌어져 있습니다. 좌측에는 가슴도 아무런 광휘가 없는데 우측 그림에는 세 개의 활활 불에 타서 빛나는 사리가 가슴에 생겼습니다. 이 세 개의 불꽃은 아래의 혈자리 그림에서의

제2장 비밀의 사원 벽화　247

가슴에 둥근 빛무리와 연결이 됩니다.

자, 그런데 여러분들은 사람의 내부에 불꽃이 타오를 수 있다고 믿으십니까? 그냥 상징일 뿐이라고 생각하십니까?

허리 이하에 있는 동물의 세계는 물리의 법칙과 중력의 법칙을 거스를 수 없지만 허리 위에 있는 인간 이상의 차원에서는 모든 게 가능합니다. 그러나 직접 경험해 보지 않으면 절대 믿어지지 않습니다. 해보지도 않고 억지로 믿는 것이나 처음부터 믿지 않는 것이나 마찬가지입니다.

사람의 몸 안에는 일곱 빛깔의 무지개가 있습니다. 믿어지십니까? 보자보자 하니까 이 친구가 별 소리를 다한다고 생각되십니까? 나도 바쁜 사람인데 실없는 소리를 해서 무엇하겠습니까. 그나저나 사람 몸 안에 무지개가 있다면 그것만으로 사람은 얼마나 아름다운 존재입니까.

무지개는 일곱 가지 색이며, 순서는 빨강, 주황, 노랑, 초록, 파랑, 남색, 보라입니다. 그런데 각 차크라를 통과할 때 눈 앞에 나타나는 색의 순서가 무지개의 색깔 순서와 똑같습니다. 정말 신기할 정도로 일치합니다. 그런데 신기해 보이지만, 어찌 보면 너무나 당연한 것입니다. 수련이나 명상이나 종교란 것이 자연의 이치 안에서 일어나는 것이기 때문입니다. 자연과 역행하거나 어긋난다면 그건 올바른 수련과 종교가 아닐 것입니다. 당연하지 않습니까.

일곱 빛깔의 무지개가 뜨는 곳은 머리입니다. 정확히는 두상의 맨 꼭대기 백회입니다. 그러니까 기운이 빨간색의 물라다라 차크라에 머물면 백회에 붉은 꽃이 핍니다. 주황색의 스바디스타나 차크라에 머물면 주황색의 꽃이 피고, 마니푸라는 노란색, 아나하타는 초록색, 비슈디는 파란색, 아즈나는 남색, 사하스라 차크라는 모든 색과 조화된 보라색입니다. 각 기운이 순서대로 차크라를 통과할 때마다 머리의 꼭대기에는 아름다운 일곱 빛깔의 무지개가 뜨는 것입니다. 사람은 이처럼 너무나 아름답고 거룩한 존재입니다.

벽화에도 무지개가 있습니다. 금강도향보살 두상의 광배는 노란색이며, 금강명왕보살 두상의 광배는 초록색이며, 금강보보살 몸의 광배는 파란색이며, 금강등보살 두상의 광배는 남색입니다. 재밌지 않습니까.

양익스님의 색깔 배치는 그냥 내키는 대로 그려 넣은 것이 아니라 명백한 근거와 실재의 순서에 의해서 그렸다는 것을 알 수 있습니다. 무지개 색깔의 순서는 진화가 이루어지는 순서입니다. 사람은 무지개 사다리를 타고 천국에 올라갑니다. 그래서 사람은 누구나 무지개를 보면 설레죠.

앞에서 얘기했듯이 사람은 정확하게 허리의 아래에 있는 사람과 허리의 위에 있는 사람으로 나눠집니다. 허리 아래에 머무는 사람은 동물에 가까운 사람입니다. 어떤 사람은 동물보다 훨씬 못한 사람도 있습니다. 물질을 쫓고 숭배하기 때문에 물질을 위해 사람을 해치는 것도 서슴치 않는 사람들이 바로 그들이죠.

허리 위에 머무는 사람도 수준과 단계가 있습니다. 육체와 영혼의 정화된 상태에 따라 달라지며 그 사람의 수준은 빛의 색깔로 나타납니다. 정신을 고요하게 하면 자신의 색깔을 볼 수 있습니다. 우리가 사는 물질세계 지구는 허리에 해당됩니다. 딱 중간이죠. 허리 아래로 떨어질지 허리 위로 올라갈지 선택은 현재 본인의 자유의지에 달려 있습니다. 천국과 지옥은 염라대왕이 정해주는 것이 아니라 본인이 선택하는 것입니다.

천국의 계단

『신은 우리에게 줄 선물을 주지 않고 우리가 찬양하고 아첨하기를 요구하는 제멋대로의 군주가 아니다. 그분은 각 인간들의 기도와 동기를 알면서 모든 이의 심장 속에 앉아 있다.

비록, 누군가 하루 종일 신을 비난한다 해도 신은 그를 처벌하기 위해 높은 곳에서 내려오지 않는다. 그러나, 카르마의 법칙을 통하여 신에 저항하는 자는 누구든지 스스로 처벌되며, 비슷한 잘못을 범하는 동료들 속으로 끌려간다.

신은 찬양으로 움직이지 않으며 그것으로 기뻐하지 않는다. 하지만, 명확한 영적인 진동으로 신을 찬양하면 신은 그를 돕는다.』 - 파라마한사 요가난다

신은 누군가를 처벌하기 위해 높은 곳에서 일부러 내려오지 않는다고 했습니다. 내려올 필요가 없기 때문입니다. 악한 생각과 행동을 하게 되면 악한 에너지가 쌓여 그 에너지가 모여 스스로를 처벌하며, 비슷한 악행을 행한 무리 속으로 들어가 이승에서와 똑같이 서로에게 고통을 주며 기나긴 세월을 살아갑니다. 그것이 바로 지옥이죠. 그렇게 죽은 영혼은 탁하고 무겁기 때문에 스스로 절대 밝은 곳으로 나오려 하지 않습니다. 자신의 상태에 꼭 맞는 스스로 편안한 곳을 찾아가 머물 뿐이죠. 그것이 바로 지옥입니다.

가끔 방송에서 유명한 교회의 목사들이 설교하는 모습을 봅니다. 대개는 금방 채널을 돌리는데 그날은 제법 오래 설교를 지켜보게 되었습니다. 그는 국내에서 꽤 유명한 목사였습니다. 목사의 눈빛은 강했고 쇳소리가 섞인 목소리는 때로는 높게 때로는 낮게 오가며 좌중을 휘어잡았고 청중 속에서는 아멘, 할렐루야, 소리가 끊이지 않았죠.

목사는 청중의 감탄과 탄복쯤은 당연하다며 시시하게 받아들였습니다. 이미 예순을 넘겼을 나이 같은데 기억력도 비상합니다. 그의 눈빛은 자신감에 넘쳤죠. 그러나, 애석하게도 그의 말 대부분은 틀렸습니다. 그

천국의 계단 (다음 캡쳐)
천국의 계단은 신의 허락이 필요하지 않으며, 누구에게나 열려 있다.
선택은 본인이 하는 것이다. 오직 내 안에 있는 빛(inner light)만이 유일한 천국의 안내자다.

는 스스로 거짓을 말하는 줄도 모르는 것 같았습니다. 그런데 더 깊게 보면 그는 진실한 자신을 속이고 있다는 느낌이 들었습니다. 그의 내면에서 무언가를 내세워 모종의 타협을 했을 것입니다.

파라마한사 요가난다께서도 주장하신 것처럼, 신은 인간이 복종하기를 강요하는 이기적인 분이 아닙니다. 인간이 그를 믿지 않는다고 지옥에 보내고 불벼락을 내리지도 않죠. 그런 신이라면 인간보다 못한 존재인데 인간보다 못한 존재에게 우주에서 힘을 줬을까요? 줬다면 우주는 대혼란이 일어나 벌써 망했을 겁니다. 신은 그런 수고를 할 필요가 전혀 없습니다. 신은 스스로 완벽하며, 스스로 모든 것의 주인이며, 스스로 부족함이 없기 때문입니다.

그러므로 누군가가 설령 신을 비난한다고 해도 스스로 그 사람을 벌하기 위해 높은 곳에서 내려오지 않습니다. 비난한 사람을 벌하기 위해 내려오는 존재는 신이 아니라 목사의 못된 마음이죠.

굳이 신이 직접 움직이지 않아도 카르마의 법칙에 의해 죄인 스스로 죄의 값을 치르게 됩니다. 영화처럼 염라대왕 앞에 긴 줄을 서서 판결을 받는 것이 아니라는 것입니다. 2천 년 전 미개한 사회에서나 했던 말들을 첨단의 기술력으로 만든 티브이에 나와 여전히 2천 년 전에나 통했을 말을 써먹고 있고 그 말이 아직도 통한다는 것은 희극이 아니라 비극입니다.

인류는 2천년 동안 신과의 거리를 좁히기 위해 노력해 왔습니다. 신의 반대편에 있던 과학도 본의 아니게 많은 거리를 좁혔고, 수많은 종교와 명상가들도 신과의 거리를 좁혔습니다. 그러나, 몇 몇 종교는 신과의 거리 좁히기를 거부했습니다. 이유가 뭘까요? 바로 기득권이 흔들리기 때문입니다.

현재의 권력을 가졌거나, 현재의 금력을 가진 이들은 변화를 싫어합니다. 변화는 가지지 못한 자에겐 기회가 되지만 가진 자들에겐 기득권을 뺏길 수 있는 위험이니까요. 신은 복종을 바라지도 않고, 아첨도 바라지 않습니다.

그러나, 기독교를 비롯한 많은 기득권의 종교들이 있는 그대로의 신을 말하지 않고 자신들이 이용하기 좋게끔 만든 신을 신도들에게 강요하고 있습니다. 그들이 지구의 문제를 어렵게 만들고 있습니다. 이런 식으로는 신의 발바닥 근처에도 다가갈 수 없습니다.

그러면, 어떻게 신에게 다가갈 수 있을까요? 파라마한사 요가난다는 신을 찬양하는 것을 적극적이고, 명확한 영적인 진동으로 만들면 가능하다고 했습니다. 그렇다면, 적극적이고 명확한 영적인 진동으로 만들 수 있는 방법은 무엇일까요? 바로 빛입니다. 빛은 색깔에 따라 다른 진동수를 갖고 있습니다.

　빨간색이 진동수가 가장 작고 에너지도 작은 반면에 보라색이 진동수가 가장 크고 에너지도 큽니다. 천국은 바로 보라색 너머에 있습니다. 그런데 진동수도 작고 에너지도 약한 사람이 어떻게 천국을 갈 수 있다는 말일까요. 목사님인들 갈 수 있을까요. 목사로 재직한 증명서가 진동수와 에너지를 채울 수 있을까요. 언젠가 빛명상 학회장께서 천국에 가려면 태양을 통과해 가야 하는데 보통 사람들은 태양의 밝은 빛을 통과해 갈 수 없다고 하셨는데 바로 그 원리입니다.

　사람이 신에게 가까이 가기 위해서는 자신의 영을 신과 가장 가까운 에너지와 진동으로 만들 수 있어야 하는데 그 방법이 명상이며, 정확히는 명상에 의해 활성화된 차크라를 이용하는 것입니다. 바로 차크라를 통과할 때 내면에 빛이 발생하죠. 이너 라이트(inner light). 이것이 바로 천국으로 가는 도구이자 빛의 계단입니다.

차크라 명상

　인도의 차크라 명상과 비슷한 현상으로 임독맥의 유통이 있습니다. 임맥과 독맥의 길(道)이 뚫렸으니 도통(道通)했다는 말로도 씁니다.

　시중에는 임독맥을 뚫었다고 하는 사람들이 의외로 많습니다. 모든 차크라가 활성화되었다는 말과 비슷한 의미인데 한 마디로 보통의 수준이 아닌 것이죠. 어떤 사람들은 임독맥을 뚫었을 뿐만 아니라 인체의 365혈 모두를 뚫었다고도 합니다. 기념으로 주위에 떡을 돌리고 하늘에 감사제를 올리기도 합니다.

언젠가 국선도의 최초 보급자이신 청산선사께 시중에 임독맥 뚫은 사람이 많다고 하는데 모두 사실이냐고 물었더니 선사께서는 그저 빙긋이 웃기만 하셨다고 합니다.

그러면 확인할 수 있는 방법이 없을까요? 본인이 임독맥을 뚫었다고 생각하는 사람은 본인에게 아픈 곳이 없는지 살펴봐야 됩니다. 도를 통했다는 것도 마찬가지죠. 도(道)를 통했다는 것이 바로 임독맥의 모든 길(道)이 뚫렸다는 것이고 모든 길, 즉 모든 차크라가 열렸다는 의미입니다.

아픈 곳이 있는 사람은 절대 임독맥이 뚫린 것이 아닙니다. 이유는 단전에 기운이 모이면 기운이 가장 먼저 가는 곳이 아픈 곳이기 때입니다. 그 아픈 곳을 먼저 치료하고 나서도 남은 기운이 모여 척추(차크라)를 타고 백회로 올라갑니다. 이 과정을 거치지 않고 도달했다면 모두 엉터리라고 해도 무방합니다.

위의 착각보다 더욱 심각한 것은 나는 이미 한 방에 깨달아 부처의 경지에 이르렀으므로, 깨달음의 세계를 완전하게 이해했으므로, 차크라니 임독맥이니 필요 없다고 주장하는 경우입니다. 이 사람들에겐 아무 말도 통하지 않습니다.

그러므로 이런 사람들은 죽거나 아프거나 둘 중 하나의 경우가 왔을 때 비로소 자신의 오류를 깨닫습니다. 그러니 역설적으로 들리겠지만 죽지 않을 만큼의 병은 본인에게 엄청난 기회입니다. 잘만하면 죽지 않고 그 병을 극복하는 과정에서 천국에 이를 수도 있습니다. 가난이나 힘든 삶도 마찬가지입니다. 마음이 가난한 자에게 복이 있을 거라는 말씀은 그런 의미입니다. 가난하지 않고 아프지 않고 불행을 겪어보지 않은 사람은 늘 자신이 최고의 존재라는 생각에 두려워 하는 마음이 없고 자만하는 마음만 가득하여 어떤 변화의 희망도 없습니다.

책 몇 권 읽고 몇 개의 화두를 깼다고 생각하는 사람도 희망이 없기는 마찬가지입니다. 본인은 에고가 사라졌다고 생각하지만 사실은 자만이 가득한 존재라는 사실을 인지하지 못합니다. 죽었더니 천국이니 지옥이니 없고 오로지 우주에 하나의 의식만 존재해야 하는데 자신은 분명히 하나의 개별영혼으로 남아 있고, 이승에서 지은 습관에 따라 여전히 고통의 세계에서 허우적댑니다. 그제야 깨닫습니다. 아, 착각했구나, 이렇게 해서 되는 일이 아니었구나, 그러나 이미 때는 늦었습니다.

병이 들었을 때도 마찬가지입니다. 자신은 분명히 이미 깨달은 사람인데 병에 걸리고 병 때문에 아프고 고통스럽습니다. 아무리 알아차림을 하려 해도 죽음의 고통 앞에 불가능합니다. 제자들이 이제 곧 죽을 자신을 위해 아름다운 열반을 준비한답시고 즐겁게 장작을 쌓고 있는데 자신은 이미 깨달은 존재라 아무런 마음의 동요가 없어야 하는데 속으로는 불안하고 죽음이 두렵지만 제자들 앞이라 겉으로는 초연하고 담담한 표정을 지어야 합니다.

마지막 죽음 앞에서조차 솔직할 수 없으니 이 얼마나 불행한 죽음입니까. 마음으로 이해하고, 상상으로 그리는 것과 실재의 상황은 완전히 다른 차원입니다.

어느 날, 몇 권의 책을 독파했고 깊은 명상 속에서 자신은 이미 깊은 진리를 깨달았고 오로지 알아차림 속에서만 머문다고 하는 젊은 친구가 찾아 왔습니다. 그래서 어떤 책을 보고 있냐고 물었고 그 친구를 이해하기 위하여 그가 단박에 깨달음을 얻었다는 그 책을 구입해서 읽었습니다.

아잔 브람이라는 스님이 쓴 책인데 책의 서두에 알아차리기부터 시작하는 수행의 일곱 가지 단계에 대한 설명이 있었습니다. 그 책의 문제점을 지적하려 했는데 그 책은 의외로 좋은 책이었습니다. 그리고 알아차림보다 더 크고 중요한 가르침이 있었습니다. 왜, 그의 눈에 알아차림만 보이고 알아차림보다 더 중요한 것은 눈에 들어오지 않았던 것일까요?

아잔 브람의 아름다운 호흡

그 책에서 제시한 호흡의 제1단계는 '현재 순간에 대한 알아차리기'입니다. 일명 위파사나라고도 하는데 바로 석가모니 부처님께서 개발해 전 세계적으로 히트를 친 방법이죠. 호흡 제2단계는 '생각 없이 현재 순간 알아차리기'입니다. 1단계보다 한 단계 더 올라선 방법이죠. 3단계는 '생각 없이 현재 순간의 호흡 알아차리기'입니다.

알아차리기 수행에서 갑자기 '호흡'이라는 대상이 등장합니다. 알아차리면 그걸로 끝인데, 생각 없이 알아차릴 수 있으면 그걸로 이미 게임은 끝났는데 왜 호흡이라는 대상을 다시 찾으라는 것일까요? 모든 길은 로마로 통한다는 말일까요. 이건 매우 중요한 부분입니다.

여기서 갑자기 호흡을 끌어들인 이유를 저자 아잔 바람은 이렇게 설명합니다. '호흡을 대상으로 삼는 이유는 주의력을 하나에 고정시켜 다양성을 놓아 버리고, 그 반대인 통일성으로 이동하기 위해서이고, 마음이 통일되고 주의력이 하나에 유지되면, 평화와 지복 그리고 그 힘에 대한 경험이 대단히 강해진다고 해서입니다. 여러분은 이 말 한 마디 한 마디를 완전하게 이해할 수 있습니까? 아잔 브람이라는 분은 매우 똑똑한 스님입니다. 위의 말들은 아잔 브람 스님의 수련이 물리적인 수준을 넘어서 있다는 증험입니다.

제4단계는 '호흡에 대한 완전하고 지속적인 주의 집중'이며, 제5단계는 '아름다운 호흡에 대한 완전하고 지속적인 주의 집중'입니다. 보통의 호흡과 아름다운 호흡을 분명하게 구분하여 설명하고 있는데, 거칠지 않고 호흡이 부드럽고 평화로운 상태를 일컬어 '아름다운 호흡'이라고 합니다.

제6단계가 아주 재밌습니다. 앞에서 얘기한 대로, 나는 이 책을 읽은 젊은 친구가 어떻게 이 중요한 부분을 놓쳤을까 안타까웠습니다. 그러나 어쩌면 당연합니다. 이것은 경험하지 못한 사람은 관심을 가질 수 없기 때문입니다. 그저 실제 보이는 상황이 아닌 상징이라고 생각하기 때문입니다. 문제의 제6단계 호흡의 제목은 '아름다운 니밋따 경험하기'입니다.

"몸, 생각, 그리고 다섯 가지 감각을 완벽하게 놓아버려서, 오직 아름다운 정신적 표상 즉 니밋따만이 남을 때 보름달이 구름 뒤에서 나오는 것처럼 빛이 드러난다."

어떻습니까? 이 대목을 읽을 때, 나는 깜짝 놀랐습니다. 바로 이 책의 주제인 빛을 이야기하고 있기 때문입니다. 우리가 이 책에서 그토록 중요하게 다루고 있는 바로 그 빛을 아잔 브람 스님은 위파사나 수행의 가장 중요한 획득물이라고 주장하고 있습니다.

자, 그러나 헷갈리기 시작합니다. 이 빛은 일반적인 빛이 아닌데, 그래도 보는 사람은 빛으로 인식할 수밖에 없는 것이라고 합니다. 빛이면 빛이지, 빛도 아닌데 빛으로 인식되는 것이란 게 도대체 무슨 말일까요? 빛이면 당연히 눈을 감거나 손으로 가리면 보이지 않아야 하는데 눈을 감아도 보이고 눈을 떠도 보이는 건 도대체 무슨 이유일까요?

당연합니다. 이것은 우리가 살고 있는 3차원 세계의 빛이 아니기 때문입니다. 차크라가 상승하면서 인식의 차원이 상승했기 때문입니다. 차크라가 아니고서 어떻게 우리가 사는 차원을 뛰어 넘을 수 있겠습니까. 타임머신을 실제 만든다고 해도 불가능하죠. 타임머신은 수평적인 이동만 가능할 뿐, 차원을 높이는 수직의 이동은 불가능합니다.

아무튼, 이러한 빛은 다섯 단계의 수행을 거친 후에만 나타나며, 호흡이 사라져야 나타난다고 하며, 시각, 청각, 후각, 미각, 촉각이라는 외부 다섯 가지 감각들이 완전하게 사라져야 나타나며, 해설하는 생각이 전혀 없는 오직 고요한 마음에서만 나타나며, 강렬하게 매력적이며, 아름답고 단순한 대상이라고 합니다.

그리고 이러한 과정을 거쳐서 가는 마지막 제7단계는 선정(禪定)입니다. 선정은 단박에 깨쳐서 그냥 갑자기 들어가는 단계가 아니라 6단계의 빛을 거쳐야 완벽한 선정의 단계에 들어갈 수 있다고 합니다. 이 책은 기존에 나와 있는 책들과는 굉장히 다른 수준이며 선정으로 들어가는 과정의 설명이 아주 구체적입니다. 이렇게 들어간 선정이라야 완벽하며 깨지지 않고 실제입니다. 그저 생각과 상상만으로 근본적으로 들어간 선정과 다르다는 것입니다.

이 책은 기존의 책들처럼 대충 알아차림으로 모든 걸 깨닫는 데서 끝나는 것이 아니라 알아차림으로 시작하여 호흡으로 가서 보름달 같은 빛을 안은 뒤에 완벽한 선정에 들어갑니다. 십우도에 나와 있는 바로 그 그림이죠. 청련암의 그림도 아잔 브람이 설명하는 단계적 방법과 거의 유사합니다. 생기호흡관을 통하여 영육일치관의 단계에서 완벽한 보름달의 형상을 얻습니다.

그리스의 수행자 다스칼로스도 이 보름달 형상을 얻는 게 수련의 가장 큰 목적이라고 했습니다. 동서양을 막론하고 이 보름달을 얻는데 호흡이 아주 중요한 역할을 한다는 사실도 알 수 있습니다. 그래서 국선도를 비롯한 선도(仙道)의 수련은 다른 건 모두 제쳐두고 오로지 호흡에만 집중했던 것입니다. 결론적으로, 세상의 모든 수련과 세상의 모든 종교의 목표는 보름달을 얻는 것이고 어떻게 하면 그곳에 가장 빨리 효과적으로 도달하느냐의 경쟁이었습니다.

어느 수행이 가장 효과적이고 빠를까요? 각자의 장단점과 지역의 기후에 따른 차이가 있지만 제 경험의 결과로 판단하면 파라마한사 요가난다께서 설립하신 자아실현협회(SRF)의 크리야 요가입니다.^{※주30)}

물론 크리야 요가도 호흡법입니다. 호흡을 통하여 자신을 정화하고 나중에는 보름달을 얻는 것이죠. 그런데 여기서 이야기하는 크리야 요가는 일반에게 공개되어 있는 크리야 요가가 아닙니다. 그것은 철저하게 외부에 노출을 금하고 있으며 크리야를 전수받은 회원이 다른 회원에게 전수하는 것도 엄격하게 금지하고 있습니다.

오로지 미국과 인도의 두 나라에 있는 본부에서만 크리야의 비법을 전수합니다. 전 세계적으로 크리야 요가를 수련하는 사람은 수만 명입니다. 그러나 아쉽게도 보름달을 성취하는 경우는 매우 드뭅니다. 크리야 요가가 가장 빠르고 효과적인 방법이긴 하나 최소 5년 이상의 단전호흡 수련이나 하타요가 수련의 기초가 없으면 아무 소용이 없는 단점이 있습니다. 그냥 겉모습만 따라하고 있을 뿐이죠.

자, 그런데 이쯤에서 반드시 공부 조금 했다는 사람들이, 또는 마음공부를 많이 했다는 사람들이나 스님들이, 그것은 모두 대상이 있고 아상이 있고 에고가 있고 아직 깨달음이 부족하기 때문이고 모든 것은 마음이 만들어 내는 것이므로, 이 모든 것이 허상이므로, 너는 나보다 한참 부족하므로, 이제라도 그런 잡다한 잡념들을 쓰레기통에 버리고 좋은 말로 할 때 더 닦아 보세요...... 이렇게 충고하는 사람이 꼭 있습니다. 사실은 많이 있습니다.

그러나 그분들도 화엄경의 원래 이름은 대방광불화엄경(大方廣佛華嚴經)인데 '대방광' '불화' 이런 표현들이 빛의 실체를 묘사한 것임을 모르고 있죠. 그건 그냥 부처님의 진리를 과장되게 표현한 것에 불과하지 그 단어 자체에 어떤 단서나 의미가 있을 것이라고는 절대 생각하지 않습니다.

부처님의 깨달음을 묘사한 원각경의 원래 이름도 대방광원각수다라요의경(大方廣圓覺修多羅了義經)인데 이것 역시도 둥근 원을 깨닫는다는 것이죠. 절에 가면 쉽게 볼 수 있는 십우도의 그림 마지막에 둥근 원이 등장하는 데 그것까지도 그냥 실체가 아닌 상징이라고 생각하죠. 모든 것이 실재하는 원이고 빛인데 이 모든 것을 그냥 하나의 상징으로만 치부한다면 이것이야말로 모래로 밥을 짓는 것이나 다름없죠. 아무리 애써 불을 때도 모래가 밥이 되는 법은 결코 없습니다. 물리적으로 불가능하단 얘기죠.

원각사에서 원각경(圓覺經)을 만나다

한 달 전이었습니다. 오랜만에 청련암에 들렀더니 종무를 보는 보살님이 어쩐지 눈에 익어 혹시 아직도 청련암에 양익스님의 제자가 계시냐고 물었습니다. 보살은 이 절에는 양익스님의 무술제자가 없다며 대뜸 해운대 원각사 안도스님의 전화번호를 적어 주셨습니다.

그런데 기대하지 않았던 곳에서 귀한 인연을 만나게 됩니다. 안도스님으로부터 양익스님에게 무술을 배웠던 이야기와 벽화를 그렸던 이야기를 들었는데 양익스님은 신도들에겐 자상했지만 제자들에겐 매우 엄격하셔서 조금이라도 게으르면 소위 뺏다를 치셨다고 합니다.

곧 이어 절 안내를 해주셨는데 무술을 수련하는 건물의 서가 한쪽에 뿌연 먼지를 뒤집어 쓴 검은색 책이 눈에 들어 왔습니다. 바로 '원각경'이라는 경전입니다. 그리고 보니 절 이름이 원각사가 된 이유도 바로 이 원각경에서 유래된 듯 보였습니다. 스님께 절이 얼마나 되었냐고 물으니약 50년쯤 된 절이라고 했습니다. 집으로 오자마자 당장 원각경을 주문했죠. 원각경에는 이렇게 씌어 있었습니다.

문수사리보살이 대중 속에서 있다가 얼른 자리에서 일어나 부처님 발에 이마를 대고 절을 올린 뒤 여래께서 최초에 마음을 내어 실천하신 청정한 수행법을 말씀해 주시기를 요청하였고 이에 세존께서 부처가 된 수행법을 말씀하시는데,

"善男子야 無上法王이 有大陀羅尼門하니 名爲 圓覺이니
 (선남자여, 무상법왕이 커다란 다라니 관문을 가지고 있는데 이름이 원각이니)

流出一切淸淨한 眞如의 菩提와 열반과 及波羅密하여 敎授菩薩하나니
(청정한 진여와 보리와 바라밀을 흘려보내 보살을 지도하나니)

一切如來本紀因地가 皆依圓照 淸淨覺相하여
(일체 여래들께서 하신 근본적인 수행은 모두가 동그라미를 관조하여 청정한 상을 깨닫는데 있으며,)

永斷 無明 하여야 方成佛道하나니라
(이런 수행을 통하여 무명을 영원히 끊어야 마침내 불도를 완성한다.")

이렇게 직접적으로 둥근 원을 표현했는데 공부하는 스님들은 이 내용을 어떻게 받아들였던 것일까요? 그냥 하는 이야기로 넘기고 오로지 모

두가 마음공부이며 아상을 버려야 한다며 끙끙 앓고 있었던 것일까요? 그렇게 억지로 해서 마음으로 벗으면 벗어지는 것일까요. 분명히 더 이상 높은 왕이 없는 무상의 법왕이 커다란 다라니 관문을 가지고 있다고 했는데 이것을 실재하는 다라니 관문이 아니라 공부의 통과의례를 상징하는 것으로만 받아들입니다. 모르는 것이 있으면 분명히 의심하여 달려 들어야 하는데 말이죠. 공부를 위해 속세의 모든 것을 버리고 희생하여 산문에 들어갔는데 이렇게 허술하게 공부해서 도대체 무엇을 얻겠다는 것일까요?

"선남자여, 여래가 최초로 마음먹은 수행의 방법에 의해 원각을 수행하는 사람이 만일 이것이 허공 꽃(空華)인 줄 알아차리기만 하면 바로 윤회에서 벗어나고, 또한 몸과 마음이 생사의 고통을 받지 않는다. 그런데 그 고통이란 인위적으로 없애서 사라지는 게 아니다. 왜냐하면 본성이 없기 때문이다.

그런데 인지하고 지각하는 작용도 허공처럼 실체가 없고 허공처럼 실체가 없는 줄 아는 인지작용 역시 허공에서 생긴 꽃처럼 실체가 없다. 그렇다고 해서 또한 인지하고 지각하는 작용이 없다고 말할 수도 없다. 있다느니 없다느니 하는 생각을 둘 다 버릴 때 청정한 원각과 하나가 된다.

왜 그런가? 원각은 허공처럼 본성이 없기 때문이다. 항상 움직이지 않기 때문이다. 여래장 속에는 생성과 소멸이 없기 때문이고 인지작용과 지각작용이 없기 때문이며, 법계의 성품처럼 궁극적이고 완전하게 모든 시간 속에 항상 존재하여 시방에 가득하기 때문이다."

대개가 윗글에서 중간의 과정을 잊어버리고 마지막 말 "원각은 허공처럼 본성이 없다"는 말에만 꽂혀 모든 것이 본성이 없구나, 진리라는 게 정말 간단하구나, 그렇게 이해하고 그것으로 전부를 깨달은 양 다른 사람에게 강요하기도 하고, 자신은 깨달았노라, 더 이상 이해 못할 진리가 없는 것인 양 의기양양 착각 속에 살게 됩니다.

진리가 이렇게 쉽게 깨달을 수 있는 것일까요? 이상하지 않습니까? 이렇게 물으면 그들은 또 그렇게 대답합니다. 석가모니 부처님께서 바른 방법으로 공부하면 10일 만에도 단박에 깨칠 수 있다고 했는데 네가 뭐라고 따지냐, 네가 석가모니 부처님보다 똑똑해?

자, 이러시면 곤란합니다. 이런 식으로 부처님의 모든 경전을 보면 별로 할 것도 없고, 별로 차이도 없습니다. 모두가 비슷한 소리입니다. 오로지 본성은 아무것도 없는 것이니, 아무것도 없다고 생각하는 것도 잘못된 것이니, 그러므로 깨닫겠다고 하는 것도 잘못된 것이니, 깨닫는 것도 없다고 생각하는 것도 잘못된 것이니, 등등등…… 이런 얘기 자체에 빠져 뱅뱅 맴돌아서는 아무것도 이루지 못합니다. 달을 보라는데 달을 가리키는 손가락을 보면 아무런 답을 얻지 못합니다.

왜 공화(空華)라고 하는지, 공화라고 하여 그냥 상상 속 이야기로 넘겨 버리면 한 발짝도 전진하지 못한 것임을 깊이 생각해봐야 합니다.

모든 생각을 완전하게 비워야 떠오르는 것이기에 공화라고 하는 것입니다. 보겠다고 달려 들면 코빼기도 보지 못하기 때문에 마음을 비우라고 하는 것입니다.

비웠을 때 비로소 나타나는 것이죠. 죽어야 사는 남자처럼 참으로 아이러니하죠. 수행의 실천을 대표하는 보현보살이 묻습니다. 무엇이 손가락이고 무엇이 달인지 잘 보셔야 합니다.

"세존이시여! 중생들이 무명(無明)이 허망한 것임을 알기만 하면 무명에서 벗어난다고 하셨는데, 허망함을 아는 제 자신의 몸과 마음도 허망한데 어떻게 허망한 주체가 허망한 대상을 닦아 없앨 수 있습니까?

또 만일 허망한 성품이 다 없어졌다면 곧 마음이라고 할 것도 없을 것인데 그렇다면 수행의 주체는 누구이기에 도리어 일체를 허망하다고 알아차리는 수행을 하라고 하십니까?

그렇다고 중생들이 아예 수행하지 않는다면 생사 윤회하여 허망한 경계에 안주하면서도 그것이 허망한 것인 줄 끝내 알아차리지 못할 거고, 그렇게 망상이 들끓는 마음에서 어찌 벗어날 수 있겠습니까?"

위 보현보살의 물음이야말로 우리가 머리로 경전을 이해했을 때 빠져나오지 못하는 바로 그 경계입니다. 그런데 보현보살의 물음에 대한 부처님의 답변도 마찬가지입니다. 이것을 머리로 이해하려고 하면 전혀 엉뚱하게 해석해 버립니다. 최근에 외국에서 굉장히 유명한 분이 원각경을 강의한 책이 있다고 하여 구입해 읽은 적이 있는데 나는 깜짝 놀랐습니다. 그는 원각경을 전혀 다르게 해석하고 있었습니다. 그래서 왜 이런 결과가 나왔을까 궁금해 그가 발간한 책들을 몇 권 더 구입해 꼼꼼하게 읽어 보았습니다.

역시나 내 예측이 맞았습니다. 그가 쓴 다른 책에서 자신은 티베트에서 밀교를 배웠지만 쿤달리니를 믿지 않는다고 썼습니다. 그는 매우 솔직한 사람이었습니다. 그 솔직함과 두루 섭렵한 경험과 탁월한 기억력이 그 사람을 세계적인 명사로 만들었습니다.

그러나 그는 많은 수련법의 경험과 쌓은 학식에도 불구하고 결론적으로 쿤달리니를 경험하지 못한 사람이었습니다. 쿤달리니가 가동되지 않으니 공화(원각)가 떠오르지 않았고, 원각경을 실체가 아닌 전혀 다른 뜻으로 해석할 수밖에 없었던 것입니다. 경험 없이 머리로만 이해하려고 하면 모든 게 공하다는 꽃의 블랙홀에 빠져 버립니다. 인도의 라마크리슈나는 한 번도 제대로의 교육을 받지 못했지만 쿤달리니의 존재를 분명하게 체험해 세계가 존경하는 최고의 요기에 등극했습니다.

원각경은 허공의 꽃 공화(空華)에 대한 설명이지 공화가 없다는 뜻이 아닙니다. 그러니까 원각경은 허공의 꽃(空華)을 보는 사람을 대상으로 강의한 것입니다. 즉 명상의 마지막 단계에서 떠오른 공화를 어떻게 뛰어 넘어 마지막 무한의 세계에 다다르느냐에 대한 가르침입니다. 그러나 이 단계에 오르지 못한 사람이 원각경을 읽게 되면 전혀 다른 뜻으로 해석하는 오류를 낳습니다. 허공의 꽃을 볼 수 없는 사람이 원각경을 해석하는 것은 마치 히말라야 정상에 오르지도 못한 사람이 정상에서 내려오는 과정을 설명하는 것이나 다름없습니다.

내가 본 원각을 갖고 세상의 고수들을 찾아갔지만 그것에 대해 정확히 얘기해 주는 사람은 아무도 없었습니다. 그저 그런 것은 모두 허상이니 모든 생각을 비우고 기본에 충실해 수행만 열심히 하면 된다고 했죠. 모르면 모른다고 해야 죄를 짓지 않는데 말이죠. 아니죠. 그분들은 자신들이 절대 모른다고 생각하지 않았기 때문에 그렇게 답변했던 것입니다.

그런데 딱 한분 계셨죠. 그분에게 강의 중간 쉬는 시간에 지나가는 말로 슬쩍 물었죠. 모른 척 슬쩍 물은 건 대놓고 물으면 서로 곤란하기 때문이라 그랬습니다. 50년을 수련했다고 하지만 이 분도 역시 뭘 알겠나 하는 그런 기대 없음, 또는 내 자만심이기도 했습니다. 그런데 이 분이 씩 웃으시며 내 아래 위를 살핍니다. 짜식, 뭘 그 정도를 갖고 재느냐는 표정이셨죠. 그러시더니 부산사투리로 대뜸,

'몇 개로 보이더나?'

'예?'

'몇 개로 보이느냐고?'

'몇 개라뇨?'

'한 개 밖에 없던데요? ^^;;'

'흥, 내 그러면 인가를 못하지.'

'인가라뇨?'

'그게 너의 본성이고 그걸 견성(見性)이라고 하는 거다. 그러나 아직 멀었다. 더 해봐라.'

'예?……'

무술가들의 도장깨기처럼 지구를 돌아다니며 하늘처럼 높았던 내 자만심은 크게 한방 맞고 나가 떨어졌습니다. 맞습니다. 그건 끝이 아니라 시작에 불과했죠. 세존의 말씀처럼 원각의 관조 수행을 통하여 무명을 계속적으로 끊어 나가야 비로소 마지막에 닿을 수 있었습니다. 무명이 사라지면 오히려 원각이 충만해집니다. 이것은 상징이 아니라 실제입니다. 그러나 이것이 상징이라는 착각이 수많은 오류를 불러일으킵니다. 도대체 이 이상한 원리를 어떻게 말로 할 수 있겠습니까.

그래서 밀교라는 형식이 필요했습니다. 석가모니 부처님이 꽃을 들었을 때 마하가섭 존자만이 미소를 지었죠. 다른 사람들도 똑같이 법문을 들었고 부처님의 직접 가르침으로 수십 년간 똑같이 열심히 공부를 했건만 부처님이 꽃을 들었을 때 마하가섭 존자만이 알아들었죠.

석가모니 부처님은 비밀로 할 의도가 전혀 없었지만 결과적으로 이해 수준의 차이 때문에 마하가섭만이 법을 이해했죠. 즉 알아듣는 수준과 이해의 폭이 다르기 때문에 공장에서 만들어 모두에게 파는 물건처럼 공동에게 전해질 수 없어 이해할 수 있는 소수에게만 전해져 자연스레 밀교가 된 것이죠.

　부산에 티베트 사원이 있는데 그곳에 쫑가파의 종정을 지내셨던 고승이 오셔서 말씀하시기를 '밀교는 상근기를 지닌 사람을 위해 진해지는 수련법'이라고 하셨습니다. 약간은 밀교를 현교보다 더 나은 방법이라는 아만과 추종자들에게 자부심을 갖게 하려는 목적도 있었을 것입니다. 그렇다고 현교를 따르는 사람들이 모두 하근기고 밀교를 따르는 스님들은 모두 상근기라면 항의가 빗발치겠죠. 물론 저도 이런 구분에는 동의하지 않습니다.

　양익스님께서는 청련암의 주지셨지만 생전에 제자와 신도들을 모아놓고 단 한번도 법문을 하신 적이 없었다고 합니다. 겸손과 자만의 엄격한 경계셨겠지만 그것 때문만은 아니었을 것입니다. 대중을 모아놓고 벽화의 그림을 설명하는 법회를 열었다면 어땠을까요? 알아듣는 사람이 있었을까요? 이단이라며 괜한 오해만 불러일으키지 않았을까요? 무술을 가르치는 것만으로도 절에서 쓸데없는 걸 가르친다고 많은 손가락질을 받았을 것입니다.

　석가모니 부처님도 진리를 깨치고 나와 대중들에게 들뜬 마음으로 화엄경을 강의하셨죠. 그런데 당연히 모두 알아듣고 깨달을 줄 알았는데 아무도 알아듣지 못했죠. 그래서 49년간 기초부터 차근차근 설법하셨고 해인사에 8만이나 되는 대장경으로 남았죠. 그러나 그렇게 오랜 기간 많은 말씀을 하셨음에도 진리를 깨친 사람은 극소수에 불과했죠.
　그래서 양익스님은 그림을 택하셨는지도 모릅니다. 그림은 눈에 보이기 때문에 분명하죠. 오해의 소지가 글자보다 훨씬 적고 해당 단계에 있는 사람에게는 이보다 더 쉽고 직접적인 게 없기 때문입니다. 법문은 하지 않으셨지만 누구보다 큰 목소리로 30년 동안 청련암에서 목소리를 높이고 있으셨던 셈이죠. 안 들리신다고요?

11
전자유가(轉字瑜伽)

『내 자성(自性)이 본래 청정하다는 사실을
　어찌 짐작이나 했겠는가.
　내 자성이 본래 생멸이 없다는 사실을
　어찌 짐작이나 했겠는가.
　내 자성이 본래 모든 것을 갖추고 있었다는 사실을
　어찌 짐작이나 했겠는가.
　내 자성이 본래 아무런 동요가 없다는 사실을
　어찌 짐작이나 했겠는가.
　내 자성이 능히 일체만법을 만들어낸다는 사실을
　어찌 짐작이나 했겠는가.』 － 육조혜능

　이제부터 벽화는 차원이 다른 단계로 들어갑니다. 그 동안의 벽화가 사람이 주제였다면 이번 그림의 주제는 금강저입니다. 그리고 잘 보시면 아래 그림의 얼굴이 바뀌었습니다. 즉 사람이 보살로 바뀌었습니다. 이건 아주 중요한 변화를 상징합니다.

전자유가(轉字瑜伽)

　아무튼 벽화의 보살이 들고 있는 금강저는 두 개입니다. 하나는 산스크리트어 위에 있고 하나는 왼 손에 들고 있습니다. 산스크리트어가 '옴' 자인지 다른 어떤 글자인지 분명하지 않지만 '옴' 글자 같은데 인도의 산스크리트 전문가인 라제쉬 교수는 가슴을 뜻하는 산스크리트어 '훅'의 약자로 추측된다고 합니다.

　금강저는 여러 가지 기능이 있습니다. 고대 인도에서 사용되었던 무기라고 하는데 신화에 제석천이 아수라와 싸울 때 코끼리를 타고 금강저를 무기로 삼아 아수라를 물리쳤다고 합니다. 이후 밀교에서 진언(眞言)을 외며 청정한 지혜 광명을 발현하는 도구로 사용되었습니다. 티베트의 스님들도 일정한 단계를 지나면 금강저를 수여하는 의식을 치르며 의사가 병에 걸린 사람을 치료하는 의식에도 사용합니다. 이 그림은 금강저의 부력 위에 완전하게 올라앉아 왼 손에 금강저를 들고 오른 손바닥으로 대상을 비추며 상대를 자신감 있게 주시하고 있습니다.

앞에서도 언급했지만, 이 벽화에서 특별한 점은 단연 위칸 그림의 인물이 아래 그림으로 내려와 있다는 것입니다. 즉 이번 벽화는 아래 위 그림에 등장하는 인물이 복장만 달리했을 뿐 동일한 인물이라는 것입니다. 눈썰미 있는 분들은 발견했겠지만 청련암 본당의 전체 벽화에 등장하는 인물은 단 두 명입니다.

법당 삼면을 둘러싸고 있는 벽화는 아래와 위 쌍으로 그려져 있는데 위 칸에 등장하는 인물은 얼굴이 통통하고 눈썹 끝이 위로 올라가 있어 전반적으로 인도인에 가깝고, 아래 칸의 그림은 얼굴이나 몸의 형태로 봤을 때 한국인에 가깝습니다. 또 위 칸의 인물은 굉장히 화려하고 광배도 크고 밝아 이미 보살의 경지에 오른 인물인데 반해 아래 칸의 인물은 배광도 없고 아직은 완전하게 깨치지 못한 인간이라 위 그림에 비해 소박하고 현실적입니다.

두 인물이 각각의 단계별로 옷을 바꿔 입는 식인데 이 벽화에서는 갑자기 위 칸의 인물이 아래로 내려와 있습니다. 그냥 아무 생각없이 이렇게 그리진 않았을 것입니다. 즉, 이 단계에서 드디어 아래 칸의 사람이 보살의 경지가 된다는 것입니다. 신(神)과 사람(人)의 합일이 이뤄졌다는 것이죠.

나는 이 그림을 보고 인도 힌두교 신(神) 중에 가네샤라는 신(神)이 떠올랐습니다. 가네샤는 코끼리 머리를 하고 팔이 네 개 달린 신인데 덩치에 맞지 않게 아주 작은 쥐를 타고 있습니다.

쿤달리니 파워

지금까지와는 달리 수행자에게 갑자기 금강저라는 무기가 등장했습니다. 초보자의 단계에서는 필요 없었던 무기가 왜 일정한 단계가 지나서 필요해지게 된 것일까요? 여기에는 두 가지 이유가 있다고 봅니다. 하나는 초보자는 이러한 도구를 줘도 사용이 불가능하고, 통제할 수 없으니 오히려 짐만 될 뿐이죠.

그리스의 다스칼로스나 영국의 다비드 넬 여사가 언급했듯이[※주31] 금강저를 사용할 수 있으려면 마음으로 빛을 모으고 그 빛으로 금강저에 힘을 불어넣을 수 있는 수준이 되어야 합니다. 정신력이 고단계로 발전한 수련자는 이러한 도구의 사용이 가능합니다. 그리고 끊임없이 침입하는 악한 기운들과 어두운 인연들을 몰아내기 위한 방법이 있어야 합니다.

벽화에는 두 개의 금강저가 등장하는데 자세히 보면 연화좌 밑에 있는 금강저는 4고저이고 연화좌 위의 보살이 왼 손에 쥐고 있는 금강저는 5고저입니다. 4고저가 상징하는 것은 사방의 네 부처로 동쪽의 아촉불, 남쪽의 보생불, 서쪽의 아미타불, 북쪽의 불공성취불을 상징합니다. 5고저는 사방의 부처에 중앙의 비로자나불이 추가된 것인데 티베트에서는 다섯 방향의 부처님, 즉 오방불(五方佛)이라는 표현입니다.

오방불은 각각의 방위에 따라 다른 부처가 있다는 것인데 그렇다면 방위는 과연 어떤 의미가 있는 걸까요? 일반인들에게는 아무 것도 아닌 것처럼 보이는 방위는 사실 매우 중요한 의미가 있습니다.

금강등보살(金剛燈菩薩)

　국선도 수련에서도 방위는 매우 중요합니다. 초보자는 어느 방향이나 크게 개의치 않지만 고수가 되면 잠자리에 들 때도 반드시 머리를 서쪽에 두고 잠을 자야 합니다. 행공을 할 때도 반드시 동쪽을 등지고 서쪽 방향으로 앉아서 호흡을 하게 하죠. 초보자는 느끼지 못하지만 기감이 발달하게 되면 어느 방향으로 앉느냐에 따라 몸에 느끼는 기운이 다릅니다.

자아실현협회(SRF)의 크리야 요가도 마지막 크리야 수행은 반드시 북쪽의 방향을 향해 앉아서 행하라고 합니다. 불교에서 북쪽은 불공성취불이 있는 방향입니다. 하도의 낙서도 방위에 따른 숫자와 상징하는 개념이 다르며 매우 중요합니다. 이는 지구의 자전방향과 태양의 위치 그리고 북극성의 위치와 밀접한 연관이 있습니다. 인체는 우주의 축소판이자 우주의 기운과 밀접하게 맞물려 돌아가는데 수련자가 방향을 주의 깊게 이용해야 하는 이유도 바로 거기에 있습니다.

벽화 위 칸의 그림은 금강등보살입니다. 오른쪽에 밝게 빛나는 등을 들었습니다. 등은 어둠을 몰아내고 음습한 기운을 물리치는 기능을 하는데 아래 그림에 나오는 금강저의 효용과 비슷한 의미입니다.

나는 "전자유가" 그림을 해석하기 위해 두 권의 책을 따로 사서 읽었습니다. 바로 "유가"라는 글자 때문입니다. 그런데 복잡하게 생각할 필요가 없었습니다. 여기서 유가의 의미는 "요가"라는 말입니다. 비슷한 한자말을 찾다보니 그렇게 된 것입니다. "유가행"이라는 말은 요가를 실천한다는 말이 됩니다. 그런데 간단하지만 '유가행 유식사상'이라는 말로 넘어가면 조금 복잡해집니다. 의식에는 여덟 가지 의식이 있고 각 의식의 뜻과 분류에는 각자의 다양한 주장이 있습니다. 중요한 것은 청련암의 이 그림이 인도의 요가를 설명하고 있다는 것입니다.

인도와 소

여기 소(牛)라는 동물이 있습니다. 소는 불교에서 깨달음의 세계로 이끄는 중요한 동물로 대한민국의 절(寺) 어디에서나 쉽게 접할 수 있는 벽

우리를 브라마사원으로 안내하는 흰 소 ⓒ서창덕
약간 오르막길을 숨을 헐떡이며 앞장서 오르고 있다.

화 십우도(十牛圖)의 주인공이죠.

인도에 가면 소는 절(寺) 뿐만 아니라 어디에나 있습니다. 심지어 고속도로 위에도 있습니다. 우리나라 경부고속도로 한복판에 한가로이 똥을 싸고 있는 소가 있다고 생각해 보세요. 상상이 가십니까? 나는 고속도로 위를 달리는 택시 앞좌석에서 졸고 있었는데 눈을 떴더니 소가 똥을 싸고 있었습니다. 꿈이라고 생각했지만 현실이었습니다. 나는 기겁을 했지만 택시 운전수는 눈도 깜짝하지 않고 자연스럽게 소를 피해갔습니다.

인도의 소는 어디에나 있습니다. 인도는 소를 매우 신성시합니다. 사람을 죽이는 것보다 소를 죽였을 때의 벌이 더 크다고 합니다. 한국도 소를 좋아하는데 이유는 전혀 다르죠. 우리가 좋아하는 것은 소의 고기입니다.

그런데 소는 정말 신성한 동물일까요?

잘 알고 계실 테지만 소는 실제의 동물이 아니고 상징입니다. 잡념이라고 해도 무방할 것이지만, 보다 더 정확히 표현한다면 잡념에 사로잡혀 이리저리 끌려 다니는 자아입니다. 그런데 이놈의 잡념을 통제하기가 정말 어렵습니다. 마치 기운이 센 소 같습니다.

소를 죽여 버리면 간단하겠지만 소를 죽인다고 해결이 될 문제가 아닙니다. 소를 죽이면 본인도 죽습니다. 소는 잡념이지만 본인의 일부이기 때문입니다. 그러니 소를 잘 길들이고 훈련시켜야 합니다. 이 소를 타고 이 소를 이용하지 않으면 신이 있는 저 먼 곳에 다다를 수 없습니다. 십우도에 나오는 흰 소라고 하는 것은 내가 나의 잡념을 완전히 통제할 수 있는 경지를 말합니다. 그런데 사실 소는 진짜 신성한 동물일지도 모릅니다. 인도에서 실제 겪었던 일인데 지금 생각해도 정말 신기합니다.

우리는 브라마쿠마리스를 비롯해 70여 개의 사원이 모여 있는 신성한 아부산(Abu-mountain)으로 가는 도중에 푸쉬카르에 있는 브라마사원에 들르기로 했습니다. 사원이 있는 마을 입구 주차장에 차를 세우고 그곳부터 우리는 걸어서 브라마사원으로 향했습니다. 이런저런 주위의 풍경들을 보며 약간 오르막길을 올라가고 있었죠.

그런데 언젠가부터 좁은 골목길을 따라 사원으로 올라가는 우리 앞에 흰 소 한 마리가 자꾸 우리보다 앞서 갔습니다. 혹시 앞에서 똥을 싸든지 돌아서 뿔로 받을까봐 아예 앞질러 가자는 생각에 걸음을 빨리했더니 어라, 이놈도 걸음을 빨리합니다. 소는 마치 약속시간에 늦기라도 한 것처럼 보폭을 빨리하며 서둡니다. 그렇게 앞서 올라가려고 하니 오르막이라 힘든지 숨소리도 식식 거립니다. 나는 인도에 와서 이렇게 빨리 걷는 소를 한 번도 본적이 없습니다. 길에 머무는 모든 소들은 멀뚱히 서 있거나 느릿느릿 걷습니다.

사람들이 소를 신성시한다는 것을 그들은 잘 알고 있었습니다. 한가로이 걷다가 바삐 움직이는 사람들이 한심하다는 듯이 쳐다보던 소들이었

잠자지 않는 성자 람 고팔이 명상한 장소. 그가 명상할 때면 마을 전체가 환하게 불꽃에 휩싸일 정도로 강력했다고 하는데, 지금은 소가 차지하고 있다. 포즈를 취하라고 했더니 카메라를 바라보던 아주 온순한 소였다.

는데 이렇게 바삐 걸어가는 소는 처음입니다. 그제야, 아하 이 친구가 우리를 안내하러 왔구나 싶어 그럼 앞장서서 가라고 했더니 진짜 소는 성큼 성큼 앞장서 갑니다. 웃자고 한 말인데, 설마, 진짜 말을 들을 줄이야. 그래도 우연이겠지 생각했습니다. 그럴 리가 없지 않습니까. 그래봤자 우리나라에서는 돼지고기보다 비싼 소고기인데 말이죠.

우리 앞에 앞장 서 걸어가는 소는 흰 소였습니다. 우리나라에도 박범신이 쓴 소설에 '흰 소가 끄는 수레'라는 제목의 소설이 있었습니다. 인도에서 흰 소는 특히 신성시 되는 소입니다. 카스트제도가 아직도 남아 있는 인도는 소에도 신분이 있습니다. 어떤 소는 집에서 일도 하지만 흰 소는 비슈누가 타고 다니고 소의 몸에 신들이 산다고 하여 매우 신성시 합니다.

　내가 인도에 와서 가장 마음에 들지 않았던 게 바로 길거리에 위험하게 돌아다니는 짐승들입니다. 길 위에 마음대로 돌아다니는 동물만 없었다면 인도는 지금보다 훨씬 더 발전할 수 있었을 것입니다. 짐승들만 아니었으면 1년에 교통사고로 10만명씩 죽지 않았을 것입니다. 나는 인도에 와서 거리의 동물들이 제일 거슬렸고 그 중에서도 제일 불만이 저 소들이었는데 지금 우리 앞에 저 흰 소는 소의 대표로서 뭔가를 보여주려 하고 있습니다.

　바삐 앞장서 올라가던 소는 정확하게 우리가 가고자 하는 사원의 문 입구에 우뚝 섰습니다. 기도를 올리는 사원들은 그 곳 말고도 몇 곳이 더 있었는데 그 소는 우리가 예약한 바로 그 사원 앞에 미리 가서 기다리고 있었습니다. 그래, 고맙다하며 등을 두드려 주자 뭘 이 정도 하는 표정으로 멀뚱히 먼 곳을 보더니 가쁜 숨을 고르고는 천천히 자기 길로 갑니다. 소의 보폭은 다시 보통의 소처럼 느려졌습니다. 우리를 목적지로 데려다 주는 것 외에 특별히 약속이 잡혔던 게 아니었다는 듯이.

　흰 소가 데려다 준, 세계유일의 브라마사원이라는 그곳에서, 나는 무심코 호수에 발을 담갔다가 무한한 우주의식을 체험합니다. 그건 마치 스타워즈가 다른 차원의 우주로 날아가서 구멍을 빠져나오면 갑자기 광활한 우주가 펼쳐지는 것과 비슷한 느낌이었습니다. 우리는 흰 소가 끄는 수레를 탔던 셈입니다.

　그렇다고 모두가 우주의식에 도착한 건 아니었습니다. 흰 소는 비슈누가 타고 다니고 크리슈나는 비슈누의 화신이며 크리슈나는 신의 의식 그리스도입니다.

12 오륜탑(五輪塔)

　청련암 벽화 중에서 가장 아름다운 그림을 꼽으라면 바로 이 그림입니다. 이 오륜탑은 말 그대로 다섯 개의 다른 모양과 색깔로 구성되어 있습니다. 물질세계를 이루는 지수화풍 그리고 정신의 영역인 공을 추가하여 지수화풍공(地水火風空) 이렇게 다섯으로 이루어진 탑을 오륜탑이라고 하는데 일본에서 발달한 이론입니다.

　그런데 이 탑은 기존의 오륜탑과 약간 다릅니다. 이 약간 다름에 엄청난 이론과 비밀이 숨어 있습니다. 비슷하지만 약간 다른 차이에 양익스님의 깊은 안목과 주장이 담겨 있습니다. 그것이 곧 양익스님의 귀중한 가르침이기도 합니다.

　스님은 평소에 아주 과묵하셨다고 합니다. 또 청련암의 주지 신분이었지만 그 흔한 법회 한번 열지 않을 정도로 겸손했습니다. 혹여나 부처님의 경지에도 못간 주제로 털끝만큼의 실수를 해서는 안 된다는 강한 경계심이 이유였다고 하는데 너무 큰 겸손이 아니었나 싶습니다. 스님께서 너무 과한 겸손을 가지신 바람에 후학들이 따라가기가 너무 힘이 듭니다.

오륜탑(五輪塔)
지수화풍공(地水火風空) 다섯을 오륜이라고 한다. 일본에서 발달한 이론.
수화기제(水火旣濟)의 원리가 숨어 있다.

　세상은 가만히 있어야 할 사람은 너무 떠들고 오히려 많은 얘기를 했으면 하는 사람들은 너무 과묵합니다. 그래서 세상은 더욱 나쁜 쪽으로 기웁니다. 가끔 티브이를 켜면 목사나 스님들이 아예 잘못 판단하고 있는 것들을 자신 있게 교육하고 주장하고 계신데 사실 그런 것들은 큰 죄를 짓는 것입니다.

양익 스님은 너무 큰 겸손 탓에 남긴 자료가 빈약합니다. 겸손하셨고 도력을 드러내려 하지 않았기 때문에 제자들이나 후학들은 스님을 이해하지 못했습니다. 벽에 그린 그림으로 자신의 도력을 고스란히 드러냈지만 그림을 제대로 이해하는 사람이 없었습니다. 세계 어디에도 없는 귀한 가르침인데 보존상태가 좋지 않아 매우 안타깝습니다.

단 한 번의 대중법회도 없었지만 스님은 벽화를 통해 자신만의 이론을 펼쳤습니다. 바로 이 벽화 오륜탑이 그렇습니다. 오륜탑의 형태는 기존과 똑같습니다. 그러나 색의 순서가 전혀 다릅니다. 기존의 오륜탑은 토를 상징하는 노란색이 가장 밑에 있습니다. 그러나 청련암의 노란색은 가장 꼭대기에 있습니다. 색의 교체가 무슨 뜻이 있는 것일까요? 그냥 취향일까요? 절대 아닙니다. 스님은 색의 배치는 물론 손가락의 위치 하나에도 뜻을 담았습니다.

토(土)는 음양오행의 원리에서 정신을 상징합니다. 그러니 가장 위에 있는 머리에 노란색의 토가 위치하는 것이 당연하다는 스님의 주장입니다. 그러나 기존의 오륜탑은 가장 밑에 있는 땅을 표시합니다. 이런 식으로 기존의 오륜탑과 여러 차이가 있습니다.

이해가 되시는지요? 전체 벽화의 흐름을 살펴볼까요? 앞의 그림 '전자유가'에서 사람은 보살의 경지에 이르렀습니다. 그리고 '오륜탑' 그림에서 보살도 사라지고 오륜탑만 남았습니다. 오륜탑은 지수화풍공(地水火風空)으로 이루어졌으므로 사람은 보살이 되었다가 다시 원래 왔던 곳으로 돌아갔습니다. 원래 사람은 지수화풍공(地水火風空)에서 왔기 때문에 다시 그 속으로 돌아간 셈이죠. 그렇다고 완전히 분열되어 흩어진 것이 아니고 사람의 의식은 또렷하게 남아 있다는 표시로 얼굴의 윤곽을 그렸습니다. 즉 우주와 일체(宇我一體)가 된 것이죠. 오륜탑에서 사람은 우주와 일체가 되어 완성되었습니다. 이 뒤에 나타나는 그림은 이 그림에 추가

하고 덧붙이는 내용들입니다.

　사실 이 그림에 천국으로 올라가는 계단이 있습니다. 바로 지미 페이지가 부른 stairway to heven 이죠. 사실은 지금까지 아주 어려운 얘기들을 많이 해왔지만 천국을 찾는 방법은 의외로 간단한 곳에 있습니다. 역설적이지만 바로 지옥을 이용하는 방법입니다.

　즉 지옥으로 가는 길의 정반대의 방향으로 가면 그곳에 천국이 있습니다. 쉽게 말해 아인슈타인의 상대성 원리를 이용하는 겁니다. 재미있는 이론이지 않습니까. 농담하지 말라구요? 아닙니다. 절대 농담이 아닙니다. 지옥은 현재 대부분의 사람들이 살아가고 있는 방향의 끝에 있습니다. 즉, 이대로 살아가는 사람들의 대부분이 마지막에 닿는 곳은 지옥입니다. 이 말에 뭐야? 나는 분명 천국의 문을 향해 다가가고 있는데 라고 생각하는 사람들은 화를 낼지도 모릅니다. 그러나 죄송한 말씀이지만 그렇게 해서는 천국의 근처에도 이르지 못합니다.

　물론 과거 많은 죄를 지었거나 현재 짓고 사는 사람들은 당연히 1순위 지옥행입니다. 그분들은 인생 한 번 왔다 가면 끝인데 지옥 따위가 어딨냐며 내키는 대로 살고 계신 분들이라 지옥이 닥쳤을 때 충격이 매우 큽니다. 2순위는 그냥 평범하게 살아가는 대부분의 사람들처럼 적당히 선을 행하고 적당히 악을 행하며 그럭저럭 살아가는 사람들입니다. 충격적이겠지만 이분들도 거의 지옥행입니다. 다음은 열심히 교회나 절에 다니며 가족들이 잘되고 나도 잘 되라고 기도하시는 분들입니다. 이분들도 실망이 크시겠지만 천국에 닿을 수 없습니다. 다음은 이타심으로 여러 선행을 하시는 분들입니다. 이 분들에게는 기회가 있습니다. 그러나 이 역시 확실한 천국행을 보장할 수 없습니다. 천국의 문은 그렇게 쉽게 열리지 않습니다.

　위에서 언급한 여러 삶들이 천국에서 멀어지는 공통의 이유는 바로 인생을 소비하는 소모적인 삶이기 때문입니다. 흔히 오행의 원리에서 상생의 삶이라고도 합니다. 땅에서 쇠가 나오고(土生金) 쇠에서 물이 나오고(金生水) 물에서 나무가 자라고(水生木) 나무는 다시 불이 되고(木生火) 불은 다시 타서 재가 되어(火生土) 땅으로 돌아가는 순서로 진행되는 일반적인 삶의 순환법칙을 상생의 삶이라고 합니다. 이것을 인생으로 빗대면 사람이 태어나 늙고 병들고 죽게 되는 평범한 생노병사(生老病死)의 삶입니다. 의미도 좋고 보기도 좋아 보입니다. 그러나 이러한 소모적인 삶으로는 절대 천국에 이르지 못합니다. 그냥 배터리가 소모되는 것처럼 다 쓰고 나면 끝이죠.

소모적인 삶의 반대방향으로 인생을 살아야 합니다. 그것이 바로 양익스님이 그린 오륜탑에 숨은 원리입니다. 생명을 갖고 태어나 성장하고 병들고 죽어서 땅으로 돌아가는 삶이 아니라 삶이 내려온 근원의 방향으로 다시 돌아가는 삶입니다. 이것이야말로 부모미생전 본래면목(父母未生前 本來面目)의 진정한 의미입니다. 생각만으로 의미를 찾는 화두가 아니라 실제 몸에서 일어나 그렇게 되어야 합니다. 그런데 실제의 방법은 끊어지고 껍데기만 화두로 남았습니다.

침대는 과학이라는 광고처럼 종교는 과학입니다. 종교야말로 과학적이어야 하고 한때는 가장 과학적이었습니다. 근대 산업혁명이 일어나 물질이 급속도로 발전하게 되면서 종교는 비과학의 산물로 밀려나고 미신화 되었습니다. 물질이 우대를 받고 정신은 물질의 부속물로 취급이 됩니다. 그래서 물질은 한번 만들어졌다가 불에 타서 사라지면 끝이니까 사람 또한 한번 살다 가면 끝이라고 생각합니다. 한번 뿐인 인생 남 눈치 보지 말고 자기 마음대로 하고 싶은 거 실컷 해보고 죽자며 경쟁을 벌입니다. 물질의 장악으로 지구가 깊이 병이 들었습니다. 이 병을 치료할 수 있는 건 정신의 회복입니다. 물질을 넘어선 의식의 세계를 봐야 합니다.

이제는 종교가 과학으로 다가가야 합니다. 종교가 얼마나 과학적인가를 증명해 내야 정신이 다시 물질의 우위에 설 수 있습니다. 종교가 얼마나 과학적인가를 증명해 내는 그림이 바로 오륜탑입니다.

오륜탑은 어떻게 천국에 이를 수 있는가를 정확한 공식과 과학적인 이론으로 주장하고 있습니다. 즉 천국에 이르는 길은 태어나 아기가 되고 성장하여 청년이 되고 늙어서 노인이 되어 죽게 되면 비로소 그 영혼이 천국에 가는 구조가 아니라, 거꾸로 노인이 다시 청년이 되고 청년이 아이가 되고 아이가 태어나기 이전의 밝은 영혼이 되어 천국으로 들어간다는 이론입니다. 그래서 양익스님은 기존의 오륜탑의 구조와 색의 상징을 무시하고 전통의 음양오행 원리를 끌어와 맨 위에 영혼을 상징하는 흙(土)을 놓고 상생이 아닌 반대방향인 상극(相剋)의 구조로 오륜탑을 다시 그렸습니다.

수화기제(水火旣濟)

주역의 육십사괘가 오륜탑에서 비로소 완성이 되었습니다. 주역의 육십세 번째 괘는 수화기제(水火旣濟)입니다. 주역의 육십네 번째 괘는 다시 화수미제(火水未濟)입니다. 앞에서 언급했듯이 주역은 육십네 번째 괘인 화수미제에서 시작해 육십세 번째 괘인 수화기제에서 끝납니다. 아직도 이해가 안되신다구요?

오륜탑에서 검은 색 물(水)이 붉은 색 불(火) 위에 올라서 있습니다. 물과 불의 위치가 뒤바뀌었죠. 바로 수화기제(水火旣濟)입니다. 원래 물이 아래에 있어야 하고 불이 위에 있는 것이 자연의 이치입니다. 가벼운 것은 뜨고 무거운 것은 가라앉기 때문이죠. 이를 일컬어 화수미제(火水未

濟)라고 합니다. 아직 제대로의 위치를 찾지 못했다는 의미죠. 수화기제는 비로소 물이 불을 건너가 완성이 되었다는 뜻입니다. 이런 의미로 볼 때 주역을 만든 사람은 분명히 쿤달리니 수련의 이치를 정확히 알고 있었고 그러한 수련의 원리에 기초하여 주역을 만들었을 것입니다.

그렇다면 어떻게 해야 물이 불을 건너 불 위에 설 수 있을까요? 그 방법이 바로 오륜탑의 원리입니다. 상극의 원리죠.

제일 위에 있는 노란색의 원(土)이 아래의 검은색(水)을 위에서 누르며 극(克)하고 있습니다. 토(土)는 위치상 중앙에 위치하며 모든 것을 주재하는 의식입니다. 물(水)은 허리에 있는 신장의 사이에 있습니다. 그래서 의식으로 신장의 사이를 보고 주재하면 물은 수증기로 변해 위로 상승하기 시작합니다. 물이 불을 건너 위로 올라가는 것이죠. 이것이 주역에서 얘기하는 수화기제의 효입니다.

의식으로 신장의 사이를 관(觀)하는 것이 바로 단전호흡입니다. 이것은 매우 중요한 이론입니다. 여기서 딴 생각을 하거나 졸면 곤란합니다. 이해가 안 되면 몇 번이고 다시 해 보셔야 합니다.

물을 움직여 불 위로 올라가게 해야 수화기제인데 사람은 물을 움직일 수 없습니다. 그러나 사람은 불은 움직일 수 있습니다. 불은 의식에 붙어 있기 때문입니다. 의식을 이용해 불을 물 밑에 두면 물은 불의 열에 의해 수증기가 되어 위로 올라갑니다. 가마솥에 물을 넣고 밑에서 불을 피우면 물이 끓어 오르는 것과 같은 이치입니다. 물이 불에 의해 사다리를 타고 천국으로 올라갑니다.

아마 수련을 조금이라도 하신 분들은 비슷한 내용을 많이 들었고 그림으로도 많이 봤을 것인데 바로 이러한 의미입니다. 이것을 이해하는 사람은 천국의 사다리에 한쪽 발을 얹은 분입니다. 이제 부지런히 참고 견디며 올라가면 됩니다.

오륜탑은 인내하는 삶입니다. 자연스럽게 흘러가도록 내버려두는 삶은 쉽습니다. 놀고 싶으면 놀고 놀다가 배고프면 먹고 맛있으면 실컷 먹고 배불러 잠 오면 자고 자다가 보니 자는 게 좋아 실컷 더 자고. 이렇게 마음이 내키는 대로 흘러가는 삶은 쉽습니다. 그러나 그렇게 소모만 하는 삶은 어떤 성취도 없고 어떤 의미도 없습니다. 마음대로 누리는 편안한 삶이 언제라도 지속될 것 같지만 시간은 금방 지나가 버립니다. 인생은 축구경기처럼 누구나 공평하게 시간제한이 있는 경기입니다. 아무리 많은 돈을 벌어도 절대 무한정 경기장에 남아 있을 수 없습니다. 시간이 지나면 운동장을 비워 줘야 합니다.

초등학교 때는 머리가 좋은 사람이 공부를 잘한다고 합니다. 그러나 중학교 고등학교에 올라가게 되면 잘 참는 아이가 공부를 잘한다고 합니다.

1960년대 미국의 스탠포드 대학에서 마시멜로 실험을 했습니다. 네 살의 아이들 앞에 마시멜로를 놓아두고 마시멜로를 먹지 않고 15분을 기다리면 마시멜로를 하나 더 주겠다는 제안을 합니다. 어떤 아이는 1분도 못 참고 냅다 먹어버린 아이도 있었습니다. 1분은 견뎌도 결국 대부분이 15분을 참지 못하고 중간에 먹어 버렸습니다. 그로부터 12년이 지나서 실험에 참가한 아이들을 추적 조사했더니 1분 이내에 마시멜로를 먹어버린 아이들은 고학년이 되었을 때 대부분 성적이 좋지 않았고 학교와 가정에서도 문제를 일으켰다고 합니다. 15분간 기다렸던 아이들은 30초 밖에 기다리지 못했던 아이들보다 훨씬 학교성적이 좋았다고 합니다.

들판의 곡식은 가을의 서늘한 기운이 없으면 열매를 맺지 못하는 것처럼 인생도 방만하게만 살다 보면 어떤 것도 이루지 못합니다. 하물며 천국에 오르는 길이야 오죽하겠습니까.

흙이 흘러가는 물을 막아 물이 소모되지 않게 막아주고, 물은 타오르는 불길 위에 뿌려져 불길이 소모되어 대기 속으로 사라지지 않게 막아주고, 불은 쇠를 녹여 쇠가 너무 냉하여 굳어버리지 않게 막아주고, 쇠는 나무의 가지를 잘라 무한정 자라기만 하는 나무의 속성을 조절해 나무의 장수를 돕습니다. 인생도 마찬가지. 인내와 책임감으로 자식을 키우고 무위도식하지 않고 일하는 직업을 갖고 목표를 향해 전진하는 사람이 놀고먹는 사람보다 오히려 더 오래 살고 더욱 값진 삶을 살아갑니다. 바로 오륜탑이 주는 삶의 지혜입니다.

중요한 부분이기 때문에 조금 더 세부적인 설명을 하면 이렇습니다. 남자가 밥을 먹고 정력이 왕성해지면 생명의 진수인 정액을 만들어 여자에게 보내고 여자는 남자의 정을 받아 생명을 기르고 열 달이 차면 아이를 낳습니다. 이것이 후손에게 이어지는 자연스런 생명의 상생법칙입니다. 그러나 상극의 법칙은 이것을 거꾸로 되돌리는 것입니다.

즉 남자는 왕성한 정력을 밖으로 내보내지 않고 다시 원점으로 되돌립니다. 이것이 핵심 키워드입니다. 되돌리는 방법은 위의 오륜탑이 그려놓은 방법입니다. 오륜탑의 가장 꼭대기는 황색으로 황색은 흙인 토이고 토는 오행에서 사람의 생각을 상징합니다. 토가 극하는 것은 물인데 물의 색은 검은색입니다. 인체에서 수는 양쪽 신장에 머뭅니다. 그래서 마음을 양쪽 신장 사이에 머물게 하면 됩니다.

이렇게 하면 생명의 기운이 소모되지 않고 다시 거꾸로 척추를 타고 상승하여 심장과 폐를 거쳐 다시 생각이 있는 머리로 돌아옵니다. 이것이 바로 상극의 방법으로 천국에 이르는 길입니다. 성경에서 말하는 천국으로 오르는 사다리이죠.

많이 갖는 것보다 많이 버리는 게 훨씬 더 만족도가 크다는 사실을 사람들은 잘 모릅니다. 재물을 모으는 것은 소금물을 마시는 것처럼 마시면 마실수록 갈증만 더해질 뿐이라는 사실을 잘 모릅니다. 나를 완전히

금강인보살(金剛因菩薩)

비우고 버려야 비로소 우주와 내가 일치가 되며 그 일치를 통하여 나의 행복은 극치가 됩니다. 이것이 바로 지복(至福)이며 이것이 바로 오륜탑의 원리입니다. 그러나 마음의 상상만으로는 절대 불가능하며, 온전하게 몸과 마음이 그러한 상태가 되어야 가능합니다.

 오륜탑 위의 그림 금강인보살(金剛因菩薩)의 인(因)은 원인을 뜻합니다. 즉 어떠한 것을 원인으로 삼아 여의주를 성취하느냐의 문제입니다. 그 원인의 방법이 바로 아래 그림에 나와 있는 오륜탑이죠. 오륜탑이 그려진 방법으로 수련하면 반드시 여의주를 얻게 됩니다. 얻지 못하면 그건 잘못된 방법입니다. 여의주는 상상이나 상징의 차원이 아닌 실재(實在)입니다.

신과 함께

이 글을 쓰고 있는 지금 영화 '신과 함께'가 누적 관객수 1400만 명을 훌쩍 넘어섰습니다. 영화를 먼저 본 뒤에 이 책을 읽는 분들은 헷갈릴 수 있습니다. 영화에서 49일 동안 7차례 심판 받는 내용들은 이 책에 전혀 나오지 않기 때문이죠. 그러나 '신과 함께'라는 영화와 이 책은 영혼의 세계를 다루었다는 점에서 비슷하지만 근본적으로 완전히 다른 세계의 이야기입니다.

영화와 책이 다른 가장 큰 이유는 목적입니다. 즉, 이 책의 목적은 이승(현실)에서 천국에 오르기 위한 것인데 영화의 목적은 현실에 다시 태어나는 환생입니다. 겨우 다시 인간의 몸으로 환생하기 위해 7차례 재판에서 모두 무죄를 선고받아야 한다니 너무 어렵습니다. 아마 감독은 사람으로 태어나는 것이 그렇게 어려우니 지금의 사람들에게 인생 낭비하지 말고 착하게 잘 살아야 한다는 교훈적 의미를 담았을 것입니다.

워낙 히트를 쳤으니 잠깐 영화를 살펴봅시다. 이 영화는 불교의 사후세계관과 기본적으로 일치합니다. 불교에서는 사람이 죽으면 이승과 저승의 중간세계인 중음의 세계에서 49일 동안 7명의 재판관에게 재판을 받습니다. 그리고 그가 지은 업보에 따라 천계, 인간계, 아수라계, 축생계, 아귀계, 지옥계로 가게 됩니다. 그러나 영화에서 천계(샹그리라)에 가게 되는 경우가 제외되었습니다.

영화에서 7번의 재판에서 7명의 재판관에게 모두 무죄를 선고 받은 망자는 다시 인간계로 환생할 수 있습니다. 그 살벌하고 아슬아슬한 재판에서 천신만고 끝에 7번 모두 무죄를 선고받는다 하더라도 주어지는 것은 겨우 한 번 더 인간으로 살 기회를 제공 받는 것입니다. 그렇게 천신만고 끝에 한 번 더 주어진 인생을 다시 살고, 그가 다시 죽어 다시 7번의 재판에서, 다시 무죄를 선고 받을 가능성은 별로 없습니다. 왜 그럴까요? 새로 태어난 사람은 전생을 기억하지 못하기 때문에 또다시 처음부터 생로병사의 과정을 겪으며 살아가야 하기 때문입니다.

운 좋게 아무 죄도 짓지 않고 살다가 죽어 또 어렵게 7번의 재판에서 무죄를 받는다고 하더라도 기껏해야 또 한 번 인간으로 살아갈 기회를 얻습니다. 몇 번을 운 좋게 얻더라도 결국은 모든 재산을 탕진하고 마는 노름과 같은 것이죠. 답은 오로지 노름의 인생에서 빠져 나오는 길 밖에 없습니다.

7명의 재판관에게 재판을 받는 일곱 가지의 죄는 "살인, 나태, 거짓, 불의, 배신, 폭력, 천륜"입니다. 그런데 그 중에서 "낙태"라면 모를까, "나태"는 다른 사람에게 해를 끼치는 것도 아닌데 지옥에 떨어질 만큼 무거운 죄라는 게 약간 충격입니다. 그렇지 않던가요? 아무튼 영화의 주인공은 낮에는 소방관으로 밤에는 온갖 아르바이트를 전전하며 열심히 살아갑니다. 그래서 나태하지 않았으니 당연히 무죄판결을 받습니다. 그런데 그렇게 열심히 일한 이유가 모두 돈을 벌기 위한 것이었다는 게 밝혀지자 판결은 유죄로 바뀝니다. 물론 다시 주인공이 돈을 벌어야 하는 이유가 밝혀져 무죄가 되지만 여기서 잠깐 생각해 봐야 합니다.

그건 주인공이 오로지 돈을 벌기 위해 열심히 인생을 살았다면 그것이

'유죄'에 해당되어 지옥에 떨어지게 된다는 것입니다. 그렇다면 지금까지 오로지 돈을 벌겠다고 열심히 살아왔던 사람들은 죽기 전에 잘 생각해봐야 합니다. 죽기 전에 애써 벌어놓은 돈을 좋은 일에 쓰든지 아니면 지금이라도 어떻게 좋은 일에 쓸 것인가 고민해야 한다는 것입니다. 물론 나는 지옥의 고통은 얼마든지 즐기고 감수할 자신이 있다고 생각하면 상관이 없습니다.

　이 영화를 만든 감독의 안목이 대단하다는 것은 그가 영화에서 천국을 언급하지 않았다는 것입니다. 이와 비슷한 기존의 다른 영화들에서는 이 정도 삶을 산 주인공은 대부분 천국으로 갑니다. 그러나 이 영화에서 주인공은 다시 인간계로 태어납니다. 7가지 죄를 짓지 않는다고 하여 그 사람이 천국에 올라갈 능력을 갖추는 건 아니기 때문입니다. 천국에 오르기 위해서는 오로지 천국으로 올라가는 사다리를 찾아야 하고 그 사다리를 직접 타야 합니다.

『페르시아의 신비주의자 나묘딘 코브라는
'천국은 저 멀리 보이는 하늘이 아니다'라고 말했다.
정말 다른 하늘이 있다.
그는 결코 은유적으로 표현한 것이 아니다.
그러나 천국은 오직 영적으로 조율된 사람만 들어갈 수 있다.
물질세계를 초월한 천국은 진군해 정복할 수 없다.
그 세계에 맞추고 조화를 이루지 않으면 그 세계는 닫혀 있을 것이다.』

― 이븐 알렉산더

13
무제(無題)–이다, 핑갈라, 수슘나

> 『사마디 명상 속에서
> 요기의 생명력과 마음과 영혼이
> 가장 깊은 통로인 브라흐마나디(몸의 감옥을 벗고
> 브라흐만의 자유로 가는 마지막 출구)에 도달하기 위해서는
> 먼저 세 개의 바깥 통로인
> 수슘나, 바즈라, 치트라를 통과해야 한다.』 – 파라마한사 요가난다

 이 그림은 벽화 중에서도 유일하게 제목이 없습니다. 처음부터 제목을 붙이지 않을 의도는 없었던 것으로 보입니다. 왜냐하면 좌측 상단에 제목의 칸을 만들었습니다. 그런데 어찌된 셈인지 제목을 쓰지는 않았습니다. 적당한 제목을 정하지 못한 것인지 일부러 제목을 비워둔 것인지는 알 수 없습니다. 시간이 없어서 비워둔 건 아닌 것 같습니다. 왜냐하면 벽화가 그려진 시기가 1980년대이고 양익스님이 열반하신 시기가 2006년이니 무려 약 20년의 보충할 시간이 있었습니다.
 그렇다면 까맣게 잊고 있었던 것일까요? 그것도 아닌 것이 스님은 그

무제(無題)
작은 용은 쿤달리니를 나타내며, 등 뒤 세 부처는 발동한 쿤달리니가 동하는 나디의 순서로 오른쪽은 핑갈라, 왼쪽은 이다, 중간은 수슘나를 나타낸다.

림 하나하나 꼼꼼하게 그렸고 색의 배치에도 의미를 담았기 때문에 결코 잊어버리진 않았을 것입니다. 그런데 벽화를 확대하여 더욱 자세히 보면 썼다가 지웠던 흔적이 남아 있습니다. 마음에 들지 않았던지 아니면 너무 노골적인 표현이었던지 아무튼 제목을 쓰지 않은 이유가 있었을 것입니다.

제목이 주는 단서는 없지만 이 그림은 세 개 에너지의 통로, 즉 나디(nadi)가 흐르는 모양을 표현한 그림입니다. 사실 나는 이 그림을 보고 우리나라의 전통신앙인 삼신(三神)신앙을 표현한 것이 아닐까 생각했습니다. 그런데 인도에서 온 라제쉬 교수는 보자마자 한 치의 망설임 없이 저 그림은 나디가 흐르는 통로를 표현한 그림이라고 단언했습니다. 라제쉬 교수의 말대로 나디의 이론에 의해 그림을 꼼꼼하게 살펴보면 이 그림이 정확히 나디의 통로를 표현한 것임을 확인할 수 있습니다.

인도의 나디를 잘 모르는 사람들을 위하여 잠깐 나디의 이론에 의해 그림을 살펴봅시다. 우선 등을 돌린 채 앉아있는 스님의 등 왼쪽은 음을 뜻하는 이다(ida)입니다. 이다(ida)는 하얀색인데 냉각작용을 갖고 있으며 음인 달을 상징합니다. 오른쪽은 양을 뜻하는 핑갈라(pingala)인데 온열작용을 갖고 있으며 양인 해를 상징하고 붉은색입니다. 중간은 수슘나(sushumna)인데 가장 중요한 통로입니다. 어떻습니까? 나디의 이론과 색의 배치가 정확히 일치하지 않습니까?

기억하실지 모르겠지만, 이 책의 서두에서 티베트에 있다는 샹그리라는 티베트어로 마음에 뜨는 해와 달이라고 언급하며 그렇게 부르는 이유가 있다고 했습니다. 천국(샹그리라)이 왜 마음에 뜨는 해와 달인지 티베트의 스님은 하루 종일 설명할 수 있다고 했지만 문제는 하루 종일 설명해도 알아듣지 못할 것이라는 약간 오만한 말을 남기고 떠나셨죠. 그 말이 바로 인체에 흐르는 '나디'의 이야기입니다.

그런데 맨 아래에 꼬불꼬불한 해마같이 생긴 게 눈에 들어옵니다. 자세히 보면 귀엽게 생긴 작은 용인데 이것이 바로 척추 끝에서 용수철처럼 튀어 오르는 쿤달리니를 표현한 것입니다. 또 자세히 보면 중앙에 있는 수슘나의 그림에만 백회에 부처의 상이 그려져 있습니다. 수슘나가 열려야 백회까지 올라가 신과 합일(合一) 할 수 있기 때문입니다. 쿤달리니와 세 나디(이다, 핑갈라, 수슘나)의 관계를 간단하게 요약하여 핵심을 멋지게 축약한 그림입니다. 아마 양익스님은 이 그림을 그려놓고 흐뭇한 미소를 지었을 것입니다.

요가경전에 따르면 인체를 흐르는 나디의 개수가 무려 72,000개나 된다고 합니다. 그 중에서 가장 중요한 세 개의 나디가 바로 위에 그려놓은 세 개 통로(나디)입니다.

언젠가 의사와 대화를 나누던 중에 내가 늘 두 개의 콧구멍으로 숨을 쉬고 있다고 했더니 그 의사는 나보고 빨리 병원에 가보라며 곧 죽을 사람처럼 불쌍한 눈으로 쳐다보았습니다. 보통의 사람은 왼쪽이나 오른쪽의 한쪽 콧구멍만 이용하여 숨을 쉽니다. 양쪽 콧구멍으로 숨을 쉬는 경우는 두 콧구멍이 역할을 교대하는 짧은 순간뿐입니다. 그런데 늘 그 사람이 양쪽 콧구멍으로 숨을 쉰다면 뭔가 몸에 큰 변화가 일어났기 때문이라는 것이죠.

그런데 나디를 언급한 책에 보면 수슘나가 열린 사람은 늘 양쪽 코로 숨을 쉴 수 있다고 합니다. 나는 등에 흐르는 이다를 통하여 많은 실험을 해봤는데 예를 들어 아침에 일어나 왼쪽 코가 막혀 있으면 왼쪽 등으로 기운을 집중적으로 보내면 막혔던 왼쪽 콧구멍이 뚫리고, 오른쪽으로 기운을 보내면 오른쪽 콧구멍이 뚫렸습니다. 왼쪽과 오른쪽의 콧구멍이 모두 뚫리고 나면 비로소 중간의 수슘나 사이로 기운이 머리 꼭대기(백회)까지 올라옵니다. 그 이후에 비로소 앞 장에서 설명한 니밋따, 즉 원각(圓覺) 니밋따의 상황이 전개됩니다.

나는 이런 다양한 실험과 체험을 통하여 종교와 수련은 미신이 아니라 과학이라고 주장하는 것입니다. 의사나 과학자가 모른다고 해서 과학이나 의학이 아닌 것으로 치부한다면 곤란합니다. 또 어떤 의사는 저에게 쿤달리니 수련을 하게 되면 나중에 암에 걸려 죽는다고 하면서 조심하라고 해서 당황한 경우도 있었습니다. 고대부터 통제할 수 없는 힘 때문에 쿤달리니에 대한 막연한 공포나 두려움이 있었는데 지금도 비슷한 시각이 존재합니다. 그러나 쿤달리니는 축복이며 천국으로 데려다 주는 로켓의 추진력입니다.

꼬리뼈 근처의 물라다라 차크라에서 출발한 에너지는 각 차크라를 거치며 아즈나 차크라까지 상승합니다. 그리스 로마신화에 등장하는 헤르메스의 지팡이가 바로 이러한 형태를 잘 보여주고 있죠.

동양에는 선도의 임독맥 유통이 이와 비슷합니다. 그러고 보면 동양이나 인도나 서양이나 모두 이러한 인체의 비밀을 잘 알고 있었던 셈입니다. 그런데 점차 양(陽)의 정신세계가 쇠퇴하고 음(陰)인 물질문명이 번성하면서 헤르메스의 지팡이는 그저 현실이 아닌 상상에만 존재하는 신화로 남게 된 것입니다.

그러나 인체에 오는 변화는 개인에 따라 많이 다릅니다. 큰 흐름으로 나타나는 현상은 비슷하지만 세 개의 나디가 열리고 변화하는 과정은 각자 다릅니다. 내 경우는 오른쪽 핑갈라의 경우는 아주 강하게 분명하게 느낄 수 있지만 왼쪽 이다에서 흐르는 에너지의 흐름은 매우 미약했습니다. 그런데 몇 년이 흐른 뒤 서서히 왼쪽 이다의 흐름도 오른쪽처럼 비슷해졌습니다. 대부분은 오른쪽에서 시작해 완성되면 왼쪽으로 넘어갔는데 어떤 경우는 반대의 경우도 있었죠.

그 두 개의 나디가 충분하게 완성되면 중간 수슘나로 넘어가고 때로는 통으로 등 전체에 기운이 오르기도 했습니다. 선도에서는 충맥이라고 하는 수슘나의 변화도 어떤 사람은 불덩이처럼 뜨겁게 느끼지만 그렇지 않은 사람도 있습니다. 이것은 순수하게 내 경험만을 기술한 것입니다. 안타깝지만 이러한 부분을 비교하고 참고할 만한 자료나 사람은 세상에 거의 없었습니다.

연꽃의 의미 – 그때부터 신(神)이 일을 한다

세 개의 이다를 표현한 위 칸 그림의 제목은 이롭다는 利를 쓴 금강리보살(金剛利菩薩)입니다. 오른손에는 칼을 들었고 왼손에는 연꽃을 들었는데 연꽃의 중심에 경전이 있습니다.

실제 등 뒤에 있는 세 개의 나디가 열리면 비로소 깊은 명상에 들어갈 수 있습니다. 쿤달리니가 열리지 않고 도를 완성한다는 것은 사실상 불가능합니다. 이론만 있고 실제의 변화는 없는 상상 속의 착각일 가능성이 많습니다. 깨달은 사람들의 책을 읽고 이해가 되니까 그렇다면 나도 깨달았다고 생각합니다. 그건 착각입니다. 포장을 비슷하게 만들었다고 똑같은 제품이 되는 건 아닙니다. 포장은 알맹이를 위한 것이지 포장 그 자체를 위한 것이 아니기 때문입니다.

그러므로 천국에 가고 싶은 사람은 가장 먼저 저 벽화의 그림처럼 등 뒤의 나디를 열 수 있는 방법부터 찾아야 합니다. 나디가 열리는 방법은 앞의 오륜탑에서도 그 앞에서도 많이 언급했습니다. 이 책의 가치는 바로 그 부분입니다.

청련암에 천국으로 통하는 입구가 있다고 하면 사람들은 반신반의합니다. 기독교를 믿는 사람들은 당연히 교회에 있어야할 천국의 입구가 절에 있다니 믿으려 하지 않습니다. 불교를 믿는 사람들은 천국에 이르는 입구가 절에 있다고 하니 일단 반가워합니다. 그러나 그 장소가 범어

금강리보살(金剛唎菩薩)
그때부터 신이 일을 한다.

사의 산내암자인 청련암이라고 하면 역시 믿지 않습니다. 아무런 신앙도 가지지 않고 살아가는 사람들도 역시 믿지 않습니다. 이래저래 믿을 사람은 별로 없습니다. 그래서 천국은 한가하다고 합니다.

　세상에 천국이 어디 있냐고. 죽으면 끝인데. 살아 있을 때 열심히 즐기고 할 거 다 하고 가면 그게 남는 인생이고 잘 사는 인생이라고 자신 있게들 말합니다. 대부분 그렇습니다. 우선은 용감하고 당당해 보여 뭔가 자신이 잘나 보입니다. 그러나 나는 그들 내면의 깊숙한 곳에 웅크리고 있는 불안을 봅니다. 대부분 죽기 직전에 이르면 의심합니다. 혹시 죽고 나서도 다른 세계가 있는 게 아닐까?

아무튼, 이들 불신자들을 제외하고, 내 말을 믿는 사람들도 청련암을 보고 실망하긴 마찬가지입니다. 그들이 기대하는 천국이 아니기 때문입니다.

천국에 가려면 천국에 대한 정확한 이해와 준비가 필요합니다. 로또처럼 그냥 운 좋게 불쑥 갈 수 있는 세계가 아니라는 것이죠. 좋은 대학에 가려고 몇 년을 죽어라고 공부하는데 천국은 인생에서 대학보다 더 중요한 부분입니다. 그러므로 천국에 대한 분석과 조사가 필요합니다. 자주 이야기하지만 종교는 과학입니다.

천국과 지옥에 대한 가장 근사치의 묘사는 스웨덴의 유명한 과학자인 스베덴보리입니다. 그는 식당에서 우연히 영에 이끌려 천국과 지옥을 방문하게 되고 영계에 대한 방문경험을 책으로 쓰게 됩니다. 스베덴보리는 스웨덴은 물론이고 당시 유럽에서 대단히 유명한 학자였기 때문에 그의 책은 많은 화제가 됩니다.

천국과 지옥이 있기는 있으되 하나님을 믿는 사람들만 가는 곳이 아니라는 그의 주장은 당시 유럽의 기독교 사회에 큰 충격을 줍니다. 스베덴보리는 당시 유럽에서 명성이 자자한 대학자이자 과학자였기 때문입니다. 300년이 지났는데도 아직도 유럽에는 그의 저서와 사상을 연구하는 단체가 있습니다.

그렇다면 어떤 사람들이 천국에 가는 걸까요? 그는 영혼이 진화된 수준에 따라 천국에도 가고 지옥에도 간다고 주장합니다. 즉 영화처럼 염라대왕의 심판이 아니라, 가라고 하지 않아도 스스로 지옥을 찾아간다는 것이죠.

즉 현생에서 죄를 많이 지은 사람은 죽어서도 어두운 곳을 스스로 찾아가게 됩니다. 현생에서 늘 어둡고 침침한 곳에서만 살았기 때문에 죽어서도 밝은 곳에 머물지 못하고 어둡고 습한 곳을 찾아갑니다.

누적된 업의 습관에 따라 움직이는 것은 육체를 가졌을 때나 육체를 벗었을 때나 똑같다는 것이죠. 이 얼마나 과학적이고 정당하고 정의로운 심판의 세계입니까. 여기 어떤 민주투사라도 차별과 부정을 주장할 수 없습니다. 재벌들이 큰돈을 들여 변호사를 산다고 가능한 일도 아니고, 판사가 헷갈리거나 뇌물을 받아 먹고 잘못된 판결을 할 여지도 없습니다. 그야말로 완벽한 하늘의 법칙입니다.

청련암에는 세계 최대 규모의 지장전이 있습니다. 지장보살님의 다양한 모습을 이렇게 크게 이렇게 많이 조성해 놓은 곳은 청련암 뿐입니다. 그런데 왜 양익스님은 이렇게 큰 규모의 지장전을 만들었을까요? 사실 그분을 깨달음의 길로 이끈 분은 비로자나불인데 말입니다. 돈이 없어 자재 사기도 힘들어 대부분의 불사를 스님들이 직접 중장비까지 몰며 했다고 합니다. 인부들의 손이 아니라 수행하는 스님들의 땀과 노력으로 조성했기 때문에 청련암의 지장전은 특별한 힘이 있습니다.

살아가면서 문득 지장보살님의 일화가 떠오를 때가 있습니다. 지장보살님은 단 한 사람의 영혼이라도 지옥의 불구덩이에 남아 있다면 결코 성불하지 않겠다고 서약했습니다. 고통만 가득한 지옥의 세계에서 중생들과 함께 고통을 겪으며 분투하고 있는 모습을 떠올리면 마음이 짠해오고 그 거룩한 의지에 한없이 존경이 갑니다. 맨주먹으로 지장전 불사를 하셨던 양익스님도 아마 그런 마음이었을 것입니다.

파라마한사 요가난다에게 크리야 요가를 전수하여 전세계에 전파한 인도의 마하바타르 바바지도 마찬가지입니다. 그분은 자신의 임무를 완

마하바타르 바바지 (다음 캡쳐)
인도 정신계의 아버지. 히말라야 수행자들에게 비밀리에 내려오던 크리야 요가를 제자 라히리 마하사야에게 전수하였고, 스리 유크테스와르를 거쳐 파라마한사 요가난다에게 전해진 뒤 세계로 전파. 초인생활에 나오는 백색형제단을 이끌고 있다고 함.

수했으므로 영원의 세계로 가고자 했지만 조금 더 이 세상에 남아 중생을 구제해 달라는 간절한 요구에 응해 아직도 이승에 머물며 지상에 있는 인간들의 영적인 진보를 이끌고 있습니다. 육체를 가진 상태에 머문다는 것은 진보된 영혼의 입장에서는 상당히 불편하고 고통스럽습니다. 지장보살께서 지옥의 세계에 머문다는 것도 같은 의미의 고통으로 볼 수 있습니다.

다시 벽화로 돌아가 봅시다. 이 그림의 짝이 되는 그림에 보충의 의미로 이로울 이(利)를 써서 금강이보살(金剛利菩薩)이라고 한 뜻도 마찬가지입니다. 쿤달리니가 열리면 열린 그때부터 육체는 무수한 변화를 거치기 시작합니다. 본인이 원하든 원하지 않든 상관이 없습니다. 혜명경에 **그때부터는 신(神)이 일을 한다**는 표현이 있는데 바로 그런 의미입니다. 폭발한 핵발전소를 멈출 수 없는 것처럼 척추를 타고 기운이 상승하기 시작하면 원하든 원하지 않든 상관없이 달이 뜨고 해가 뜨는 한 끊임없이 쿤달리니는 육체를 정화해 줍니다. 우주가 돌아가는 시간에 따라 몸도 똑같은 변화의 시간을 겪습니다. 우주가 주는 연금입니다. 살면서 이보다 더 이로운 일이 있을까요?

육체를 함부로 쓰지 않고 신에게 잘 동조하고 수련을 지속해 주면 육체는 정화되고 더욱 젊어지고 마지막에는 정신의 집중력이 강화되어 의식이 자연스럽게 확장됩니다. 그래서 이롭다는 것입니다. 사실 쿤달리니가 열리지 않고 깨달음을 얻었다는 것은 육체가 뒷받침되지 않은 부실한 상태이기 때문에 깨달았다고 선언해도 선언한 자의 성공을 신뢰할 수 없습니다.

상상으로 깨닫는 것과 실제 신과의 합일을 이루는 것과는 하늘하고 땅만큼이나 차이가 큽니다. 이러한 차이를 모르면 신의 도움으로 야생 코끼리를 막으려 했다가 코끼리에게 깔려 죽은 인도의 가엾은 청년들처럼 불행한 결과를 낳습니다. 자신만 깔려 죽으면 그나마 덜 불행한데 다른 사람들까지 끌어들여 인생을 망치고 가정까지 파괴합니다. 사이비죠.

또 깨달았다고 하는 사람들이 내놓은 책들이 대부분 멍 때리기 대회 수준을 벗어나지 못하게 합니다. 티브이에 멍 때리기 대회를 보신 적 없으신가요? 그러나 아무 생각 없이 오래 멍을 때릴 수 있다고 하여 달라지는 것은 별로 없습니다. 물론 자신은 멍 때리는 것이 아니라 깨어 있다고 합니다. 완벽하게 알아차림하고 있다고 합니다. 그러나 그게 전부인 양 그곳에 멈춰서는 아무 것도 성취되지 않습니다.

그건 삼수갑산을 넘어가기 위해 사립문을 나선 것에 불과합니다. 그 다음부터 넘어야할 고개가 너무나 많습니다. 사립문 앞에 서서 가 보지도 않고 다 보고 왔다는 우를 범해서는 안 된다는 것입니다.

아스칼레피오스의 지팡이

사람의 몸 속에 차크라가 존재하지 않았다면 사람의 육체는 탄소와 수소 등 여러 가지 원소로 이루어진 물질의 조합에 불과한 미천한 존재였을 것입니다. 그 정도로는 조물주의 위대한 작품이 되기엔 너무 미흡합니다. 그런데 놀랍게도 인체에는 물질을 넘어서는 별도의 발전소가 있습니다. 그야말로 감춰진 신의 한 수입니다. 이 발전소는 의식적으로 가동하지 않으면 절대 저절로 가동되는 법이 없는데 한 번 가동되면 통제 불능의 엄청난 괴력을 발휘합니다.

발전소는 먼저 몸부터 치료합니다. 아픈 곳을 치료하고 육체에 생기를 불어넣죠. 자신의 몸이 치유될 뿐만 아니라 다른 사람의 몸까지 치유하는 능력도 생깁니다. 그래서 의사협회를 상징하는 지팡이에 두 마리의 뱀이 칭칭 감고 올라가는 모양을 취하고 있습니다. 소위 아스칼레피오스의 지팡이라고 하는데, 이다와 핑갈라를 번갈아 교차하며 올라가는 쿤달리니를 본 뜬 것이죠. 의약품이 발전하지 않았던 고대시대에는 오직 발전소가 가동된 사람만이 치료할 수 있었습니다.

그런데, 쿤달리니라는 게 사람의 병을 고쳐주는 고마운 존재인데 왜

의사협회의 상징. (다음 캡쳐)

하필 징그러운 뱀으로 표현했을까요? 물론 지팡이 신화는 고대 그리스 신화에서 아스칼레피오스가 제우스의 번개를 맞아 죽은 고린도 왕을 살려낼 때 두 마리의 뱀이 가져온 약초를 이용해 살렸다는 데서 유래가 되었습니다.

그러나 이건 신화이며 상징일 뿐이고 실제 꼬리뼈에서 태동해 척추와 등을 타고 올라가는 느낌이 나무 위를 감고 올라가는 뱀과 비슷하기 때문입니다. 그리고 뱀의 교미시간은 24시간 이상 될 정도로 길어 무한한 정력을 상징하는데 쿤달리니가 정력과 밀접한 관련이 있다는 것을 우회적으로 표현한 것입니다. 달을 가리키면 달을 봐야지 손가락만 본 어리석은 해프닝이라고나 할까요. 진짜 제대로 환자를 치료하고 싶은 의사는 수련을 해야 합니다.

아무튼 영화 '보안관'에서 주인공 덕만이가 범인을 잡게 되는 결정적인 단서는 '사람은 절대 쉽게 변하지 않는다'는 장인의 말씀 때문입니다. 맞습니다. 사람은 타고난 본성과 그에 의해 오랜 세월 고착화된 습관은 특별한 계기가 없으면 절대 고쳐지지 않습니다. 담배와 술을 쉽게 끊지 못하고 쉽게 살을 빼지 못하는 이유도 바로 습관 때문입니다. 그러나 쿤달리니가 각성된 사람은 고착화된 습관은 물론이고 타고난 본성까지도 변화가 일어납니다. 슈퍼 파워죠.

나도 20년간 매일 두 갑 이상의 담배를 피워대는 소위 해비 스모커(heavey smoker)였죠. 술을 마시는 날은 최소 네 갑 이상을 피워댔죠. 지독한 독감에 걸려 목에서 피가 나고 숨을 들이마시지 못할 정도로 목이 아플 정도였는데, 그런 상황에서도 담배를 피웠죠. 중간에 몇 번 담배를 끊을 시도를 했지만 그때마다 금단현상으로 몸이 떨리고 몸살을 하는 바람에 번번이 실패를 했었죠.

그랬던 내가 하루아침에 담배를 끊었습니다. 중소기업청에서 파견근무를 할 때였는데 3월의 어느 봄날 나는 오늘부터 담배를 피우지 않겠다고 선언했습니다. 코트라(Kotra)와 중소기업진흥공단에서 파견 나온 직원들도 덩달아 동참을 하더군요. 그러나 그들은 3일 만에 이런저런 핑계로 다시 담배를 피웠습니다.

13년 전의 일인데 나는 지금도 담배를 피우지 않습니다. 담배 피울 생각 자체가 들지를 않죠. 심지어 꿈 속에서도 담배를 피우지 않았습니다. 금연 초기에 꿈에서 세 번이나 내게 담배를 권했습니다. 그때마다 나는 양복 주머니에 있던 가위를 꺼내 담배를 싹둑 잘라버렸습니다. 무려 세 번이나.

담배를 끊으면 체중이 늘어난 다고들 하지만 나는 오히려 운동과 등산으로 90키로그램의 체중을 70키로그램으로 줄였죠. 그것도 불과 6개월 만에 말입니다. 주위 사람들은 저 친구가 분명 큰 병이 걸렸을 거라고 수군댔지만 내 몸은 날아갈 듯 가벼웠습니다. 하도 큰 병이 걸렸나 걱정하는 사람들이 많아 병원에서 종합검진을 받았는데, 결과는 놀라웠습니다. 당뇨를 비롯한 모든 병들이 저절로 깨끗하게 치유되어 있었습니다.

그게 끝이 아니었습니다. 매년 종합검진에 측정되는 여러 항목의 수치들은 20대 젊은이의 기준으로 바뀌어 갔습니다. 나는 지금도 그때의 병원 검진기록부를 보관하고 있습니다. 그렇지 않으면 누가 내 말을 믿겠습니까. 이런 변화면 적어도 병원의 의사들이 놀라며 도대체 어떻게 된 것이냐며 묻기라도 해야 되는데 그들은 아무런 관심이 없었습니다.

그들은 병에만 관심이 있지 병이 나은 것에는 관심이 없죠. 정확히는 돈에 의해 병이 낫는 것에만 관심이 있다고 해야겠죠. 그러나 의사협회의 상징 아스칼레피오스의 지팡이를 만든 그들의 옛날 선배 의사들은 알았습니다. 육체의 모든 병을 낫게 하고 영혼까지도 진보시킬 수 있는 건 오직 쿤달리니밖에 없다는 사실을.

이렇듯 육체 곳곳에 병든 곳과 부족한 곳을 채우고 나면 비로소 쿤달리니는 인간의 영혼을 한 단계 더 높은 차원으로 끌어 올리는 작업에 들어갑니다. 영혼의 진보는 육체의 치료보다 훨씬 많은 시간이 걸립니다. '쿤달리니' 라는 책을 썼던 고피 크리슈나도 무려 17년의 세월이 걸렸죠. 그래서 나는 하루아침에 도통했다고 떠드는 사람들을 믿지 않습니다. 내가 직접 체험했기 때문에 이야기할 수 있는 것입니다. 이런 과정을 거쳐 인간의 영혼은 한 단계 더 진보됩니다. 하늘나라에 다가가는 유일한 방법이죠.

영혼의 진보는 인간이 태어난 유일한 목적입니다. 영계를 다녀온 사람들의 이야기를 들어보면 영계는 발전 속도가 매우 더디다고 합니다. 그런데 물질의 육체와 영혼이 결합되어 있는 현실의 세계는 발전 속도가 매우 빠릅니다. 이유는 나도 잘 모르지만 아마 육체 안에 내장된 영혼의 차크라가 물질의 육체를 치유하면 육체는 로켓의 연료처럼 연소하여 육체에 묶여 있는 영혼을 보다 더 높은 단계로 밀어 올리는 원리가 아닐까 추측합니다.

> 『육체와 정신은 태어나서 죽을 때까지 서로 불가분의 관계에 있으며,
> 그 동안 서로 간에 밀접하게 영향을 주고받는다.
> 예를 들어 영능자가 최고의 정신적 경지인 염력을 발휘하여
> 물리적 현상을 일으킬 때에는
> 여러 가지 육체기관의 변화가 함께 일어난다.』 － 고피 크리슈나

    2017년에 개봉한 신카이 마코토 감독의 애니메이션 영화 "너의 이름은"은 남녀 간의 사랑얘기를 다루었지만 한편에선 영혼과 육체와의 관계를 잘 표현한 영화입니다. 자신이 영혼임을 잊고서 오로지 육체만 전부인 줄 알고 살아가는 인간. 때때로 죽어 다시 영혼으로 돌아가 자신이 영혼의 존재임을 알지만 다시 육체를 입은 인간으로 태어나면 과거의 존재를 잊어버리고 자신의 이름조차 기억하지 못합니다.

    스베덴보리는 저서에서 신(神)이 인간에게 영혼의 세계를 기억하지 못하게 한 이유는 고통이 올 때 쉽게 생을 포기하지 못하게 하기 위해서라고 합니다. 육체를 입고 이승에 온 분명한 이유가 있습니다.

    아픔과 고통을 겪고 버티고 이겨내는 과정을 통해 영혼은 성장합니다. 아픈 만큼 성숙해진다는 것이죠. 그러나 보통의 사람들은 편한 게 좋으니까 영혼의 진보고 뭐고 귀찮아 고통이 오면 다음 생을 기약하며 쉽게 생을 포기합니다.

하늘은 절대 심심풀이로 사람을 만들진 않았습니다. 저마다의 목숨에는 하늘이 지워준 명(命)이 있습니다. 공자는 나이 오십을 지천명(知天命)이라고 하여 하늘의 명령을 알아야 하는 나이라고 합니다. 그러나 오십의 나이에 하늘의 명령을 아는 사람은 거의 없습니다.

※주32)
사주명리학

처음에 나는 사주명리학을 배울 생각이 없었습니다. 주역은 읽어도 사람의 운명을 다루는 명리학은 어쩐지 차원이 낮은 학문으로 느껴져 치워 두었던 학문입니다. 그러나 명리학을 모르니 불편한 게 많았습니다. 대출을 해줘야 될지 말아야 될지 도무지 판단이 서지 않는 아주 애매한 상황이나, 병원에서도 치료가 불가능한 사람들이나, 갑자기 부도 위기에 몰린 사람들 앞에 내 능력은 너무 부족했습니다. 그래서 할 수 없이 나는 한쪽으로 치워 두었던 사주명리학을 슬그머니 끌어당겼습니다.

그러나 약간의 자만심이 남아 있었던 나는 누구에게 배우러 갈 생각을 않고 이 정도 쯤이야, 하는 생각으로 사주명리학 최고의 출판물이라는 이석영 선생의 사주첩경 10권을 사서 독학에 들어갔습니다. 어릴 때부터 주역을 읽었고 한의사들도 어려워하는 한동석 선생의 우주변화의 원리를 비롯해 다양한 음양오행론을 깨쳤던 나였기 때문에 명리학 쯤은 당연히 독학으로 가능할 줄 알았던 것이죠. 그러나 착각이었습니다.

꼬박 2년 동안 명리학 책을 들여다 봐도 도무지 감이 오지 않았습니다. 진도가 나가지 않았습니다. 그래서 나는 또 한 번 자만심에 상처를 입고 2년의 허송세월 끝에 부산에서 최고라는 명리학원을 찾아갔습니다. 그러나 나의 자만심은 아직도 다 꺾이지 않은 상태였습니다. 지점장이 사주팔자 배우러 다닌다는 소문이 날까 봐 학원 측에 절대 내 신분을 발설하지 않겠다는 다짐을 받고 나서야 수강증을 끊었고 넉넉잡아 1년이면 충분할 거라고 생각했습니다. 그러나 그로부터 꼬박 3년이 걸려서야 졸업했고 7년이 흐른 지금도 완벽한 상태가 아닙니다. 명리학은 깊이와 활용도가 매우 큰 학문입니다.

사주명리학 뿐만 아니라 한의학, 관상학, 풍수학 등 나는 필요하다고 생각되는 전통학문들을 많이 배웠습니다. 그 중에서 제일 잘 배웠다고 생각되는 학문을 하나 꼽으라면 주저 없이 사주명리학입니다. 사주명리학을 통하여 나는 많은 사람들에게 도움을 줬습니다. 사주명리학 덕분에 부도 위기에 처한 많은 기업들을 살렸고 병원에서 포기한 많은 아픈 사람들에게 도움을 줬습니다.

처음에 사주를 물으면 대부분 나를 혹시 사기꾼이 아닐까 의심합니다. 그럼 나는 그냥 가볍게 공짜니까 재미로 보자고 합니다. 그러나 겉으로는 그렇게 말하지만 속으로는 온 정신의 힘을 집중합니다. 여덟 글자만으로 그 사람이 한 번에 넘어올 수 있는 한방을 날려야 하기 때문입니다. 그렇지 않으면 철학관도 아닌 은행 지점장의 사주풀이를 누가 믿겠습니까.

한 달에 적금을 천만 원이나 넣을 정도로 잘나가는 60대의 음식점 사장은 29살에 죽을 고비를 어떻게 넘겼냐고 묻자 처음 보는 은행지점장 앞에서 닭똥 같은 눈물을 흘리며 펑펑 울어대는 바람에 진정시키느라 혼이 났습니다. 그 나이에 어떻게 그렇게 많은 눈물이 남아 있었는지. 또 어떻게 그렇게 빨리 눈물이 날 수 있는지 지금도 그때의 기억이 생생하죠. 이밖에도 각종 질병이나 큰 사건들에 얽힌 이야기는 며칠을 얘기해도 모자랄 정도로 많습니다.

많은 사람들이 앞으로 얼마나 돈을 벌게 될지, 문서가 언제 들어오는

지, 얼마나 출세를 할지 궁금해 합니다. 그러나 명리학을 통해 내가 하고 싶은 것은 그쪽이 아닙니다. 명리학에는 보다 더 깊은 의미가 있습니다.

사람이 갖고 태어나는 여덟 글자에는 그 사람의 평생 미션(숙제)이 숨어 있습니다. 이것을 소위 천명(天命)이라고 합니다. 공자는 오십의 나이를 지천명(知天命)의 나이라고 하여 하늘이 내게 준 천명을 알 수 있는 나이라고 합니다. 그러나 내가 만나 본, 오십이 훨씬 넘은 많은 사람들 중에 자신의 천명을 아는 사람은 없었습니다. 아마 공자는 너무 사는 데만 집착하지 말고 나이 오십이 되면 천명을 알려고 노력해야 한다는 의미로 말하지 않았나 싶습니다.

우주의 마음에서 주어진 천명에 맞춰 살면 무엇이든지 잘 풀리지만 우주에서 주어진 인생과는 전혀 다른 반대의 방향으로 사는 사람은 대부분 요절하거나 말년에 비참한 인생을 맞이합니다. 매우 안타까운 일이지만 이 원칙에서 벗어난 사람은 아직 없었습니다. 천명을 아는 것이 중요하지만 명상과 명리학을 공부하지 않으면 천명을 알기 어렵습니다. 그러므로 하늘의 명을 다루는 명리학자는 맑아야 합니다. 명상을 하지 않는 명리학자에게 하늘의 비밀은 열리지 않습니다.

명리학과 점성학

점성학은 명리학과 다른 학문이지만 비슷한 면이 많습니다. 명리학은 사람이 태어난 시점에 영향을 끼친 음양(陰陽)과 오행(木火土金水)을 분석하여 인간에게 적용하는 학문이고, 점성학은 사람이 태어난 시점에 영향을 끼친 별자리를 분석하여 적용하는 학문입니다. 분석하는 재료가 완전히 다르기 때문에 둘의 관계가 별로 없어 보입니다. 그러나 분석재료

스와미 스리 유크테스와르 (다음 캡쳐)
파라마한사 요가난다의 스승.

는 다르지만 예측한 결과는 비슷합니다. 왜 그런 걸까요?

파라마한사 요가난다의 자서전에는 그의 스승 스리 유크테스와르가 제자인 요가난다에게 점성학을 가르치는 장면이 나옵니다. 스승은 제자에게 점성술이 권하는 팔찌를 끼라고 하는데 제자는 점성술을 믿지 않기 때문에 팔찌를 끼지 않겠다고 버팁니다. 그러자 스승은 이렇게 말합니다.

"무쿤다(요가난다)야. 그건 믿음의 문제가 아니다. 만유인력의 법칙은 뉴턴이 발견하기 이전이나 이후에나 똑같이 존재한다.

만물의 모든 부분은 서로 연계되어 있으며 서로 영향을 끼친다. 사람은 물질의 몸을 갖고 있는 한 영향을 미치는 두 가지 힘과 싸워야 하는데 첫째는 자기 내부에 도사린 흙과 물과 공기와 기타 원소들의 혼합물에서 비롯되는 힘이고, 둘째는 별 등 외부 대자연에서 오는 힘들과 싸워야 한다.

점성학이란 행성의 자극에 대한 인간의 반응을 연구하는 학문이다. 그러나 별들은 의식적으로 호의나 악의를 품지는 않는다. 다만 별들은 긍정적이거나 부정적인 일정한 빛을 발할 뿐이다.

그것들 자체로는 인간에게 해롭거나 이롭지 않다. 그러나 인간이 각자 전생(前生)에서부터 작용시킨 인과율 때문에 별들이 발생시키는 힘들은 인간 속에서 통로를 얻는다.

아이는 천체의 빛들이 개인의 업(業,카르마)과 수학적으로 조화를 이루는 그 시점에 태어난다. 그러므로 천궁도는 불변의 전생과 가변의 미래를 표시해주는 중요한 그림이다."

스승은 점성학이 믿고 안 믿고의 문제가 아니라 중력의 법칙처럼 항상 존재하는 힘이라고 합니다. 아주 명쾌한 분석입니다. 명리학도 마찬가지입니다. 믿고 믿지 않고의 문제가 아닙니다. 그런데 어떤 사람은 사주팔자를 믿는다고 하고 어떤 사람은 믿지 않는다고 합니다. 또 어떤 사람에게 사주를 물으면 자신은 교회 다닌다고 합니다.

이런 견해들은 모두 명리학이 어떤 학문인지 모르기 때문에 벌어지는 일입니다. 또 엉터리로 명리학을 배운 사람들이 엉터리 해석을 남발하는 바람에 생긴 불신 탓입니다. 그러나, 스리 유크테스와르의 언급처럼, 믿고 안 믿고를 떠나 타고난 오행의 힘은 그 사람에게 평생 작용합니다.

그런데 예리한 분들은 눈치를 채셨겠지만 여기서 스승은 매우 중요한 언급을 합니다. 즉, 사람에게는 두 가지 힘이 영향을 미치는데 한 가지는 외부 물질(별)의 영향이고, 하나는 내부 물질(흙, 기타 원소)의 영향이라고 합니다. 외부 물질의 힘은 항상 일정한데 인간 내부의 인과율이 통로를 만들어 줌으로써 외부의 영향력이 인간의 내부에 영향을 미친다는 것이죠. 바로 그 통로가 사람의 특징이자 인성인데 다른 말로 전생의 업력입니다.

사람은 카르마(業)의 영향에 의해 태어날 별자리가 정해지는데 이를 점성학이라고 합니다. 또 사람은 전생의 업보에 따라 그 업보에 맞는 오행의 시점에 태어나는데 바로 사주명리학이죠. 이처럼 전생은 그 사람이 타고 나는 팔자가 결정되는 매우 중요한 요소입니다.

그러므로 당연히 한 사람의 운명을 정확하게 분석하려면 그 사람이 어떤 전생에서 비롯되었는지 볼 수 있어야 합니다. 그것을 볼 수 없으면 명리학은 반쪽의 학문으로 남으며 온전히 미래를 예측할 수 없습니다. 그래서 명리학자는 정신과 영혼이 맑아야 하며, 기본적으로 명상하고 수련하는 사람이어야 합니다. 그러나 그런 사람은 매우 드뭅니다. 그래서 대부분 엉터리 해석이고 누구는 믿네, 누구는 믿지 않네, 분분한 의견을 낳습니다.

사람이 타고나는 사주팔자에는 그 사람이 현생에서 극복해야 하는 하늘의 미션(숙제)이 담겨 있습니다. 그 미션을 아는 것이 바로 공자가 말한 지천명(知天命)입니다. 언제 승진을 하고, 언제 이사를 하고, 언제 문서가 들어오는 것을 알아보라고 나온 학문이 아니라는 것입니다. 명리학은 우리가 알고 있는 것보다 훨씬 더 거룩한 가치가 있습니다.

『탄생의 순간에 하늘로부터 발산되는 메시지는 전생의 선과 악의 결과, 즉 운명을 강조하려는 것이 아니라, 그가 우주의 속박에서 벗어날 수 있도록 의지를 북돋우려는 것이다.

어떤 결과물이든 간에 원인은 바로 자기 자신에게 있다. 인간은 어떠한 한계도 극복할 수 있다. 한계 자체를 만들어낸 것이 자신의 행동이기 때문이며, 인간은 별들의 압력으로부터 자유로운 영적 자질을 가지고 있다.

현명한 사람은 자신의 별들, 다시 말하면 전생을 극복하기도 하는데 그것은 충성의 대상을 창조주에게 옮김으로써 가능하다. 사람은 신에게 접근 할수록 별이나 사물에 지배 당하지 않는다.

태어날 때 별들로부터 오는 메시지는 사람이 전생의 노예임을 나타내는 것이 아니라 인간의 자만을 경계하고 자유롭고자 하는 인간의 결심을 북돋우려는 것이다.』 - 스리 유크테스와르

사주팔자를 보다 보면 그 사람이 죽는 날과 망하는 날이 명확하게 보일 때가 있습니다. 또는 현재 이미 사업이 완전하게 망했거나, 암에 걸려 곧 죽게 되어 찾아오는 사람도 있습니다. 그런 사람들이 어떻게 하면 자신의 팔자를 바꿀 수 있을지 묻습니다.

그때 나는 항상 주저 없이 명상을 하라고 합니다. 대개 명상을 하라고 하면 대부분 모든 것이 마음먹기에 달렸으니 마음만 잘 먹으면 팔자를 바꿀 수 있다는 의미로 받아들입니다. 아무리 마음을 잘 먹어도 죽을 사람이 살아나지는 않습니다. 마음은 마음일 뿐입니다. 그러면 어떻게 하라는 말일까요?

위에서 스리 유크테스와르는 충성의 대상을 창조주에게 옮기라고 합니다. 그것이 바로 명상입니다.

음양오행이나 별자리가 주는 영향은 모두 물질의 영역입니다. 외부 물질의 영향이 전생에서부터 내려오는 누적된 업(카르마)을 만나게 되면

업이 만들어 놓은 통로를 따라 움직입니다. 이 통로의 이동경로를 추적하면 그 사람이 언제 어떤 병으로 죽을지 거의 맞출 수 있습니다. 이렇게 예측된 미래는 거의 대부분 실현되었습니다. 인과가 분명하죠.

그러나 이 통로를 바꾸거나 지워 버리면 외부 물질의 영향력은 약화되거나 사라집니다. 운명이 바뀌는 것이죠. 이미 나 있는 통로를 말끔하게 지워버리는 방법이 바로 명상입니다. 정신은 물질보다 한 차원 높은 곳에 있으며, 높은 차원은 낮은 차원을 지배합니다. 그래서 나는 팔자를 바꾸는 방법을 묻는 사람에게 명상을 하라고 합니다.

명리학의 원산지인 중국에서 오랜 옛날부터 내려오는 팔자를 바꾸는 비법에도 명상법은 나와 있습니다. 그러나 대부분 실천하지 못하고 운명의 물결에 쓸려가 버립니다. 이 책을 읽는 분들은 지금 이 내용만 이해해도 책값 이상을 얻는 셈입니다.

풍수

풍수도 마찬가지입니다. 믿고 안 믿고의 문제가 아닙니다. 땅에 분명히 존재하는 자연의 힘입니다. 풍수의 핵심원리는 물질에서 발생되는 힘입니다. 좋은 기운이 흐르는 곳에 잠을 자면 몸이 좋아지고 몸이 좋아지면 집중력이 좋아져 모든 일들이 술술 풀린다는 것입니다. 이것이 양택풍수죠.

음택풍수의 원리는 동기끼리 감응하는 동기감응의 원리입니다. 즉, 부모는 나와 유전자가 매우 비슷하기 때문에 좋은 기운이 흐르는 좋은 명당에 묻으면 그 땅의 기운이 부모의 세포를 좋아지게 하고 비록 내 세포와 떨어져 있어도 비슷한 것끼리 감응하는 원리로 살아 있는 후손인 나도 좋아진다는 것입니다. 수맥이 흐르는 나쁜 곳에 묻으면 정반대의 현상이 나타나겠죠.

그 땅에 어떤 기운이 흐르는지 알려면 땅의 힘(기운)을 감지할 수 있는 능력이 있어야 합니다. 땅의 기운을 알 수 있는 방법은 수련과 명상밖에 없습니다. 특히 차크라가 열려 있으면 땅의 기운을 미세한 부분까지 느낄 수 있습니다.

그러나 대부분의 풍수가는 명상을 하지 않으며 그래서 대부분 엉터리입니다. 봉황이 알을 품었다느니 옥녀가 가야금을 탄다느니 하는 이상한 말들로 현혹합니다. 봉황과 옥녀를 따지기 전에 먼저 땅에 어지럽게 흐르고 있는 기운을 정확하게 잡아내야 합니다.

그리하고 나서 큰 하늘의 뜻을 살피는 것입니다. 풍수가가 기운을 감지할 수 있는지 없는지 알 수 있는 방법은 양초를 이용하는 방법이 있습니다. 양초는 눈에 보이지 않는 기운이 작용하는 신비한 물질입니다. 교회나 절에서 양초를 켜는 이유가 있습니다. 양초는 약간만 힘을 가해도 툭 부러집니다. 그러나 우주와 기운을 통할 수 있는 사람은 손으로 양초를 휠 수 있습니다.

14
금강계아자관, 태장계아자관

　이 벽화가 30년 동안 청련암에 남아 있다는 게 놀랍습니다. 이유는 이 그림에 밀교의 바탕이 되는 기본이론이 담겨 있기 때문입니다. 십자가를 그린 것도 아니고 똑같은 불교인데 어떠냐고 할 수도 있습니다. 그래도 부산의 조계종 대표 사찰인 범어사 산내암자에 밀교경전의 상징벽화가 버젓이 그려져 있다는 게 예삿일은 아닙니다. 양익스님이 살아 계셨을 땐 무술의 고수인 스님이 무서워 그랬을 수도 있겠지만 돌아가신 뒤에도 벽화는 잘 유지되었습니다.

　4년 전. 내가 처음으로 청련암에 대한 비밀을 풀어보자고 시작했을 때 내 섣부른 결심을 비웃듯 나는 청련암의 첫 입구에서부터 벽에 부딪쳤습니다. 절의 입구에 양익스님이 쓰신 글자를 도무지 해석할 수 없었죠. 공자 공(孔)자에 동그라미가 쳐져 있고 밑에 세로로 쓴 글자는 자본무생(字本無生)이라, 그러니까 공자님께서 배움이라는 게 본래부터 없다, 뭐 그런 지식의 무용함을 뜻하는 의미로 쓰신 사자성어려니 생각했죠.

　그런데 뭔가 찜찜했습니다. 그래서 공자가 그런 말을 실제로 했는지 자료를 뒤졌습니다. 그런데 어디에도 공자가 그런 말을 한 적이 없었습

금강계아자관(金剛界阿字觀), 태장계아자관(胎藏界阿字觀)
밀교의 아자체대설(阿字體大說). 금강계는 지(智)를 태장계는 이(理)를 근본으로 한다.

니다. 그래서 혹시 공자의 공자가 아닌가 싶어 옥편을 뒤졌더니 역시 공자의 공자와 비슷하지만 전혀 모양이 다른 한자였습니다.

그런데 전혀 다른 한자인데 이와 비슷한 한자는 아무리 봐도 없었습니다. 미치고 환장할 노릇이었습니다. 청련암 입구에 쓴 글자도 해석이 안 되는데 어떻게 청련암 전체에 대한 글을 쓰겠다는 것인지. 출입문도 열지 못한 채 문 안의 풍경을 문 밖에서 묘사하겠다는 것과 마찬가지였죠. 비로소 거대한 비밀의 사원 앞에 선 한없이 부족하고 한없이 초라해진 내 자만의 모습이 보였습니다. 겁 없이 고수에게 도전장을 던진 자만의 결과였죠.

그렇게 속절없이 몇 달이 흘렀습니다. 그렇다고 이왕 쓰기로 작정한 거 쓰지 않을 수도 없어서 그냥 입구의 글을 못 본 척 무시하고 다른 곳부터 먼저 풀어나갔습니다. 그러나 양심에서 올라오는 찜찜함이 가시지 않았죠. 입구의 매듭도 풀지 못한 채 중간부터 매듭을 푸는 심정이랄까.

그렇게 몇 달을 헤매다가 우연히 절의 벽화를 다룬 책에서 이 글자가 한자가 아니라 산스크리트어 "아"자임을 알았고 비로소 청련암의 그림들이 밀교와 밀접하게 연결되어 있다는 사실을 알았습니다. 캄캄한 어둠 속에서 누군가 후레쉬를 켜준 듯 기뻤죠.

이처럼 수없이 많은 우연의 가르침이 없었으면 이 책은 불가능했습니다. 우연이 계속 반복될 때는 우연이 아니죠. 슈퍼맨 영화에 신문기자 클락이 가는 곳마다 슈퍼맨이 등장하는 것처럼. 그런데 아무튼 절 입구의 네 글자를 푸는데 몇 달이 걸렸으니 전체 비밀을 풀려면 앞으로 얼마나 많은 시간이 필요할지 걱정이 밀려왔습니다. 어디 물어볼 곳도 없었습니다. 사실 스님이나 신도들도 잘 몰랐죠. 범어사와 가까운 부산의 밀교사원에 가도 청련암에 자신들의 그림이 그려져 있다는 사실조차 몰랐습니다.

『밀교에서는 우주의 본체를 아자(阿字)로 삼아,
아자를 관하는 수행법을 널리 채택하고 있다.
밀교의 본체론에는 육대체대설(六大體大說)과
아자체대설(阿字體大說)이 있다.

아자체대설에 의하면 아자는

모든 말과 소리의 근본으로서 어떠한 소리, 어떠한 말이라도

아자를 포함하지 않는 것이 없다고 하였다.

곧, '아'는 근본적인 것으로서 다른 원인에 의하여

생긴 것이 아니라고 본 것이다.

실상을 관한다는 것은 아자본불생(阿字本不生 : '아'자는

본래부터 있음)의 참다운 이치를 관하여,

생멸변화하는 현상 속에서 무시무종(無始無終 : 시작도 끝도 없음)의

이치를 깨닫는 것이다.』 - 한국민족문화대백과사전

그러니까 원래는 아자본불생(阿字本不生)이었죠. 화엄경에 "아자를 부를 때 반야바라밀문에 들어간다. 왜냐하면 제법은 본래 아자의 의미인 불생(不生)이기 때문이다." 라고 되어 있습니다. 여기서 불생이므로 무소득(無所得)의 사상이 태어났습니다.

그런데 양익스님은 아닐 '不' 대신에 없을 '無'자를 썼습니다. 그러니까 실상이라는 것이 본래 생긴 게 아니라는 부정의 의미와, 실상이라는 것이 본래 생긴 게 없다는 의미의 차이를 스님은 주장하고 있죠.

"아자를 글자로써 관하는 방법은 글씨를 쓰거나 자기의 마음에 지름 1척 5촌의 달을 그리고, 그 안에 다시 8엽의 연꽃, 그 위에 다시 네모진 금빛 아자를 그려서 관하되 생각 가운데 다른 생각이 섞이지 않게 한다. 이렇게 하여 망념이 다하면 본각(本覺)의 심불(心佛)이 나타나게 된다."

이렇게 하여 망념이 다하면 본각의 심불이 나타난다고 했고 바로 그 심불(心佛)이 원각입니다. 바로 이 책의 주제죠.

자, 그런데 두 그림에 약간의 차이가 있습니다. 왼편의 그림은 '금강계 아자관'이고 오른편은 '태장계아자관'이라고 되어 있습니다. 여기서 우리는 밀교의 대표경전인 금강경과 태장경에 대해 알아봐야 합니다. 청련암의 벽화는 모두 이 둘의 밀교경전에서 나온 것이기 때문입니다.

> 『월륜과 연화 가운데 무엇을 강조하느냐에 따라 금강계 아자관 또는 태장계 아자관으로 분류한다.
>
> 　다시 말해 금강계는 지(智)를 근본으로 하기에 먼저 근본지를 상징하는 월륜을 관(觀)하는 것이며, 태장계는 이(理)를 근본으로 하기에 理를 상징하는 연화를 먼저 觀하는 것이다.
>
> 　말하자면 금강계법은 월륜의 덕(德)을, 태장계법은 연화의 덕을 기본으로 하는 것이다.』 - 전동혁 중앙승가대 교수

지혜와 이치의 차이. 지혜를 통해 얻어지는 원각과 이치를 통해 얻어지는 원각의 차이. 끝없는 공부를 통해 깨닫는 지혜와 몸이 우주와 합일되어 저절로 깨치게 되는 공부의 차이.

왼쪽 금강계 아자관은 아자와 연꽃을 큰 원(월륜)으로 둘러쌌고, 오른쪽 태장계 아자관은 연꽃 위에 작은 원으로 아(阿)자만을 원 안에 그렸죠. 색깔도 서로 다릅니다. 가만히 둘을 관하고 있으면 두 그림의 차이와 그에 따른 무한한 이야기가 들려옵니다. 그림에서 들려오는 무한한 이야기를 듣는 것. 그것이 바로 觀입니다.

15
법륜관(法輪觀)

　이 그림은 앞에서 네 번째 그림 칠륜합장(七輪合掌)의 그림과 서로 연결된 그림입니다. 칠륜관(七輪觀)이라고도 하는 이 그림 역시 밀교의 명상법인데 우주의 중심인 북두칠성을 명상 중에 떠올려 스스로 북두칠성처럼 우주의 중심이 되게 하는 수련입니다.

　법륜관(法輪觀) 수련법을 요약하면, 머리 꼭대기 첫 번째 별인 탐랑성(貪狼星) 위치는 백회혈(百會穴)이고, 두 번째 별 거문성(巨文星)은 양 눈썹사이 인당혈(印堂穴), 세 번째 별인 녹존성(祿存星)은 목의 움푹 들어간 천돌혈(天突穴), 네 번째 별인 문곡성(文曲星)은 가슴 한복판의 단중혈(亶中穴), 다섯 번째 별인 염정성(廉貞星)은 배꼽자리 신궐혈(神闕穴), 여섯 번째 별인 무곡성(武曲星)은 단전부위 기해혈(氣海穴), 일곱 번째 별인 파군성(破軍星)은 항문 앞쪽 회음혈(會陰穴)입니다. 물론 이 자리는 7개의 차크라 위치와 색깔이 모두 일치합니다.

　북두칠성은 수련자에게 매우 중요한 별자리입니다. 왜 북두칠성이라는 별자리가 유독 수련자에게 영향력이 강한 걸까요? 그 이유를 정확히 예단할 수 없지만, 우리 민족은 아주 오랜 옛날부터 북두칠성을 신성하

법륜관(法輪觀)
북두칠성과 관련 있음.
중앙에 그려진 동그라미는 실제 일곱 개의 차크라와 색과 모양이 정확히 일치함.

게 모셔 왔습니다.

베트남전쟁에 아들을 보낸 어머니들은 정화수를 떠놓고 칠성님께 무사귀환을 빌었습니다. 칠성님이 명줄과 복록을 쥐고 있다고 믿었기 때문입니다. 누군가 자신에게 오래 살게 해주고 복록까지 준다면 모든 것을 준다고 해도 과언이 아닌 존재이죠. 그래서 우리나라의 거의 모든 절에는 칠성전이 있습니다.

밤하늘의 북두칠성은 우리나라에서 가장 찾기 쉬운 별자리입니다. 고대부터 신이 존재하고 있다고 믿고 있는 하늘에 숟가락 모양의 별이 떠 있으면 당연히 누가 가르치지 않아도 자연스레 복록을 빌게 되었을 것입니다.

내가 처음 칠성주를 접한 시기는 혈기왕성하던 20대 초반이었습니다. 주문을 외우기만 해도 저절로 도가 트인다고 해서 하루에도 몇 시간씩 이런저런 주문만 외우고 있었던 시기였죠. 가끔 주문을 읽고 도가 트였다고 하는 사람들이 나왔고 그럴 때면 스스로 노력이 부족하다는 생각에 한여름에도 뜨거운 방석에 앉아 땀을 뻘뻘 흘리며 주문을 외곤 했었는데 지금 생각하면 한심합니다.

아무리 좋은 주문이라도 주문만을 읽고 실제 임독맥이 뚫리는 일은 없습니다. 주문만 읽는다고 될 턱이 없다는 것을 그때는 몰랐죠. 다른 주문이야 그렇다 치더라도 어릴 때 늘 밤하늘에 떠 있는 선명한 북두칠성을 보며 손가락으로 가리키던 북두칠성인데 그게 뭐라고 이렇게 신성한 존재로 받들며 주문으로 밤낮 없이 외워야 되는지 속으로 의아했죠.

그런데 나중에 호흡법을 익힌 뒤 주문을 읽어보니 단전호흡 수련법과 깊은 관련이 있다는 사실을 알았습니다. 즉, 이 주문을 읽고 외우며 이 주문에 적힌 내용대로 끝없이 맞춰 호흡법을 수련하고 또 수련해야 한다는 것입니다.

『七星如來大帝君 北斗九辰 中天大神 上朝金闕 下部崑崙 調理綱紀
칠성여래대제군 북두구신 중천대신 상조금궐 하부곤륜 조리강기
統制乾坤 大魁貪狼 文曲巨門 祿存廉貞 武曲破軍 高上玉皇 紫微帝君
통제건곤 대괴탐랑 문곡거문 녹존염정 무곡파군 고상옥황 자미제군

> 大周天際 細入微塵 何災不滅 何福不臻 元皇正氣 來合我身
> 대주천제 세입미진 하재불멸 하복부진 원황정기 내합아신
> 天劽所指 晝夜常輪 俗居小人 好道求靈 願見尊儀 永保長生 三台虛精
> 천강소지 주야상륜 속거소인 호도구령 원견존의 영보장생 삼태허정
> 六淳曲生 生我養我 護我身形 魁작관행 필보표 尊帝 急急 如律令
> 육순곡생 생아양아 호아신형 괴작관행 필보표 존제 급급 여율령』
>
> — 七星呪

  우리나라 뿐만이 아니라 중국의 도교에도 위와 똑같은 칠성주를 외웁니다. 중국 도교의 본산인 화산파는 수업을 하기 전에 반드시 칠성주를 외우고 수업에 들어갑니다. 수업을 받을 때도 북두칠성이 우리에게 미치는 힘이 대단한 모양이라는 생각만 했지 실제 어떤 영향이 오는지 감이 잘 잡히지 않았죠.

  그러나 실제 법륜관의 방법에 의해 수련해보면 그 파워를 실감할 수 있습니다. 사실 선도나 도교의 수련에서 북두칠성에 대한 언급은 무수히 많습니다. 인도의 전통 요가 자아실현협회(SRF)의 크리야 요가 수련에서도 가장 중요한 핵심 수련은 북두칠성이 있는 북쪽을 향해서 해야 합니다. 부처를 성취하는 불공성취불이 계신 자리도 바로 북쪽입니다.

  인도를 비롯한 중앙아시아와 유럽에는 별이 우리에게 주는 영향을 연구하는 점성학이 발달되었죠. 2년 전 인도 라자스탄에 갔을 때 그 지역 법원장의 개인 서가에 수백권의 점성학 책이 꽂혀 있어 놀란 적이 있습니다. 나와 비슷한 나이인 법원장은 명리학에도 관심이 많아 내게 자신의 사주를 봐달라고 했었죠. 법원장은 2년 뒤 중요한 승진시험이 있는데 합격할 수 있는지 물었고 나는 그에게 몇가지 주의사항을 지키면 합격할 수 있다고 했죠. 올해 그는 승진시험에 합격했고 그는 지금 인도정부의

아주 높은 관료가 되었습니다.

　인도는 아시아로 분류하지만 동양의 명리학은 거의 보급이 되어 있지 않았고 서양의 점성학이 발달되어 있습니다. 이런 것만 봐도 그들의 뿌리가 동양이 아닌 서양의 아리안족 계통임을 짐작케 합니다.

　그렇다면 과연 지구와 엄청나게 멀리 떨어진 별자리가 과연 지구에 미치는 영향이 있을까요? 여러분은 어떻게 생각하십니까. 사실 나도 별에서 오는 영향을 그렇게 크게 믿지 않았습니다. 그런데 인도에 있는 별자리 박물관에 갔을 때 나는 직접적인 별자리의 영향을 실감할 수 있었습니다.

　유네스코 세계문화유산으로 등재된 그곳은 수많은 별자리 연구의 조형물들이 많았습니다. 여러 별자리를 향해 설치된 시설물 중에 나는 정확히 내가 태어난 황소자리를 찾아낼 수 있었습니다.

　안내문이 힌두어와 영어로 되어 있어 해석이 불가능했는데도 나는 정확히 황소자리를 찾아냈습니다. 내가 태어난 별자리가 황소자리인데 그곳에서 유독 강한 힘이 느껴졌기 때문입니다. 우리나라 궁궐에 가면 지붕에 여러 동물들을 조각해 달아 놓았는데 바로 별에게서 오는 나쁜 기운을 물리치기 위해서입니다.

　아무튼. 밀교의 법륜관은 북두칠성의 힘과 우리 인체의 차크라를 결합하여 극대화한 수련법입니다. 도교에서 칠성주를 외우는 것이 고작이었던 기존의 수련법에서 밀교는 북두칠성의 기운과 인체의 차크라를 직접 연결시켜 효과를 업그레이드 시켰다는 것이죠.

　참으로 지혜롭고 절묘한 결합인데 인체의 구조와 우주에 대한 높은 이해가 없으면 불가능했겠죠. 인체가 우주의 축소판이라는 것은 여러 이론들이 주장하고 있습니다. 인체의 차크라가 여섯 개도 아니고 다섯 개도 아닌 일곱 개라는 것도 북두칠성과 예사롭지 않은 인연이죠.

지금은 도시생활이라 별을 보기 어렵지만 별이 총총한 시골에 가면 밤하늘의 으뜸은 단연 북두칠성입니다. 태양이나 달이 지구와 인간에게 여러 가지 영향을 미치듯 해와 달의 정도는 아니더라도 밤하늘의 중심에 떡하니 자리를 잡은 북두칠성이 사람에게 어떤 영향이든 끼칠 것은 당연하겠죠. 영향이 있는지 없는지는 여러 논리들을 각설하고 실제로 법륜관 수련을 해보면 간단하게 증명이 됩니다. 늘 하는 얘기지만 수련은 상상으로만 그치는 것이 아니라 실제의 물리적인 작용이 함께해야 합니다. 그렇지 않으면 망상일 뿐이고 진전도 없습니다.

별은 어두운 밤하늘이 심심해 아무 생각없이 뜨 있는 장식품이 아닙니다. 별은 신과의 결합을 추구하는 정신수련에서 매우 중요합니다. 동방박사 세 사람이 별빛의 안내에 따라 아기 예수를 찾아냈고, 크리야 요가의 마지막 수련법도 별을 찾고 그 별과 하나가 되는 것입니다. 아무리 열심히 수련한다고 해도 별을 비롯한 우주에서 도와주지 않으면, 그 존재들에게 기대지 않으면, 결코 큰 성취는 없습니다.

그런데 양익스님이 그리신 이 그림은 차크라를 그린 그림과 비슷해 보이지만 약간은 다른 차이가 있습니다. 각 혈자리의 모양과 색깔도 차크라와 다르죠. 책의 이론이 아니라 눈으로 직접 보지 않은 사람은 절대 그릴 수 없는 그림입니다.

조금 더 벽화의 그림을 분석해 보고자 합니다. 위의 그림은 금강바라밀보살(金剛波羅密菩薩)이고 아래 그림은 법륜관(法輪觀)입니다.

"금강바라밀보살은 금강바라밀다보살의 줄임말이라고도 하나, 4바라밀보살 중 하나로 다른 성격의 보살로 보고 있으며, 해석하면 금강 도피안이라는 뜻이다. 밀교 만다라 37존 중 4바라밀보살의 한 분으로, 중앙에 있는 대일여래의 동쪽에 위치한다. 이 분은 아촉부의 금강처럼 견고한 보리심으로부터 출현

했다고 하며, 밀호는 견고금강이라 한다."

『바라밀(婆羅蜜) 또는 바라밀다(波羅蜜多)는 산스크리트어 빠라미따(पारमिता paramita)를 음에 따라 번역한 것으로, 완전한 상태·구극(究極)의 상태·최고의 상태를 뜻한다.』 - 위키백과

"금강계 37존 중의 한 분. 대일여래의 4친근보살의 상수로, 전법륜보살과는 이명동체이며, 금강은 금강의 보륜이라는 뜻이며, 바라밀은 도피안이라고 한 역한다."

위의 인용글을 보면 금강바라밀보살과 법륜관의 그림이 왜 아래 위 한 짝이 되었는지 이해가 될 것입니다. 화엄경에도 언급되어 있듯이 법륜(法輪)은 부처님의 가르침을 말합니다. 부처님의 가르침은 팔만사천경이나 될 정도로 어마어마하죠. 우리가 가장 많이 알고 있는 경전은 모든 가르침의 정수만 모았다는 반야심경이죠.

그런데 아래 그림 법륜관은 법륜이라는 부처님의 가르침을 뜻하는 글자인데도 불구하고 그림은 부처님의 가르침과는 전혀 상관이 없어 보입니다. 이 그림은 누가 봐도 인체의 차크라를 표현한 그림입니다. 부처님은 한 번도 차크라에 대해 설하신 적이 없습니다. 그런데 양익스님은 부처님의 모든 가르침을 이 하나의 그림으로 표현하셨습니다. 부처님의 가르침이 바로 차크라라는 주장이죠.

이런 주장이 논란이 있겠으나 그림으로 그렸기 때문에 논란이 일지 않았습니다. 글은 누구나 보고 해석하고 비판할 수 있지만 그림은 보는 사람의 수준에 따라 해석이 제 각각이기 때문이죠. 아마 제대로 눈여겨 보는 사람도 없었을 것입니다.

금강바라밀보살(金剛波羅密菩薩)
견고한 보리심에서 출발했다고 하며, 밀호는 견고금강.
전법륜 보살과 이명동체.

이 그림을 자세히 보면 중앙으로 길게 두 줄기 흰 선이 위에서 아래로 내려오는 게 보이실 것입니다. 그림의 보존상태가 좋지 않아 얼핏 위에서 빗물이 흘러내린 것처럼 보이지만, 자세히 확대해서 보면 이 두 개의 선은 분명히 일부러 그은 것입니다.

무슨 이유가 있었을까요? 두 줄기 흰 선은 척추를 관통하는 수슘나입니다. 차크라를 설명한 이 그림의 앞 그림이 핑갈라와 이다와 수슘나가 그려져 있음을 놓쳐서는 안 됩니다. 즉 기운이 돌며 세 개의 나디가 충분하게 정화된 뒤에 차크라가 하나씩 열려간다는 의미입니다.

요즘은 차크라를 아무데나 막 씁니다. 요가학원 간판에도 차크라명상을 한다고 하고 태국마사지 간판에도 차크라를 풀어준다고 합니다. 이제는 차크라가 보통명사화 되어 대중적인 상품이 되었습니다. 그런데 도대체 차크라가 무엇이며 어떤 기능을 하는 것인지 제대로 알고 있는 사람은 그리 많지 않습니다. 인체해부를 해본 의사들은 몸 속에 차크라 같은 건 없다고 주장합니다. 차크라가 있다면 해부를 통해서 분명하게 발견되어야 하는데 지금껏 차크라를 발견한 의사는 아무도 없다는 거죠. 그래서 쿤달리니 탄트라를 쓴 사티야난다 사라스와티는 차크라는 육체가 아닌 영체에 있다고 정의합니다.

『차크라는 조정센터로서 작용하는 것 외에도 육체, 유체, 원인체 사이의 교환센터로서 작용한다. 차크라를 통해 유체와 원인체 차원의 미세 에너지가 물질차원의 에너지로 변형되며, 육체에너지가 차크라의 작용을 통해 미세한 에너지로 바뀌고 물질차원에서 심리에너지로 전환된다.

차크라는 두 차원 사이의 에너지 전달과 전환의 매개체일 뿐만 아니라, 마음과 몸 에너지 전환을 촉진시키는 장치이다.

차크라가 활성화되고 각성되면 보다 높은 영역에 눈뜨게 될 뿐만 아니라 보다 높은 영역 속(천국)으로 들어갈 수 있는 힘을 얻는다.』

― 스와미 사티야난다 사라스와티

그러니까 차크라는 에너지 변환장치 같은 것입니다. 음식을 통해 육체에 들어온 에너지를 차크라를 통해서 영체에 보내기도 하고 영체가 하늘에서 흡수한 에너지를 차크라를 통해 육체에 공급하기도 합니다.

그런데 차크라는 이 역할 이외에도 아주 중요한 역할이 있는데 그것이 바로 보다 높은 영역에 도달할 수 있는 사다리 역할입니다. 아주 높은 영역은 어디일까요? 물어 볼 것도 없이 그곳이 바로 샹그리라, 즉 천국입니다. 아래 그림의 차크라가 바로 천국으로 가는 사다리 계단인 셈입니다. 인체에 차크라가 있다는 게 참으로 신기하지 않습니까?

16
7차크라 – 비밀의 사원

어느덧 여기까지 왔습니다. 드디어 비밀의 사원에 도착했습니다. 놀라셨습니까. 그렇습니다. 청련암 구석 어디에 천국의 입구가 있는 게 아니었습니다. 천국은 바로 내 몸 안에 있었습니다.

에게, 이게 뭐야. 겨우 차크라 이야기하려고 그렇게 길게 뜸을 들였다는 거야. 실망하신 분도 있으실 것입니다. 차크라는 요즘 어디를 가도 있으니까요. 요가학원은 물론이고 마사지 하는 곳에 가도 차크라를 열어준다고 하고 피부 미용하는 곳에 가도 3만원이면 차크라를 치료해주고 열어준다고 합니다. 이 정도의 속도면 아마 멀지 않는 미래에 약국에서도 차크라를 열어주는 약을 팔지도 모릅니다.

그러나 피부미용 하는 곳이나 안마나 마사지를 하는 곳에서 차크라는 열리지 않습니다. 100만 원짜리 마사지도 마찬가지입니다. 차크라는 돈으로 해결될 수 있는 차원이 아닙니다. 돈으로 해결된다면 돈 많은 사람들이 가장 먼저 천국에 오를 수 있을 텐데. 그건 문제가 많지 않겠습니까.

위에 있는 스와미 사티야난다의 말씀처럼 차크라는 내 몸 안에 있지만 정확히는 육체인 몸에 있지 않습니다. 일곱 개의 차크라는 나의 영혼 속에 있습니다.

영혼의 영역이기 때문에 아무리 마사지를 잘 하는 사람이라도 차크라를 치료하거나 열 수 없다는 것입니다. 스마트키로 열어야 하는 문에 열쇠꾸러미를 잔뜩 들고 와 열려고 해 봤자 헛일이라는 것입니다. 차원이 다른 나라의 이야기입니다. 차크라는 영혼의 영역이기 때문에 오직 우주의 신(神)만이 차크라를 치료하고 열 수 있습니다. 그래서 이때부터 신(神)이 일을 한다고 했던 것입니다.

7차크라 – 빛과 소리

사람의 몸 안에는 빛과 소리가 있습니다. 정확히는 사람의 몸 안에 있는 영혼은 빛과 소리로 이루어져 있습니다. 일반적인 사람은 이 빛을 보고 이 소리를 들을 수 없습니다. 그러나 육체의 나디(氣-이다, 핑갈라, 슈슘나)가 정화되어 영혼이 깨어나면 영혼 속에 있는 차크라가 단계별로 열리게 되고 이 과정에서 빛과 소리가 나타납니다. 왜 사람이 동물처럼 그저 밥만 축내고 잠만 자는 욕심 많은 존재가 아니라 빛나는 영혼을 가진 신비한 존재인지 비로소 알게 됩니다.

그림에는 보이지 않지만 빛보다 먼저 소리가 들립니다. 빛은 위치와 색으로 표현할 수 있지만 소리는 그림으로 표현될 수 없습니다. 차크라에 대해 아무런 기초지식이 없었던 나는 수련 도중에 갑자기 들려오는 이상한 소리에 깜짝 놀랐습니다. 갑자기 몸이 이상해져 이명현상이 오는 줄 알았습니다. 소리는 점차 다양하게 변했습니다. 매미소리나 북소리 피리소리 등 여러 소리가 들리고 나중에는 절에서 치는 종처럼 댕그렁

미국 LA 자아실현협회(SRF) 사원에 있는 종 ⓒ서창덕
필자가 종이 달린 나무 밑 의자에 앉자 종이 울렸다.
내가 일어나고 다른 사람이 앉았을 땐 종이 울리지 않았다.
다시 필자가 앉자 종이 울렸다. 바람 탓이 아니었다. 공명(共鳴).

댕그렁 종소리가 들렸고 어떤 때는 그 모든 소리들이 모두 합쳐져서 오케스트라가 되었습니다.

이 소리들은 인도의 전통악기 연주소리와 매우 비슷합니다. 비틀즈의 조지 해리슨이 배웠던 시타르 악기소리가 명상 중 가장 많이 들리는 소리인데 모든 음악의 저변에 깔리는 배경음악 같은 역할을 합니다. 그래서 인도의 음악은 듣는 것만으로도 각 차크라를 자극시켜 명상과 비슷한 효과를 냅니다. 그러나 아무리 아름다운 연주라도 몸 안에서 들리는 소리가 훨씬 아름답고 청아합니다. 몸 안에서 종소리가 들린다는 게 너무 신기하지 않습니까. 이때가 되면 비로소 절에서 치는 종이나 북이 모두 몸속의 차크라를 깨우기 위한 것임을 비로소 알게 됩니다.

종소리가 내 몸의 차크라를 깨우듯 반대의 현상도 일어납니다. 즉, 내가 무심코 풍경이나 높이 매달린 종 밑에 가면 가만히 있던 풍경이 딸랑거리고 높은 곳에 매달린 종도 갑자기 누가 당기는 듯 댕그렁 댕그렁 울려대기 시작합니다.

미국 LA에 있는 SRF 사원에 가면 야자나무 높이 종을 매달아 놓고 그 밑에 작은 나무의자를 둔 곳이 있습니다. 그 의자에 무심코 앉았는데 갑자기 하늘에서 종소리가 들려 깜짝 놀라 위를 보니 기다란 종이 좌우로 흔들리며 울리고 있었습니다. 바람도 크게 불지 않았는데 말이죠. 내가 일어나면 종소리가 멈추고 내가 다시 앉으면 종은 다시 울었습니다. 그런데 같이 간 일행이 앉았을 땐 아무런 소리도 들리지 않았습니다. 이른바 공명현상이었습니다.

나는 이런 소리들이 내 몸 안에서 들려올 것이라는 예상을 전혀 못했습니다. 소리뿐 아니라 다른 현상들도 마찬가지죠. 그래서 뭔가 잘못된 것이 아닐까, 이상한 병에 걸린 게 아닐까, 적잖이 당황했습니다. 도대체 어떻게 된 것인가 궁금하고 불안해 주위에 수련을 많이 한 고수라는 사람들을 찾아가 물어봤습니다.

'그 모든 것은 모두 네가 짓는 허망한 것이니 신경 쓰지 말고 오로지 수련에만 집중하라'

웃기는 답변이었습니다. 내가 원하지 않았고 기대하지 않았던 이상한 현상들이 분명한 실체로서 들리고 보이고 몸이 온갖 변화를 일으키는데 그들은 그 모두가 실체가 없는 헛것이니 신경 쓰지 말고 오로지 명상에만 집중하라는 것입니다. 차라리 모른다면 모른다고 해야 되는데 말이죠. 나는 또 유명한 사람들 말씀이니 그게 맞는 말인 줄 알고 그저 열심히 공부에만 집중했죠. 그러면 그러한 변화들이 더욱 심해지는 것입니다.

그래서 나는 할 수 없이 온갖 자료들을 뒤지기 시작했습니다. 그런데 내가 겪고 있었던 모든 변화들이 모두 책과 자료에 있었습니다. 그런데 이런 유명한 책들을 그들도 분명히 많이 읽었을 것인데 왜 그들은 내게 그런 대답을 전혀 해주지 않았던 것일까요? 일부러 숨겼던 것일까요? 아닙니다. 그들은 그 책과 자료에 나와 있는 내용들을 전혀 이해하지 못했던 것입니다. 그저 실체가 아닌 상징으로만 받아들였던 것입니다.

>『명상을 하게 되면 수면상태에서 일어나지 않는 생리적 현상이 일어난다. 신진대사 저하상태로 들어가 조직의 산소 필요양이 감소해 호흡이 자연스럽게 느려진다.
>
>　심장에 의해 만들어지는 신체의 상하운동은 보호골 및 액체막인 두개골과 뇌척수액에 떠 있는 두뇌에 영향을 미쳐 두뇌 속으로 울려 퍼지는 청각 전기 파동을 일으킨다.
>
>　벤토브는 이 진동이 요기들이 명상 중에 듣는 소리라고 한다. 내면의 소리를 듣는 명상법을 나다 요가라고 하며 이는 쿤달리니 도래의 서곡이다.』
>
>　　　　　　　　　　　　　　　　－ 스와미 사티야난다 쿤달리니 연구

음과 양의 전쟁

음(-)과 양(+)이 만나서 싸우면 누가 이길까요? 양이 이길까요? 음이 이길까요? 결론은 음이 이깁니다. 여자와 남자가 만나서 살게 되면 언젠가는 인생의 말년에 여자가 이기게 됩니다. 이것은 우주의 원리이므로 남자들은 자존심 상해 할 필요가 없습니다.

마찬가지의 원리로 정신과 육체가 싸우면 육체가 정신을 이기게 됩니다. 어, 나는 그렇지 않은데 라고 말씀하시는 분도 계시겠지만 대부분 그렇다는 것입니다. 도덕과 돈이 싸우면 누가 이길까요? 대부분은 돈이 이깁니다. 공산주의와 자본주의가 싸우면 누가 이길까요? 자본주의가 이깁니다. 그렇다면 지금은 양의 시대인가요? 음의 시대인가요? 당연히 음의 시대입니다. 배금주의가 갈수록 심화되고 물질만능주의는 더욱 팽창할 것입니다.

그렇다면, 양이 음을 이기는 방법이 없을까요? 정신이 육체를 이기는 방법이 없을까요? 남자가 여자를 이기는 방법은 뭘까요? 있기는 있나요? 예, 있습니다. 그것은 합(合)하는 것입니다. 남자가 여자를 이기는 방법은 여자와 합하는 것입니다.

그게 무슨 이기는 거냐? 무승부 아니냐고 하실 겁니다. 맞습니다. 무승부입니다. 남자가 여자를 이기는 방법은 무승부밖에는 없습니다. 그러나 이 무승부를 통해서 여자는 남자의 씨앗을 키워 열매를 맺어 남자에게 돌려줍니다. 그러니까 결론적으로 남자가 이긴 것입니다.

마찬가지로 영혼이 육체를 이기는 방법은 육체와 합을 하는 것입니다. 바로 차크라를 통해서 육체와 정신이 결합을 하는 것입니다. 서로 좋은 것을 주고받고 나쁜 것을 배출시켜 윈윈-게임을 벌입니다. 남자와 여자처럼 무승부이지만 차크라를 통해 상승한 의식은 정신과 육체의 합일된 힘으로 높은 차원의 천국으로 영혼을 올려 줍니다.

> 『쿤달리니란 잠재된 상태에 있는 힘을 가리키고,
> 그것이 각성되면 데바, 칼리, 두르가 등 의인화된
> 신의 이름으로 부른다.
> 기독교 전통에서 '입문자의 길'과 '천국에 이르는 사다리'는
> 수슘나 나디를 통과하는 쿤달리니 상승을 나타낸다.
> 쿤달리니의 상승과 그 결과 영혼의 축복이 십자가로 상징된다.
> 이것이 천주교에서 양미간, 목, 가슴에 십자가를
> 긋는 표시를 하는 이유이다.』 － 스와미 사티야난다 사라스와티

단전호흡도 이와 마찬가지의 원리입니다. 양인 의식이 먼저 육체인 음에게 다가가 합을 시도합니다. 신장 사이의 단전이 바로 육체의 물(水)이자 음입니다. 양쪽이 합을 하면 음이 양의 자식을 낳아 다시 상승하여 양의 품에 안깁니다.

주역도 마찬가지입니다. 화수미제에서 출발해 수화기제로 끝나는 것이 주역의 원리인데 바로 차크라의 원리나 똑같습니다. 명리학의 용신 찾기도 마찬가지의 원리입니다. 불균형한 음양을 맞추어 주면 균형이 갖추어지고 세력의 합이 이루어져 그 사람의 매듭은 풀리며 인생은 완성을 향해 나아갑니다.

17
안반수의(安般守意)

　안반수의(安般守意). 이 세상 모든 수련법은 호흡에 닿아 있습니다. 어떠한 종교든 또는 어떠한 수련법이든 그것이 하늘에 닿을 수 있는 제대로의 방법이면 반드시 호흡에 기대고 있어야 합니다. 호흡은 인간과 신을 연결해주는 매개체입니다. 당연히 부처님 법도 예외일 수 없습니다.
　부처님께서 호흡에 대해 가르치신 경전을 불설대안반수의경(佛說大安般守意經)이라고 하고 줄여서 안반수의(安般守意)라고 합니다. 아나파사티(Anapasati)의 인도어를 비슷한 한자어로 풀이한 것이 안반수의입니다. 아나파사티(Anapasati)의 인도어를 풀면 아나(Ana)는 들숨, 나파(apa)는 날숨이고 사티(sati)는 마음을 한 곳에 집중한다는 뜻입니다. 즉, 들숨과 날숨에 마음을 집중한다는 것이죠.
　법(法)은 쉽고 간단하고 명료해야 합니다. 그러나 쉬워 보이는 호흡법이 실제 해보면 그렇게 간단하지 않습니다. 간단한 호흡법에는 의외로 너무나 많은 함정과 위험이 도사리고 있습니다. 내가 호흡을 처음 배웠던 것은 33년 전입니다. 그러니까 무려 33년 동안 이 간단한 호흡법을 해온 셈입니다. 그러나 정말 거짓말 하나 보태지 않고 말씀 드리는 바 아

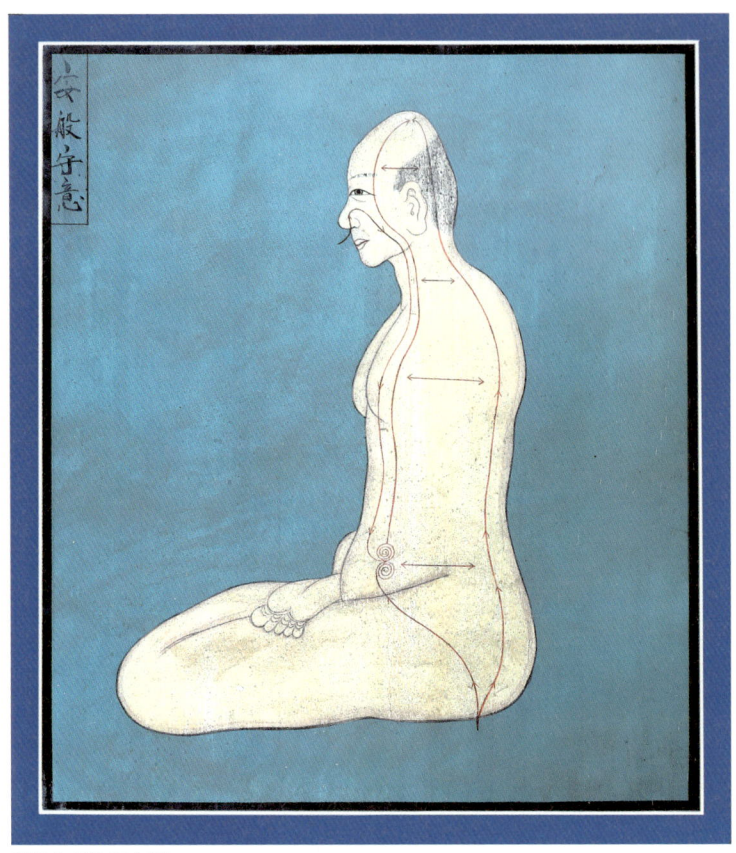

안반수의(安般守意)
안반수의경에서 유래. 인도어 아나파사티는 들숨과 날숨에 의식을 집중한다는 뜻.
선은 크리야 요가 호흡법과 비슷하나 정확히 동일한 것은 아니다.

직도 저는 호흡이 어렵습니다.

    내가 호흡을 처음 시작했던 1985년은 대한민국에 명상의 태풍이 몰아쳤는데 그 중심에는 인도의 명상학자 라즈니쉬가 있었습니다. 그가 쓴 모든 책을 탐독하고 내 나름의 수련을 하다가 이래서는 안 되겠다는 생각이 들었습니다. 홍신자나 석지현 스님처럼 라즈니쉬 수하에 들어가고 싶었지만 인도는 너무 멀리 있고 비행기도 너무 비쌌죠. 그래서 국내의 요가학원들을 찾았지만 아주머니들만 북적거렸죠. 상황은 지금도 비슷한데 神과의 합일을 추구하는 요가가 우리나라에는 왜 미용법으로 알려졌는지 참으로 의아한 일입니다.

실망하고 돌아선 내 눈에 '국선도'라는 이상한 간판이 눈에 들어왔습니다. 당시 도장을 지키고 있던 분은 40대쯤의 여자 분이었는데 실제 나이는 60대였습니다. 제대로의 호흡 수련을 하는 분들은 나이를 짐작하기 매우 어려운데 이건 노화를 늦추는 호흡의 효과 때문입니다.

도장에는 스무 명쯤 수련을 하고 있었는데 모두 60대 이상의 노인들이었죠. 제일 나이가 많은 80대 노인은 중풍으로 쓰러져 며느리 등에 업혀 왔다고 하는데 물구나무를 설 정도로 정정했습니다. 원장은 병 없이 젊은 사람이 찾아온 건 내가 처음이라며 이상하게 생각했습니다.

국선도

처음 접한 국선도라는 게 녹음기에서 이상한 남자가 이상하게 부르는 노래를 따라 동작과 호흡을 하는 그런 운동이었는데 계속 동작을 바꿔가니 이래서 언제 명상을 하고 언제 깨달음을 얻을까 한심했죠. 이것 또한 요가학원과 마찬가지로 내가 찾던 명상법이 아니었던 것이죠. 그래도 이왕 회비를 냈으니 한 달 쯤 하고 그만 두려던 참이었습니다.

그런데 놀라운 일이 벌어졌습니다. 첫 수련에 실망을 하고 집으로 돌아가던 나는 내가 날아가고 있다는 착각이 들었습니다. 발이 지면을 딛는 것이 아니라 그냥 슬렁슬렁 지면을 스쳐가는 그런 느낌이었죠.

1시간 20분의 수련으로 몸이 그렇게 가벼워질 수 있다는 게 정말 놀라

금강법보살(金剛法菩薩)
막 피기 직전의 연꽃을 들고 있다. 이 다음 그림에서 이 연꽃이 만개한다.

웠죠. 비록 인도의 요가와 전혀 다른 명상법이라 실망했지만 대신에 조금만 더 하면 축지법 정도는 가볍게 할 수 있을 것 같았습니다. 때맞춰 김정빈의 소설 '단'이 출간되어 베스트셀러가 되는 바람에 슈퍼맨이 되겠다는 내 결의를 더욱 부채질했습니다.

1985년에 출간된 소설 단(丹). 그 책은 표지가 정말 멋 있었습니다. 붓으로 흘려 丹을 크게 썼는데 한 마디로 도사의 글씨였습니다. 아마 그 책이 베스트셀러가 되는데 절반쯤은 흘려 쓴 글자의 역할이 컸을 것입니다.

아무튼 나는 그 책의 내용을 보고 축지법이 가능하다는 걸 확신했고 더 열심히 국선도 도장에 다녔습니다. 그러나 몇 달을 다녀도 여전히 나는 하늘을 날지 못했습니다. 수련을 하고 나면 힘이 넘쳐 발차기를 하면 '팡' '팡' 소리가 났지만 그저 그 뿐이었죠. 여전히 나는 가볍게 지면을 스치는 정도였습니다. 그래서 흐지부지 국선도 도장에서 멀어지게 되었습니다.

그 뒤 혼자서 호흡에 욕심을 부리다 호흡 곤란증에 걸려 몇 해를 고생하며 보내야 했습니다. 호흡수련은 효과도 크지만 반대로 부작용도 크기 때문에 반드시 혼자서 하는 수련은 삼가야 합니다. 불가에서 호흡의 숫자를 세는 수식관은 억지로 호흡을 강제로 늘리는 방식이 아니기 때문에 괜찮지만 그 외에 다른 호흡방법들은 매우 위험합니다.

최근에 생긴 종교나 수련법보다는 적어도 수백년 또는 수천년 내려오는 수련법을 권하는 이유도 바로 여기에 있습니다. 오랜 기간 수련법이 전해지면서 많은 시행착오를 거쳐 최적화된 상태로 다듬어졌기 때문입니다.

크리야 요가

자, 다시 벽화로 돌아가 봅니다. 안반수의 그림은 인도 크리야 요가의 호흡법과 비슷합니다. 비슷하다는 것은 똑같지는 않다는 뜻입니다. 호흡이 이동하는 방향과 방식이 약간 다릅니다. 그러나 어쨌든 비슷합니다.

또 S.R.F(자아실현협회)에서 가르치는 크리야 요가와도 비슷하지만 역시 약간은 다릅니다.

지금껏 내가 수련한 모든 종교와 수련법 중에서 최고를 꼽으라면 바로 파라마한사 요가난다의 크리야 요가입니다. 다른 종교나 수련법이 목적지까지 걸어서 가는 것이라면 크리야 요가는 비행기를 타고 가는 것만큼이나 빠릅니다.

크리야 요가를 수련하면 아주 빠르게 천국의 입구에 닿습니다. 그러나 기초가 닦여 있지 않은 사람에게 크리야 요가는 거의 아무런 효과도 없습니다. 기초를 쌓는데 가장 적합한 수련은 국선도입니다. 국선도와 크리야 요가를 결합시키면 많은 사람들을 천국의 입구로 실어 나를 수 있을 것입니다.

자, 그런데 왜 가장 기초적인 호흡법인 안반수의를 양익스님은 벽화가 끝나가는 시점에 그려 넣었던 것일까요? 그 대답은 다음 장의 벽화에 있습니다.

안반수의 그림의 위에 있는 그림 제목이 금강법보살(金剛法菩薩)이며 그는 왼손에 연꽃 봉오리를 들고 있습니다. 이 연꽃 봉오리는 연꽃으로 만개하기 직전의 시기를 상징합니다. 그렇다면 이 다음 그림은 분명 연꽃이 만개한 그림이어야 합니다. 그런데 만개한 연꽃의 그림은 없습니다. 왜 그런 것일까요?

불교에서는 연꽃이 깨달음의 상징으로 많이 동원됩니다. 연꽃은 더러운 진흙 속에서 자라나 깨끗하고 아름다운 꽃을 피우는 모습이 마치 사람이 온갖 역경을 딛고 영롱한 깨달음을 얻는 것과 똑같기 때문입니다. 활짝 핀 연꽃을 옆에서 보지 않고 위에서 보면 만다라의 형상과 비슷합니다. 만다라는 깨달음을 얻었을 때 피어나는 형상인데 실제로 볼 수 있어야 합니다.

어떻게 연꽃을 피울 수 있느냐의 방법이 바로 밑에 있는 그림입니다. 안반수의의 호흡법을 통하여 연꽃을 피우라는 의미입니다. 연꽃의 봉오리 다음은 만개한 연꽃이 아니라 군다리명왕입니다. 군다리명왕이 바로 만개한 연꽃이라는 의미이죠. 양익스님의 은유법이 너무 기발하고 재밌습니다.

18
군다리명왕

자, 이제 마지막 벽화입니다. 물론 이 뒤에 고골관(枯骨觀)을 비롯하여 몇 장의 그림이 더 있지만 편지로 치자면 추신에 불과하고 사실상 이 벽화시리즈의 마지막 피날레는 바로 이 군다리명왕입니다.

미당 서정주 선생이 한송이 국화꽃을 피우기 위해 무수히 많은 시련의 밤이 필요하다고 했던 것처럼 청련암의 많은 벽화는 결국 이 군다리명왕을 설명하기 위하여 그렇게 많은 과정과 이야기와 이해가 필요했던 것입니다.

그리고 기초단계에 해당하는 호흡법 안반수의를 벽화의 말미에 넣었던 이유도 바로 이 군다리명왕 때문이었습니다. 앞의 그림에서 금강법보살이 한송이 연꽃을 들고 있는 이유도 바로 곧 이어 만개할 군다리명왕을 예고하기 위해서입니다.

『명왕(明王)은 지혜의 광명으로 번뇌에 사로잡혀 있는 중생을 굴복시켜 구제한다는 분으로, 교화하기 어려운 중생에게 두려움을 주어 굴복시키기 위해 대부분 성난 모습을 하고 있다. 부동명왕(不動明王)은 모든 번뇌와 악마를 굴복

군다리명왕(軍茶利明王)
인도어 쿤달리니에서 유래.

시키고, 항삼세명왕(降三世明王)은 탐·진·치의 번뇌를 굴복시키고, 군다리명왕(軍茶利明王)과 대위덕명왕(大威德明王)은 악마를 굴복시키고, 공작명왕(孔雀明王)은 온갖 재난과 질병을 물리치고, 금강야차명왕(金剛夜叉明王)은 악한 짓을 저지른 중생을 마구 집어삼킨다고 한다.』 — 불교 이야기

양익스님은 천국으로 가는 마지막 계단에 쿤달리니를 그렸습니다. 쿤달리니 얘기를 하기 위해 그렇게 많은 서두를 깔았던 것입니다. 벽화의 최종 결론이자 절정이라고 할 수 있습니다. 자, 그렇다면 쿤달리니는 무엇을 뜻하는 것일까요? 왜 쿤달리니를 천국으로 가는 마지막 계단이자, 천국의 열쇠로 그린 것일까요?

티벳밀교 겔룩파의 창시자인 쫑카빠 롭상 닥빠 대사는 사람에게는 꼭 알아야 되는 가장 중요한 사실 세 가지가 있는데 첫째는 사람은 반드시 죽는다는 것이고, 둘째는 반드시 죽되 언제 죽을지 알 수 없다는 것이고, 셋째는 사람이 실제 죽으면 수행의 공덕 이외에는 아무 것도 도움이 되지 않는다는 것입니다. 마지막 세 번째가 섬뜩하지 않습니까.

현생은 길어야 100년이지만 죽으면 영원히 끝나지 않는 영혼의 세월입니다. 물론 경우에 따라 다시 인간세상으로 내려올 수도 있죠. 그러나 사람으로 태어나는 것도 매우 어렵다는 것을 신과 함께라는 영화가 자세히 설명하고 있습니다.

사람들은 대개 반드시 죽는다는 사실은 알지만 그것이 나와는 상관없는 일이라고 무시하거나 애써 잊고 삽니다. 또 내일 죽을 사람도 자신이 당장 내일 죽는다는 것을 모르거나 알더라도 애써 외면하고 오늘을 살아갑니다. 그래서 현실에서 이룬 부와 명예를 죽을 때까지 놓지 못합니다. 그러나 현실에서 아무리 많은 재산을 모았다 하더라도 현실에서 아무리 최고의 권력을 가졌다 하더라도 그 어떤 것도 죽으면 모두 그만이고 그 어떤 것도 저 세상으로 가져갈 수 없습니다.

죽은 뒤에 우리가 가는 세계는 물질의 세계가 아니기 때문에 당연히 이 세상의 물질은 들고 갈 수가 없으며, 권력이라는 것도 물질세계 사람끼리의 관계에서 나오는 것이기 때문에 당연히 가져갈 수 없습니다. 그러나 수련은 영혼의 영역이기 때문에 물질세계에서 쌓은 수련의 공덕은 죽어서도 유일하게 가져갈 수 있는 현실의 재산인 것입니다. 물론 수행의 공덕 중에서 가장 중요한 것이 바로 쿤달리니의 각성입니다.

쿤달리니

『쿤달리니는 척추 아래에 또아리를 틀고 있는 뱀으로 묘사된다.
정해진 자세, 호흡의 훈련 등을 포함한 일련의 기술을 통해
수련자는 쿤달리니를 척추를 따라 머리끝까지 끌어올린다.
이 과정에서 쿤달리니는 기의 중심이라고 생각되는
6개의 차크라를 통과한다.
쿤달리니가 정수리에 있는 7번째 차크라에 도달하면 수련자는
자아의 영원한 본질인 아트만과의 결합으로 표현되는
신비스러운 기쁨을 체험한다.』 － 다음백과

즉, 쉽게 설명하면 쿤달리니는 달나라로 쏘아지는 우주선 로켓트와 같은 원리입니다. 우주선이 향하는 곳은 행성이지만 쿤달리니 로켓이 향하는 곳은 천국입니다. 중력을 이기고 머나먼 달나라에 가기 위해서는 로켓의 엄청난 추진력이 필요하듯이 물질세계의 몸으로 한 차원 높은 영혼의 천국에 이르기 위해서는 일반적인 방법으로는 불가능하기 때문에 쿤달리니의 각성이 필요합니다.

군다리명왕 벽화를 한참 들여다보고 있으면 너무나 아름답고 너무나 힘이 솟구치는 그림임을 알 수 있습니다. 상승하는 기운으로 머리카락은 하늘로 솟구칠 정도고 여섯 개의 손목에는 힘에 넘치는 뱀이 칭칭 감고 있고 여섯 개의 손에는 각종 무기와 여의주가 들려져 있고 활활 타는 불

꽃이 온 몸에 넘치고 있어 어떤 잡귀나 재앙도 감히 접근할 수 없습니다.

그림처럼 쿤달리니가 깨어나게 되면 사람은 어마어마한 능력과 힘을 갖추게 됩니다. 역사 속의 수많은 천재들, 성인들, 제사장 등등의 사람들이 모두 쿤달리니를 깨워 초인적인 능력을 발휘했던 사람들입니다.

지금의 현대는 동서양을 막론하고 쿤달리니의 능력과 힘에 대해 부정하는 사람은 거의 없습니다. 그러나 인정은 하지만 도대체 이 막강한 힘을 발휘하는 쿤달리니를 어떻게 하면 깨울 수 있는지에 대해서는 의견이 분분하고 주장하는 방법도 각양각색입니다. 조사한 바에 의하면 쿤달리니를 깨우는 방법 중에 공통된 한 가지가 있는데 그것은 바로 호흡입니다.

『쿤달리니는 잠자는 에너지이므로 그것을 눌러도
폭탄처럼 터지지 않는다. 좌법(아사나)과 호흡법(프라나야마)과
크리야요가 명상을 해야 한다.
그러면 프라나(氣)를 쿤달리니 자리에 보낼 수 있게 되며,
이때 에너지는 깨어나 척추의 중심 신경 통로인
수슘나 나디를 통해 두뇌에 올라간다.
쿤달리니는 상승하면서 두뇌의 각성되지 않은 여러 부분과
내적으로 연관되어 있는 차크라들을 통과한다.
쿤달리니의 각성과 함께 잠자던 두뇌 부분이
꽃이 피어나듯 폭발하게 된다.
따라서 쿤달리니는 두뇌의 잠자는 부분을 각성시키는 것과
똑같은 의미를 갖는다.
기독교 전통에서 '천국에 이르는 사다리'는 수슘나 나디를
통과하는 쿤달리니 상승을 나타낸다.

> 영적 생활의 목표는 그것을 삼매라고 하든지, 열반이라고 하든지, 합일이라고 하든지, 해탈이라고 하든지 간에 쿤달리니의 각성에 있다.』
>
> — 스와미 사티아난다 사라스와티

스와미 사티아난다 사라스와티는 쿤달리니 탄트라라는 책으로 유명한 인도의 요가 스승입니다. 쿤달리니에 관해 출판된 책 중에 이만큼 자세하게 표현된 책은 없었습니다.

그는 쿤달리니를 깨우기 위해서는 크리야 요가 호흡을 해야 한다고 강조합니다. 크리야 요가 호흡법이 바로 앞의 그림 "안반수의" 호흡법과 거의 비슷합니다. 그런데 참으로 신기한 것은 그가 설명하고 있는 크리야 요가의 동작들이 국선도의 동작들과 매우 비슷하다는 것입니다.

대체로 쿤달리니는 세 바퀴 반을 감고 있는 잠자는 뱀으로 표현되는데 군다리명왕의 팔과 목에 감겨 있는 포효하는 뱀의 그림들이 바로 쿤달리니 각성의 힘을 표현한 것입니다.

쿤달리니를 각성시키면 현실에서 무슨 일이든 할 수 있습니다. 그것은 인간의 영혼을 한 차원 높은 세계로 밀어 올릴 수 있는 힘을 갖췄기 때문에 한 차원 낮은 현실에서는 모든 일이 가능한 것입니다. 그러나 쿤달리니가 깨어난 사람에게 현실에서의 부와 명예는 이미 관심 밖이 되어 버리기 때문에 사실상 현실에서 얻게 되는 능력은 크게 의미가 없습니다. 이미 그의 영혼은 신의 영역에 머물기 때문입니다.

존 레논은 이메이진(Imagine)에서 천국도 없고, 지옥도 없고 그저 그냥 하늘만 있다고 상상하면 세계의 평화가 쉽게 올 것처럼 노래했습니다. 국가도 없고, 종교도 없고, 소유물도 없으며 탐욕을 부리거나 굶주릴 필요도 없는 평화의 세상이 올 것이라며 당신들도 동참하라고 요구했죠.

그러나 안타깝게도 세상의 모든 사람들이 존 레논의 말에 동의해 그렇게 상상하고 동참한다고 하더라도 세상의 평화는 오지 않습니다. 존 레논의 노래가 세계에 알려지고 모든 사람이 따라 불러도 세상은 더욱 험악해지고 오염됩니다. 그저 상상 속의 바램일 뿐 실현가능한 방법이 아니라는 거죠.

세계의 진정한 평화는 오직 모든 사람들의 쿤달리니 각성에 의해서만 올 수 있습니다. 쿤달리니가 각성되어 모든 사람들의 의식이 한 차원 높이 올라가야 비로소 이 세상이 천국이 되는 것입니다.

조지 해리슨은 LSD를 통해 우연히 자아의 확장을 경험합니다. 자아의 확장이 바로 신의 의식입니다. 순간적인 에너지의 폭발이 잠깐 동안 조지 해리슨의 의식을 물질세계에서 영혼의 세계로 인도했습니다. 그 뒤 조지 해리슨은 똑같은 경험을 하기 위해 마약을 계속해보지만 몸과 영혼만 피폐해질뿐이었죠.

그는 신의 의식에 오르기 위해 마약을 계속하다가는 폐인이 될 것이라는 것을 알고 지속적으로 신의 의식을 체험할 수 있는 방법을 찾아 신의 나라인 인도로 갑니다.

인도에서 열심히 요가를 배우고 일상에서 늘 만트라를 외우고 다닙니다. 그러나 그 정도 노력으로는 신의 세계에 다다를 수 없었습니다. 무슨 이유일까요? 예상하셨겠지만 이유는 쿤달리니입니다.

사람은 눈에 보이는 육체 이외에 세 가지 몸을 더 가지고 있습니다. 즉 상념으로 이루어져 생각에 작용하는 심체(心體 : mental body)와 꿈에서 활동하는 유체(幽體 : astral body)와 영혼이라고 하는 원인체(原因體 : causal body) 이렇게 세 가지 몸이 더 있는데 쿤달리니가 있는 곳은 마지막 원인체입니다.

인체의 가장 밑바닥에 있는 곳에서 쿤달리니가 열려 척추를 통해 상승하면 육체를 비롯한 네 가지 몸이 모두 정화되면서 업그레이드 되어 우주의 의식과 결합하게 되며, 이때 비로소 사람은 천국으로 들어가게 됩니다. 중국에 있는 가짜 샹그리라가 아니라 진짜 샹그리라의 세계에 도착하게 되는 것이죠.

샹그리라 – 마음에 뜨는 해와 달

샹그리라의 티베트어의 뜻은 마음에 뜨는 해와 달입니다. 마음에 해와 달을 보아야 샹그리라에 닿을 수 있다는 뜻이죠. 그렇다고 그냥 마음으로 들어가는 것이 아니라 실제 눈에 보이는 몸과 눈에 보이지 않는 영혼까지 모두 실제 천국의 영역으로 들어가는 것입니다. 그래서 육체를 가진 현실의 삶은 사람에게 굉장히 좋은 절호의 시간인 셈입니다.

쿤달리니의 각성은 절대 환상이나 관념이 아닌 물리적으로 실재하는 전기생리학적인 현상입니다. 일단 쿤달리니가 열려 척추를 통해 상승하기 시작하면 인체의 구조가 바뀝니다.

지금은 상상하기 어렵지만 13년 전의 나는 거의 죽은 몸이나 다름없었습니다. 1년에 한 번 의무적으로 종합검진을 받아야 하기 때문에 그때의 병원검진 기록표가 지금도 고스란히 남아 있습니다.

지금의 저의 몸무게가 75키로 그램인데 당시는 체중이 90키로 그램이나 나갔죠. 늘 건강을 챙겨야 한다는 의사의 말을 예사로 들어 넘겼는데 어느 날 담배를 피려고 하는데 손가락 끝이 떨어져 나가는 듯 아팠습니다. 어렸을 때 시골에서 하루 종일 빙판 위에서 놀다 따뜻한 아랫목에 깔아놓은 이불 속에 손을 넣으면 얼었던 손가락이 녹느라 잠깐 동안 떨어져 나갈 듯 아픈 바로 그 익숙한 고통이었죠. 그런데 아직 겨울도 아니고 빙판 위에서 놀다 온 것도 아닌데 이상했죠. 불안한 마음에 병원에 가니 역시나 방치한 당뇨가 악화되어 손끝의 모세혈관이 파괴되어 생기게 된 통증이라는 것입니다.

당뇨뿐만이 아니었습니다. 간, 위, 소장, 혈관, 디스크 등등 그야말로 성한 곳이 없었죠. 몸이 최악으로 망가져 피곤한데 정작 밤이 되면 잠이 오지 않았습니다. 밤새 뒤척이다 깨면 이불이 축축할 정도로 밤새 진땀을 흘렸습니다. 병원의 의사는 말 안 듣더니 고소하다는 듯 피식 웃으며 이대로 가면 죽는다고 했습니다.

그때 정신이 번쩍 든 나는 국선도 도장에 달려 갔습니다. 다른 사람들은 운동을 하거나 용한 병원을 찾았겠지만 스무 살 무렵부터 힘들 때마다 도움을 받았던 나는 다시 살기 위해 국선도 도장을 찾았습니다. 스무 살 무렵에는 어디가 아파서 왔냐는 물음에 대답을 못할 정도로 건강했었는데, 20년이 지나 온 몸이 만신창이가 되어 불치병까지 안고 국선도 도장을 다시 찾아간 셈입니다.

새벽에 일어나 국선도 도장에 나가 수련을 하고 직장이 끝나면 집으로 오지 않고 다시 국선도 도장을 찾아 수련을 하고 집으로 갔습니다. 토요일과 일요일에는 산에 올라가 수련을 했죠. 오로지 살기 위해서. 마흔은 죽기에 너무 아까운 나이죠.

그렇게 6개월쯤 수련하고 있을 때였죠. 갑자기 꼬리뼈 근처가 망치로 두드리는 듯 쿵쿵 자극이 왔습니다. 그렇게 3일간을 꼬리뼈에서 쿵쿵대더니 3일 뒤부터는 본격적으로 인체의 변화가 오기 시작했습니다. 나중에 사티아난다 사라스와티의 책을 보니 쿵쿵 소리가 나던 그 곳이 바로 물라다라 차크라였죠. 그래서 저는 쿤달리니는 절대 환상이나 생각의 차원이 아니고 물리적으로 실재하는 현상이라고 말할 수 있는 것입니다.

천국을 찾아 티베트의 샹그리라까지 찾아온 한국 방송국 사람들에게 티베트의 승려는 이렇게 말합니다. 당신들이 찾는 천국은 여기에 없다고. 샹그리라는 티베트어로 마음 속에 뜨는 해와 달이라며 한심하다는 표정으로 떠나갑니다. 떠나며 그는 또 이렇게 말합니다. 왜 천국이 마음 속에 뜨는 해와 달인지 하루 종일 이야기할 수 있다고. 그러나 하루 종일 이야기해도 당신들은 이해하지 못할 거라면서 안됐다는 듯 고개를 절레절레 흔들며 설산(雪山) 속으로 멀어집니다.

꼭 티베트 승려가 아니라도 흔히 천국은 마음 속에 있다고 합니다. 아는 사람이든 모르는 사람이든 누구나 흔하게 그렇게 말합니다. 왠지 그럴 것 같기도 합니다. 물론 틀린 말은 아닙니다. 그러나 정확하지는 않습니다. 천국이 물질세계에 존재하지 않는 것은 맞지만 그렇다고 마음으로 그저 상상 속에 존재하는 것이 아니라 실존하는 세계라는 것이죠.

천국이 물질의 영역은 아니지만 상상의 영역은 더더군다나 아닙니다. 천국은 다른 차원에 존재하는 실재(實在)하는 세계입니다. 그 세계는 각자의 영혼 속에 존재하는데 오로지 쿤달리니가 열린 사람이 인체 속에 존재하는 척추 속 천국의 사다리를 타고 오를 때만이 갈 수 있는 세계입니다.

19
고골관(枯骨觀)

　벽화의 마지막 그림은 신라의 자장율사께서 닦았다고 하는 고골관(枯骨觀) 수행법입니다. 원효스님과 육촌 간이었다는 자장율사는 어려서 부모를 여의고 일부러 험한 곳에 거처하며 몸의 집착을 끊기 위해 자신의 몸이 백골이라고 상상하는 고골관(枯骨觀)을 닦았다고 합니다.
　육체라고 하는 것은 죽으면 결국 앙상하게 뼈만 남기고 썩어 버리므로 그 무상함을 깨닫는 것이죠. 죽고 나면 끝인 이 육체에 집착하지 말고, 저 세상으로 가져갈 수 없는 부와 명예에 아까운 시간을 낭비하지 말고, 지금 열심히 수련의 공덕을 쌓으라는 양익스님의 간곡한 당부의 그림입니다. 그러나 육체의 집착을 끊는 것은 참으로 어렵고 또 어려운 일입니다. 오죽했으면 자장율사께서 몸을 백골이라고 상상하면서까지 육체의 집착을 끊으려 했겠습니까.
　부산에는 티벳 스님들이 직접 운영하는 광성사라는 절이 있습니다. 그 절에 겔룩파 종정을 역임하신 분이 오셨습니다. 티벳은 종주국 인도를 제치고 명실공히 세계 최고의 밀교 나라입니다.
　사람은 반드시 죽는다. 사람은 반드시 죽는다는 사실을 모든 사람들도

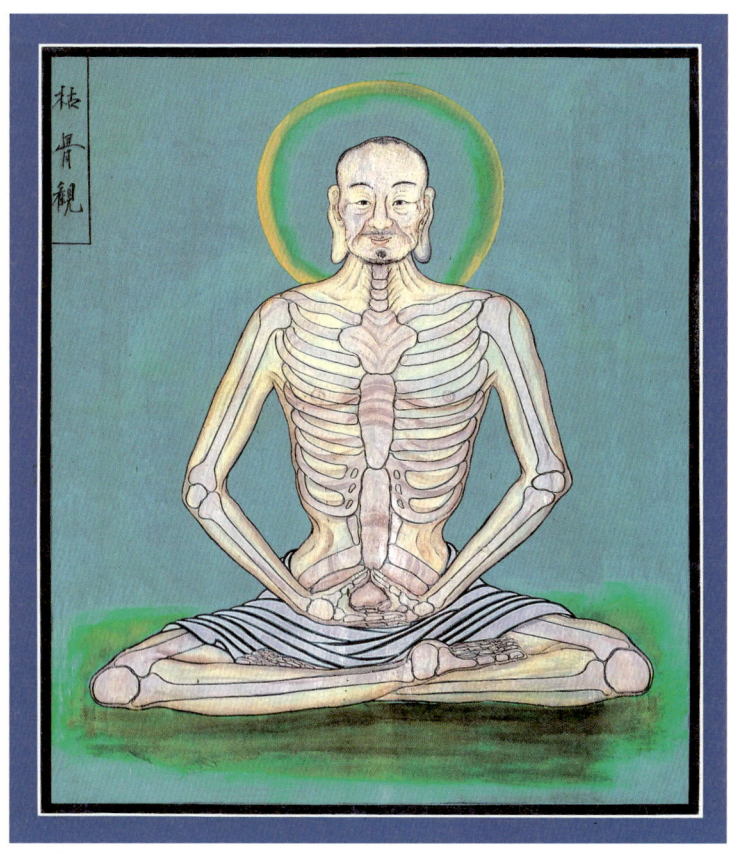

고골관(枯骨觀)
집착을 끊기 위해 자신의 몸이 백골이라고 상상.

알고 있다. 그러나 사람들은 죽는 그날까지도 오늘은 죽지 않는다고 생각한다. 그래서 사람들은 늘 죽음은 자신의 일이 아니라고 생각하고 죽으면 아무 소용 없는 것들에 죽을 때까지도 집착한다는 것이죠. 죽으면 이 세상에서 이룬 것들은 아무 것도 가져갈 수 없고 육체조차도 앙상하게 뼈만 남아 무상만 남습니다.

이 그림을 가만히 보고 있으면 참으로 마음이 담백해 집니다. 부처님이 6년 고행시절에 **뼈만** 앙상하게 남아 있던 모습이 떠오르기도 하고 모든 이승에서의 인연과 집착을 모두 끊고 난 뒤 청정한 인식의 의식이 허공 속에 녹아 있는 느낌이 들기도 합니다.

아무튼 결론은 너무나 평화롭고 착 가라앉은 잔잔한 행복이 느껴집니다. 이런 평화가 진정한 행복이 아닐까요?

제3장 에필로그

에필로그

당신은 길 잃은 神이다.

　책의 서두에 언급했듯이 나는 가정을 가진 직장인입니다. 그러니까 수련이나 공부만 전적으로 하는 사람이 아니라는 뜻입니다. 나는 직장인 중에서도 은행의 지점장입니다. 본인이 지점장이거나 또는 지인이 지점장인 사람은 잘 아시겠지만 요즘의 은행 지점장은 매우 바쁘고 스트레스가 많은 직책입니다. 직장에 나와 하루 종일 빈둥거려도 꼬박꼬박 월급이 통장에 꽂히는 그런 느긋한 처지가 못 됩니다. 지점에 배당된 수십 가지의 목표를 달성하느라 하루 종일 뛰어 다녀야 하고, 종일 뛰어도 성과가 없을 때에는 저녁에 따로 접대도 해야 되고, 그래도 성과가 바닥일 때는 이러다 본점에 불려가는 게 아닐까 밤새 뒤척여야 하는 그런 매우 피곤한 일상을 가진 직장인입니다.

　이처럼 바쁜 일상 속에서도 나는 13년 동안 거의 매일 아침 명상을 거른 적이 없습니다. 물론 전날 불가피하게 영업을 하느라 술을 많이 마신 날은 빼고 말입니다. 나는 대개 밤 11시에서 12시 사이에 잠이 들어 다음 날 새벽 3시나 4시에 일어나 2시간 명상을 한 뒤 1시간쯤 글을 썼습니다. 그렇게 4년 동안 매일 조금씩 쓴 글이 바로 이 책입니다. 그러니까 내가 하고 싶은 말은 굳이 공부를 위해 출가를 하지 않아도 가족 부양의 의무를 다하며 얼마든지 명상이나 종교공부를 할 수 있다는 것입니다. 그런 분들에게 이 책이 조금이나마 참고와 위로가 되었으면 합니다.

은행 지점장은 힘든 직업이었지만 한편에선 내가 배운 것을 실전에 적용해 볼 수 있는 좋은 기회였습니다. 실전에 적용이 되지 않고 현실에서 효과가 없다면 그건 공염불이고 가짜명상입니다. 할 필요가 없다는 것이죠. 직장생활하기도 바쁜데 그야말로 쓸데없는 명상을 왜 하겠습니까. 당연하지 않겠습니까. 늘 강조하지만 이 세계라고 특별하거나 상식을 벗어난 공간이 아니라는 것입니다.

은행이라는 곳은 사람들의 실생활에 깊숙하게 연결되어 있기 때문에 다양한 직업과 다양한 문제를 가진 사람들이 드나듭니다. 그 중에서 지점장실에 들어올 정도면 대부분 사업의 규모가 큰 사람들이고, 돈이 많은 사람들보다는 돈이 필요한 사람들입니다. 즉 현재의 사업에 약간의 은행 지원이 필요한 사람들이라는 것이죠.

약간 어려운 정도면 일상적인 자금지원 정도로 충분하게 해결이 되었지만 심각한 어려움에 처한 기업들은 밑 빠진 독에 물을 붓는 식이라 일상적인 지원으로는 해결이 되지 않았습니다. 그럴 경우에 나는 솔직하게 내가 공부한 영역을 밝히고 현재의 위기를 근본적으로 극복하고 싶으면 내가 이끄는 대로 따라와야 된다고 요청합니다. 물론 백이면 백 그들은 내 공부의 영역을 인정하지 않고 정신이 약간 나간 지점장이 아닐까 의심합니다. 당연히 그럴 수밖에 없죠. 그럴 때 내가 그들의 신뢰를 얻는 방법은 하나밖에 없습니다. 당장 그 자리에서 내가 갖고 있는 능력을 증명하는 것입니다.

그렇게 해서 나는 많은 사람들에게 도움을 줬습니다. 몇 년 간 팔리지 않아 속병을 앓던 사장에게 70억 상당의 건물을 2달만에 팔리게 하고,

마흔 살의 노처녀를 3개월 만에 시집도 보내고, 병원에서 치료가 되지 않던 병을 고쳐주고, 사업실패로 자살까지 생각하는 어려운 기업들도 여럿 살렸습니다. 내가 이끄는 대로 따라온 사람 중에 문제가 풀리지 않았던 적은 단 한 번도 없었습니다. 있었다면 나는 이 공부를 계속하지 않았을 것입니다.

물론 내가 한 공부가 이런 세속의 성공에만 있는 것이 아니었습니다. 그러나 이런 세속의 성공과 절대 무관하지 않다는 것입니다. 깨달았다면서 건강이 좋지 않거나 대단한 종교라고 하면서 현실에서 아무런 능력을 발휘하지 못한다면 그것은 할 필요가 없다는 것입니다. 대부분 아무런 효과가 없는 사기입니다. 그건 마치 대학생이 초등학생 문제도 풀지 못하는 것과 마찬가지입니다. 그런 방법으로는 절대 높은 도에 이를 수 없으며 더군다나 천국은 가당치도 않습니다.

그래서 명상은 실제 생활에 적용해 도움을 받고 활용이 가능한 실전명상이라야 합니다. 내가 실전명상을 외치게 된 계기도 실제 내 몸과 정신과 궁지에 빠진 인생이 명상으로 도움을 받았기 때문입니다. 이 책의 주인공인 양익스님도 마찬가지입니다. 스님은 불경공부나 밀교공부를 정식으로 하신 분이 아니었습니다. 스님께서는 우연히 폐병에 걸려 호흡 수련을 하게 되었고 그 결과 모두 죽는다고 했던 폐병이 나았고, 이상한 현상들이 나타나 계속 공부를 했는데, 나중에 보니 자신이 한 공부들이 대부분 밀교경전에 모두 나와 있는 것이었고, 나아가 현교(불교)의 경전도 모두 이해할 수 있었죠. 즉, 종교나 수련법은 경전이 먼저가 아니라 실제가 먼저라는 것입니다. 석가모니 부처님도 실제가 먼저 일어났고 그 실제를 설명한 것이 바로 경전이라는 것이죠.

비베카난다도 종교는 반드시 실제 신을 만나 접촉할 수 있어야 하고, 접촉할 수 없으면 그 종교는 가짜이니 버리라고 했습니다. 위선자보다는 차라리 무신론자가 낫다고까지 주장했죠. 그러나 지금 우리 주위에 있는 많은 종교시설에는 실제의 신이 강림하지 않습니다. 신을 찾는 방법이 잘못되었기 때문입니다. 신이 없는 종교시설은 앙꼬 없는 찐빵이나 똑같 죠. 앙꼬가 없다면 진정한 찐빵이라고 할 수 있을까요?

내가 이 책에서 처음부터 마지막까지 외치고 있는 것도 바로 이것입니다. 이것은 내가 분명하게 실제 경험했기 때문에 자신 있게 주장하는 겁니다. 병원의 종합검진기록부에도 분명하게 남아 있지만, 나는 많은 병을 가진 상태에서 이 명상을 시작했습니다. 13년이 지난 현재 나는 건강합니다. 50대 중반의 나이지만 사람들은 훨씬 더 젊게 봅니다. 그러나 나는 현재의 몸을 만드는데 어떠한 약도 복용하지 않았으며 직장생활도 정상적으로 수행했습니다.

사실 처음에는 그런 약들을 잠깐 복용해봤지만 아무런 효과가 없었습니다. 당뇨병도 그렇고, 간질환도 그렇고, 심장병도 그렇고, 디스크도 그랬고, 오십 견도 그랬고, 시력저하도 마찬가지입니다. 의사들도 당뇨병이나 심장병의 경우는 치료약이 없으며 다만 나빠지는 속도를 약간 늦춰줄 뿐이라고 했습니다. 그들은 내게 술 담배 고기를 끊고 현미와 채소와 병원의 약을 먹어야 된다고 했습니다. 힘들게 번 돈을 죽을 때까지 의사에게 의지하고 갖다 바쳐서야 되겠습니까. 제대로 된 명상법은 의사가 필요 없습니다. 물론 본문에 언급했듯이 쿤달리니가 깨어나야 합니다.

쿤달리니를 가동하는 방법은 여러 가지가 있지만 필수적인 요소는 바로 호흡입니다. 그러나 호흡 수련을 하는 사람들은 많지만 쿤달리니가 가동된 사람은 매우 드뭅니다. 어떤 방법으로 호흡을 하느냐가 중요합니다. 가능하면 국선도나 불교처럼 오래된 전통적인 호흡 수련을 택해야 합니다. 오래 되었다는 것은 많은 세월 속에서 검증된 방법이라는 것입니다. 많은 돈을 요구하며 3개월이나 6개월 만에 완성시켜 주겠다는 곳은 100% 사이비입니다. 수련에 로또는 없습니다. 아무리 좋은 수련법이라도 몸과 영혼은 절대 단기간에 정화되고 완성되지 않습니다. 그리고 본문에도 언급했지만 호흡 수련이 완성되면 일정한 단계에서는 반드시 파라마한사 요가난다의 크리야 요가가 결합되어야 합니다. 특히 직장과 가정을 꾸리며 높은 단계의 수련을 병행하겠다는 사람에게는 필수조건입니다.

　이 책을 읽고 어떤 분은 저자가 결정적인 비법을 숨겼다고 섭섭해 하실 수도 있습니다. 절대 아닙니다. 하늘의 눈치를 안볼 수는 없었지만 꼼꼼하게 잘 보시면 모두 드러나 있습니다. 장담컨대 이만큼 공개한 책을 나는 아직 세상에서 보지 못했습니다. 그러나 절대 쉽게 보이진 않습니다. **정성과 겸손이 필요합니다.** 또 당장 보이지 않더라도 어느 순간 문득 보일 때도 있으니 너무 조급해 할 필요는 없습니다. 이 책은 국사책 같이 그냥 읽으면 이해되는 그런 책이 아닙니다.

　본문에 나와 있는 대로 수련을 하다보면 우리 자신이 고귀한 존재라는 사실을 알게 됩니다. 내 안에 태양보다 더 밝고 보석보다 더 아름답게 빛나는 존재가 있음을 직접 보게 됩니다. 내 안에 흐르고 있는 아름다운 음악과 종소리를 듣게 됩니다.

　어떻게 살아왔던 지금까지 살아온 모습이 당신의 전부가 아닙니다. 당신이 지금까지의 인생에서 길을 잃지 않고 최선의 노력과 판단으로 똑바로 잘 헤쳐 왔다고 생각되겠지만 그게 전부가 아닙니다. 당신은 길을 잃은 神입니다.

　제가 드릴 말씀은 여기까지입니다.

　마지막으로, 양익스님께 감사를 드립니다. 그 분의 도움이 없었다면 이 책은 결코 세상에 나오지 못했습니다. 4년 전, 인터넷에 올라온 사진

한 장을 우연히 보고 이 책을 시작했지만 절의 입구 입간판을 읽는 데만 몇 달이 걸렸습니다. 진도가 나가지 않아 답답한 마음에 청련암에 올라가 양익스님의 영전 앞에 엎드려 기도를 드리고 나면 어김없이 길을 열어주셨습니다.

인도에서 오신 원광대 라제쉬 교수와 부산의 도반 김미희씨에게 감사를 드립니다.

처음 청련암을 보고 인도 힌두교의 시각과 기독교의 시각과 한국 전통 수련의 시각으로 쓰려고 했지만 여의치 않아 전통수련의 관점으로만 쓰게 되었지만 언젠가는 다양한 시각으로 청련암을 표현하는 날이 오리라 기대합니다. 힌두교나 기독교나 모든 종교와 명상법은 껍데기만 다를 뿐 알맹이는 같기 때문입니다.

사진을 찍어주신 사진작가이자 사업가이자 금정구의원의 일까지 하시느라 늘 바쁘신 김천일 선생님께 감사를 드립니다. 최고의 사진을 찍기 위해 독일에서 가장 비싼 최신의 장비를 들여왔습니다. 우리가 몇 달의 준비를 마치고 사진을 찍기 위해 청련암에 오른 날은 쾌청했습니다. 걱정하던 비도 말끔하게 개었고 휴일인데도 사진을 찍는 몇 시간 동안 아무도 방해하지 않았습니다. 벽화도 살아 있는 듯 스스로 빛을 발했습니다.

정말 마지막으로, 이 책의 편집을 맡아주신 금샘 출판 강대홍사장님과 이지향씨께 감사를 드립니다. 보잘 것 없는 원고를 30년 출판인생의 기념비로 만드시겠다며 나보다 더 큰 애정과 힘을 쏟아 주셨습니다.

행복한 시간이었습니다. 감사합니다.

추천사

늘 영성을 추구하는 열정적인 사람, Mr. Banker!

라제쉬 꾸마르 라즈 교수

나는 그를 '미스터 뱅커'라고 부른다. 한국 사람들이 내 이름 '라제쉬 꾸마르 라즈'를 낯설어하듯 나 또한 아직 한국의 이름이 낯설다. 인도의 대학에서 요가와 철학을 가르치던 내게 한국의 원광디지털대학교에서 요가 강의를 해달라는 요청을 받고 설렘 반 두려움 반으로 한국 땅을 밟은 지 벌써 5년이 훌쩍 지났다. 짧은 세월이 아니었지만 아직도 내겐 한국어와 한국인의 이름이 낯설다. 그래서 나는 아직도 그의 어려운 한국이름보다 부르기 쉬운 미스터 뱅커라고 부른다. 인도에서 Banker는 모두 엄청난 부자이지만 그는 한사코 부자가 아니라고 한다. 나는 한국의 사정은 아직 잘 모른다. 그러나 그가 근무하는 곳의 은행은 매우 컸고 그는 그 큰 건물의 은행지점장이었다.

그를 처음 만난 곳은 한국의 전통 사찰 청련암이었다. 내게서 요가강의를 듣고 있던 부산의 재학생대표 김미희씨가 부산에 요가난다의 크리야 요가를 하는 사람이 있는데 그가 블로그에 올려놓은 전통사찰의 벽화가 인도의 요가와 비슷하다는 것이다.

그래서 벽화에 관심을 가진 몇 명의 학생들과 함께 부산 청련암에 갔고 그곳에서 미스터 뱅커를 처음 만났다.

　미스터 뱅커는 늘 진지하고 멈추지 않는 의지력을 소유한 매력적인 사람이었다. 그는 한국에서 요가를 하는 사람 중에 드물게 참나를 실현하고자하는 깊은 열정이 있었다. 내가 한국에 와서 늘 아쉬웠던 점은 한국에 요가를 가르치는 학원들은 많지만 대부분 날씬해지고 유연해지기 위한 운동차원에 머물러 있다는 것이다. 물론 몸도 유연해지고 날씬해지는 것도 요가의 중요한 효과이지만 그 보다 훨씬 더 큰 요가의 궁극적인 목표는 참나를 찾고 내 안에 있는 신과의 완전한 합일을 이루는데 있다. 모든 이의 내부에는 신이 존재하며 이 책의 제목처럼 단지 우리는 길을 잃었을 뿐이다.

　미스터 뱅커를 만나면서 한국요가의 아쉬움을 많이 충족할 수 있었다. 만날 때마다 우리는 늘 영적인 주제를 갖고 토론하고 의견을 나누었다. 이것이 내게 가장 깊은 인상으로 남아있다. 그와의 만남이 수 십 년을 넘길 정도로 길지는 않았지만 오랜 지인을 만난 것처럼 그는 늘 편안했다. 그는 한국의 전통수련인 국선도의 사범이었지만 오래 요가를 수련한 사람들도 잘 하지 않는 심오한 영적 질문을 많이 하여 나를 놀라게 했다. 인도 최고의 요기였던 라마 크리슈나가 말했듯이 신을 찾는 길이 나라와 종교마다 달라도 궁극에는 한 곳에서 만난다는 것을 우리는 그 동안 많은 대화를 통해 확인할 수 있었다.

　이 책에 소개된 청련암의 벽화는 그 뿌리가 밀교이고 밀교는 인도에서 발생하여 티베트로 건너가 한국과 일본에 전해졌다. 그런데 놀라운 것은 청련암에 그려진 밀교의 그림들이 한국의 전통수련인 국선도와도 많은 부분에서 비슷했고 특히 그가 보여준 국선도의 동작들은 인도의 하타요가와 매우 비슷했다.

4년 전. 청련암의 벽화를 인도 요가의 관점에서 분석해 함께 책으로 내려고 했었지만 내 직업이 유럽과 러시아, 호주 등 세계 각지를 돌아가며 강의를 하는 일이라 너무 바빠 함께하지 못해 너무 아쉽다. 그래도 그 동안 청련암의 벽화에 대해 우리가 나누었던 대화의 많은 내용들이 이 책에 담겨 있으므로 영혼의 진보에 열정을 가진 한국의 독자들에게 많은 참고가 될 것임을 확신한다. 다시 한 번 나의 영적인 한국 친구에게 수고했다는 말과 축하를 보낸다.

그 동안 미스터 뱅커와 나는 두 번이나 함께 나의 모국인 인도를 여행했었다. 2015년 인도의 서부지역인 라자스탄을 함께 여행했을 때 그의 관심은 오로지 영적인 데 도드라져 있었다. 인도의 세도나라고 할 수 있는 아부 마운틴(Mount Abu)을 오르고 라자스탄의 고대 불교유적지를 둘러보면서 그가 얼마나 영성추구에 목말라하는 지, 얼마나 깊게 이해를 하고 있는지를 알 수 있었다.

그의 영성추구는 올해인 2018년에도 지속되었다. 우리는 지난 5월 31일부터 인도인들의 정신적인 고향인 히말라야 바드리나트로 열흘간 영성 투어를 갔었다. 위험천만한 히말라야 낭떠러지 절벽 길을 버스로 무려 17시간이나 올라야 하는 험난한 여정이었다. 그러나 그의 열정은 너무 대단해 자신에게 다가온 영적 호기심을 만족시키려고 예정된 일정보다 일주일이나 앞서 혼자 한국에서 출발했다. 그는 콜카타, 바라나시 등 인도의 주요 도시들을 혼자 여행하면서 파라마한사 요가난다 자서전을 읽고 거기에 등장하는 인물들, 라히리 마하사야, 스리 유크테스와르, 파라마한사 요가난다, 비베카난다, 라마 크리슈나 등에 얽힌 장소와 유적들을 살펴보며 직접 체험했다. 마지막 우리 일행과 합류해 해발 3,300미터에 있는 히말라야 바드리나트에 갔을 때도 고산지대와 인도의 전통음식 때문에 한국에서 온 대부분이 힘들어 했지만 그는 어린 아이처럼 마냥 즐거워했다. 그는 신의 나라 인도에서 영혼의 갈증을 마음껏 해소했고 이번 여행을 주관한 나에게 큰 보람이었다.

한국에 있을 때다. 한 번은 그와 이 책에도 나와 있는 영적 음료인 '소마'에 관한 이야기가 주제에 올랐는데 그 한 가지의 주제로 우리는 무려 두 시간을 토론한 적이 있었다. 그는 내가 박사학위를 받았던 인도의 고대 비밀 음료인 '소마'에 대해 많은 관심이 있었다. 그 자리에서 우리는 다양한 와인, 허브 등에 대해 토론했고 또 수행의 지름길에 대해서도 많은 대화를 나누었다. 이번에 우리가 갔었던 히말라야 바드리나트가 바로 수 천 년 전에 히말라야 성자들이 모여 비밀음료 '소마'를 만들던 곳이었고, 인도인들이 갠지스강을 신성하게 여기는 것도 바로 수행자들의 도시 바드리나트에서 흘러내린 물이 갠지스강으로 흘러들기 때문이다.

영성추구에서 크게 두 가지 장애물을 든다면 하나는 모든 것을 자신의 마음의 테두리에서만 보려는 태도이며, 또 하나는 지름길을 찾는 것이다. 모든 것을 자신이 본대로, 들은 대로, 자신의 마음이 가는 대로 이해하려 드는 것은 영성추구에 있어 가장 큰 장애물이다. 그러나 많은 사람들이 미약한 수준의 영적인 주관에 사로잡혀 진짜를 알아보지 못해 소중한 영적 진보의 기회를 잃는다.

또한 영성추구의 길에 지름길이란 없다. There is No Quick Jump! 세계에서 최고로 빨리하기를 잘하는 한국인이라도 영혼이 진보하는 과정에 예외는 없으며, 빨리 질러가는 지름길도 없다. 오로지 순수함과 고도의 집중으로 끊임없이 자신을 정화하고 명상에 정성을 기울여야만 그 결과는 영성의 진보로 이어진다.

그런 면에서 미스터 뱅커의 영적 관심은 꽤 다양하고 폭이 넓다. 그의 영적 체험도 그만큼 다양하고 깊다. 그가 깊은 수행과정을 거친 국선도를 비롯하여 불교, 기독교, 도교, 힌두교 등 그 하나하나에 깊게 이해하려는 태도는 정말로 칭찬을 받을 만하다. 그는 영적으로 진보할 수 있다면 국경도 종교도 초월해 언제나 열려 있으며 아무리 가기 힘든 곳이라도 가고야 만다.

양익스님이 한국의 전통사찰 청련암에 그려놓은 벽화는 아무리 많이 불교를 공부한 사람이 봐도 이해가 되지 않는다. 마찬가지로 요가만을 공부한 사람 또는 밀교만을 공부한 사람이 봐도 이해할 수 없다. 청련암의 벽화는 불교, 밀교, 요가, 한국의 전통수련 등을 두루 공부한 사람만이 올바르게 해석을 해낼 수 있다. 또한 단순한 공부를 넘어 실제 수련의 깊은 단계에 이르지 않은 사람은 처음부터 이해가 불가능하다. 밀교는 현교와 같은 이론 중심이 아니라 행동하는 실행이 중심이다. 그런 면에서 각 나라의 수련법을 두루 배우고 익힌 서선생은 청련암의 비밀을 밝히는 데 매우 적합하고 준비된 사람이었다.

그의 무궁한 발전을 기원하며 그의 영성 서적 출간을 진심으로 축하드린다. 그의 영적 여정이 더 높이 발전하고 진보하여 한국에서 영적인 길을 찾는 많은 사람들에게 도움이 되기를 바라는 마음 더욱 간절하다.

▲2008년 히말라야 알모라 사원

■ 라제쉬 꾸마르 라즈 교수

라제쉬 꾸마르 라즈 교수는
인도의 정통 브라만으로 태어난 지 21일 만에
할아버지의 아쉬람으로 옮겨 집안 대대로
전수되는 비밀수련법 나다요가를 전수받았다.
인도 데바 산스크리트대학 교수를 시작으로
많은 곳에서 요가를 가르쳤으며,
현재 한국의 원광디지털대학교와
러시아, 호주, 유럽 등 여러 나라를 순회하며
요가를 가르치고 있다.
현재 인도 정부의 모디 총리 직속 자문기구로
설립한 요가위원회 45인 중 최연소 자문위원이며,
2018년 1월에 할아버지를 계승해
정식 구루가 되었다.
히말라야 깊은 산중에 있는 그의 사원에는
한때 오천 명이 넘는 제자들이 요가를 수련했고,
그의 제자들은 인도 전역에 퍼져 있다.
이번 여행에 들렀던 해발 3,300미터
히말라야 바드리나트에도
그의 멋진 사원이 있었다.

추천사 _ 김천일 (현)금정문화회관 관장, 전)금정구 의회위원, 사진작가, 사업가)

출간을 축하합니다.

존경하는 서창덕 지점장님.

선생과의 인연이 10여년의 세월이 흐른 지금도 담담하고 유유히 우정을 나누고 있다고 느낍니다. 선생께서는 최고의 지성과 진리를 얻으신 분입니다. 한결같은 자비심과 선하면서도 깊이가 느껴지는 눈빛과 당당한 모습과 기품이 참 아름답습니다. 선생과의 깊은 인연에는 불교가 있었고, 불심이 함께했습니다. 그러기에 열정적인 삶의 시간을 같이 할 수 있었습니다

청련암의 벽화를 촬영하기 위해 수개월에 걸쳐 길일을 기다렸던 시간들과 그 벽화를 담기 위해 오랜 시간 몸과 맘을 정결히 하여 촬영에 임했던 날들이 주마등처럼 스쳐갑니다. 집 가까이 있어 늘 다니던 청련암에 그렇게 깊은 의미의 벽화가 있는 줄 미처 몰랐습니다. 금정구의회의 일원으로서 기쁘고 고마운 마음입니다.

우리가 살고 있는 금정구에는 범어사와 청련암을 비롯한 산내 암자들,

청련암 벽화를 촬영중인 사진작가 김천일

홍법사 등 문화재급의 많은 절이 있습니다. 이번 출판을 계기로 우리 주위에 방치되거나 흩어져 있는 문화재를 발굴하고 더욱 깊이 연구하는 작업이 꼭 필요하다고 봅니다.

6.13지방선거를 앞두고 함께 청련암에 올랐던 적이 있습니다. 선생과 함께 지장전에 촛불을 밝히고 저의 당선을 기원해 주실 때 진실로 그 마음에 타오르는 간절함을 보았습니다. 당선의 기쁨도 함께였고, 그 모든 순간들이 감동이었습니다. 당신은 저의 삶에 멘토이십니다.

선생께서 책을 출간함에 있어 조금이나마 도움을 드릴 수 있어 크나큰 영광으로 생각합니다.

더불어 이 책이 많은 이에게 감동과 삶의 진실을 찾는 길잡이가 되기를 기원(祈願)합니다.

김천일 합장

각주 脚註

※주1) **이븐 알렉산더**
의학박사, 뇌과학자, 교수. 뇌와 의식의 작용을 다루는 뇌의학 권위자이자 신경외과 전문의. 어느 날 심각한 뇌손상을 입고 병원에 입원한 뒤 뇌의 기능이 완전하게 멈춘 상태에서 천국을 경험한 뒤 '나는 천국을 보았다.' 라는 책을 썼고 20년간 뇌전문의로 근무한 의사의 구체적인 천국의 묘사에 미국에서 베스트셀러가 되었고, 전 세계 30개국에서 큰 반향을 불러일으켰다

※주2) **조지 해리슨**
1943~2001. 록밴드 비틀즈 맴버. 비틀즈 해체이후 활발한 솔로 활동. 인도 음악과 명상에 심취해 인도 전통악기인 시타르를 팝송에 접목한 곡 노르웨이의 숲을 비롯해 하레 크리슈나 Living In The Material World 등 발표

※주3) **비틀즈**
1960년 영국의 리버풀에서 결성된 록 밴드. 1970년에 해체되었지만 아직도 세계 최고의 록 밴드로 평가되며 그들이 발표한 곡들은 아직도 세계에서 인기를 누리고 있다

※주4) **카를로스 카스타네다**
1925-1998 페루 출신. UCLA 재학 중 멕시코 야키족 주술사 돈 후앙을 만나 전통적인 약초들의 효과를 연구하다 물질계 너머 불가해한 세계를 체험하여 책으로 출판 전 세계 800만 부 이상 팔렸으며, SF소설과 영화의 모태가 됨

※주5) **파라마한사 요가난다**
스티브 잡스의 아이패드에 저장된 단 한권의 책이며, 그가 매년 한 번씩 읽었던 책의 저자. 1920년 불과 28세의 나이에 보스턴에서 열린 세계종교회의에 인도 대표로 참석. 비베카난다를 이어 미국과 유럽에 요가를 전파함. 현재 전 세계 수천 만 명의 회원을 거느린 자아실현협회(S.R.F) 창시

※주6) 레드 제플린
영국의 록 밴드. 1970년대 세계적으로 큰 인기를 끌었으며 3억 장 이상의 음반판매고를 기록

※주7) 알리이스트 크롤리
잉글랜드의 오컬티스트, 마법사이자 시인, 등산가

※주8) T. 스폴딩
미국인. 광산기사. 1953년 95세를 일기로 사망. 1894년부터 3년 6개월간 인도, 티벳, 중국, 히말라야 일대를 조사하며 체험한 기록 "초인들의 삶과 가르침을 찾아서" 저술. 그가 만난 초인들의 단체인 백색형제단은 아직도 세계 곳곳에서 인간의 진화를 돕고 있음

※주9) 마하바타르 바바지
바바지는 존경하는 아버지, 마하바타르는 신의 대화신이라는 뜻으로 아직도 히말라야에 현존하고 있다고 함. 인도에는 많은 바바지가 있지만 최고의 스승은 라히리 마하사야에게 크리야 요가를 전수한 마하바타르 바바지이며, 이후 크리야 요가는 스리 유크테스와르와 파라마한사 요가난다를 거쳐 세상에 공개됨. 초인생활에 나오는 백색 형제단(White brother)을 이끌고 있다고 함

※주10) 바가바드 기타
'마하바라타' 라는 인도의 서사시 제6권에 속함. 아르주나 왕자가 사촌들과의 전쟁터에서 친구이자 마부인 크리슈나와 나누는 대화를 엮은 것. 겉으로는 전쟁이야기로 보이지만 속은 깨달음을 얻고 신과 합일하는 내용임.
깨달음의 과정에 사촌들과의 전쟁이야기를 끌어 온 것은 그만큼 깨달음을 얻는 과정이 전쟁터처럼 어렵고 그 과정에 나를 방해하는 것들은 사촌같이 가까운 존재도 과감하게 제거하는 용기가 필요하다는 것.

※주11) 노자(老子)
무위자연(無爲自然) 사상의 도덕경 저자. 중국 도교의 창시자. 노자의 어머니는 노자를 72년간 임신하고 어머니의 옆구리를 통해 세상에 태어났다고 함

※주12) 십우도(十牛道)
선의 수행단계를 소와 동자에 비유하여 10단계의 그림으로 표현하고 있어 십우도(十牛圖)라고도 함. 보명이 그린 목우도(牧牛圖)와 곽암이 그린 십우도(十牛圖)가 있는데 대개 우리나라의 절에 있는 그림은 곽암이 그린 것이 많음

※주13) **개운조사(開雲祖師)**
1790년 경북 상주에서 태어났다고 하는데, 아직도 지리산 어딘가에 살아 있다고 함. 다섯 살에 고아가 되어 외삼촌 부부에게 맡겨졌으나 아홉 살에 외삼촌 부부도 돌아가셔서 어릴 때부터 죽음을 벗어나는 방법을 묻고 다니다 열세 살에 출가함.
나이 삼십에 스승을 만나 온갖 어려움을 극복하고 수다원과를 얻음. 속리산 동쪽 도장산 심원사에 능엄경 주석본을 숨기고 지리산 묘향대로 감. 개운동 유서 예언대로 100년이 지난 1950년 양성스님이 천장 속 능엄경을 발견하고 책으로 출간 현재에 전함

※주14) **스베덴보리(Emanuel Swedenborg)**
1688-1772 스웨덴 태생. 광산학자. 과학자. 수학자. 철학자. '나는 영계를 보고 왔다' 등 50여 권의 책을 저술. 1780년 스베덴보리학회 창립. 발자크, 보들레르, 에머슨, 예이츠 등에게 영향을 끼침

※주15) **만트라**
진리의 말이라고 하여 진언(眞言)이라고 함. 영적 또는 물리적 변형을 일으킬 수 있다고 여겨지는 발음, 음절, 낱말 또는 구절. 비밀의 주문(密呪), 다라니(多羅尼)라고도 함. 정신적 깨달음을 추구하거나 사악한 영으로부터 보호하기 위해 사용됨

※주16) **비베카난다**
1862~1902. 인도의 종교가. 모든 종교가 근본적으로 동일하다고 주장한 라마크리슈나의 애제자. 서양에 요가를 처음 전한 개척자. 1893년 시카고에서 열린 세계종교회의에 인도 대표로 참석하여 행한 연설로 유명해짐. 1893년 인도에서 태어난 파라마한사 요간다가 그의 뒤를 이어 1920년 보스턴에서 개최된 세계종교회의에 인도 대표로 참석하여 연설로 주목을 받았으며 서양에 요가의 중흥을 이룸

※주17) **스와미 사티야난다 사라스와티**
1923년 히말라야 알모라 태생. 스와미 시바난다에게서 쿤달리니 전수받은 뒤 1956년부터 전 세계에 쿤달리니 요가 보급. 인도 비하르지역에 요가학교 설립하여 쿤달리니 요가 등 가르쳤으며, 이 책에 나오는 라제쉬 교수도 이 학교를 졸업함. 현재 히말라야에 은둔

※주18) **라마 크리슈나**
1836~1886. 인도 벵골 가난한 브라만 출신. 7세 때 신에 심취하여 황홀경 체험. 이슬람, 그리스도교 등 모든 종교를 연구 체험한 뒤 모든 종교가 근본적으로 동일하다고 주장. 그의 사상을 이어 받은 애제자 비베카난다가 그의 사상을 전 세계에 전파함. 장 크리스토프로 노벨문학상을 수상한 프랑스의 작가 로맹 롤랑이 쓴 그의 전기 '라마 크리슈나'로 많이 알려짐

※주19) **돈오돈수(頓悟頓修)**
한 번에, 찰나에 깨달아 부처가 되는 이론. 깨달으면 더 이상 닦을 필요가 없다는 이론. 반대인 돈오점수(頓悟漸修)는 깨닫고 나서도 계속 수행이 필요하다는 이론

※주20) **요한계시록**
신약성경의 마지막 책으로 예수의 열 두 제자 중 사도 요한이 작성 했다고 함. 말씀이 아닌 장면으로 보여주었다고 요한묵시록이라고 함. 앞으로 올 미래에 대한 예언서라고 하여 요한계시록이라고 함. 자세한 뜻에 대해 논란이 많으나 교회는 뜻에 대한 깊은 성찰보다는 교세의 확장과 유지에 주로 활용함

※주21) **다스칼로스**
1912년 터키 지중해 작은 섬나라 키프로스에서 태어남. 은퇴 공무원으로 보이나 대단한 영적인 능력의 소유자. 1978년부터 10여 년간 그를 가까이서 지켜보고 인터뷰한 미국 메인대학교 사회학자 키리아코스가 '지중해의 성자 다스칼로스' 책으로 펴내 유명해짐

※주22) **아잔 브람**
런던 태생. 케임브리지 대학에서 이론 물리학 전공. 태국에서 아잔 차 스님의 제자가 됨. 호주로 건너가 남반구 최초 보디나나 사원 세움. 2018년 현재 가장 영향력 있는 영적 스승 100인. 한국에도 자주 방문하여 강의함. '깨달음을 아무에게도 말하지 마라. 한번 말하면 평생 동안 자신이 깨달았다는 것을 증명하느라 인생을 소비할 것이다.'

※주23) **차크라**
산스크리트어로 '바퀴' 또는 '원형' 이라는 뜻. 인간의 감각, 감정, 신체 기능을 지배하고 있는 에너지 센터. 7개의 주요 차크라가 있음. 교감 신경계와 부교감 신경계와 연관되어 있으며 차크라가 막히면 여러 가지 질병을 유발한다고 함.
각 차크라는 고유의 모양과 색깔을 갖고 있으며 색깔의 순서는 무지개 색깔과 순서가 동일함. 실제 보는 경우는 드물며 깊은 명상 상태의 고수라야 볼 수 있음

※주24) **정감록(鄭鑑錄)**
조선시대 민간에 널리 유포되어온 우리나라 대표의 예언서. '송하비결' '격암유록' 과 함께 조선시대 3대 예언서에 꼽힘. 정감과 이심의 대화 형식. 정씨 성을 가진 진인이 출현하여 이씨 왕조가 망한다는 내용이 주류를 이룸

※주25) **화산파**
중국 도교 전진 화산파

※주26) **사성제(四聖諦)와 팔정도(八正道)**
　　아함경에 나오는 가르침. 고집멸도(苦集滅道)를 사성제라고 하는데, 인생이 고통스러운 원인을 집착에 있음을 알고 팔정도(正見, 正思惟, 正語, 正業, 正命, 正精進, 正念, 正定)의 수행을 통해 깨치라는 것

※주27) **박티요가**
　　신에 대한 헌신을 통해 신과의 합일을 추구하는 요가. 예수의 헌신과 사랑도 박티요가의 일종임. 결국 모든 수행의 마지막은 박티요가로 귀결됨

※주28) **브하그완 슈리 라즈니쉬**
　　1931~1990. 1960년대 철학교수로 이름을 떨침. 1970년대 제자를 받으며 정신 지도자로 변모. 성에 대한 개방적 태도로 비판 받음. 1989년에 오쇼 라즈니쉬로 개명. 마하무드라의 노래 등 많은 저술. 정신지도자로 세계적 명성을 얻었으나 말년에 온갖 치부가 드러나며 실망을 줌

※주29) **푸쉬킨**
　　1799~1837. 러시아인들이 가장 사랑하는 민족시인. 우리나라의 김소월과 비슷한 존재. '삶이 그대를 속일지라도'라는 시로 유명. 아내가 바람을 피운 남자와 결투 끝에 37세의 아까운 나이에 사망. 러시아의 페체부르크 푸쉬킨 카페에 가면 그가 결투 전 마지막 술잔을 기울인 자리가 있음

※주30) **크리야 요가**
　　라자요가의 최고봉. 히말라야 수행자들에게 내려오던 비밀요가. 마하바타르 바바지가 라히리 마하사야에게 전수하여 처음으로 세상에 공개. 라히리 마하사야-스리 유크테스와르-파라마한사 요가난다에게 전해 전 세계에 널리 퍼짐. 아직도 완전한 공개는 않고 있으며 오로지 자아실현협회(S.R.F)에서만 전수. 필자가 수련한 수련법 중 단연 최고

※주31) **다비드**
　　1868~1969. 프랑스 파리. 아나키스트이자 문화인류학자. 언어학자. 티베트를 방문한 최초의 서양 여성. '영혼의 도시 라싸로 가는 길' '티베트 마법의 서'로 유럽인들에게 티베트를 알림. 1917년 조선을 방문하여 해인사와 금강산 유점사 방문. 티베트에서 호흡법을 익혀 얼음 위에서 수련할 정도로 상당한 경지에 오름

※주32) **사주명리학**
　　당나라 때 이허중이 개인이 태어난 연월일시 사주를 근거로 길흉화복을 알아보는 방법으로 체계화했는데 이를 당사주라고 하고, 이후 송나라 서자평(徐子平)이 오행의 상생과 상극 개념을 사주와 결합하여 더욱 체계화함. 왕실과 소수 귀족 사이에만 비밀 유통되다가 고려 말에 우리나라에 들어옴

나의 책장(참고도서)

　내가 월급을 타면 제일 먼저 가는 곳은 부산 서면에 있는 영광도서였다. 한 달 동안 읽고 싶은 책을 메모해 두었다가 월급이 나오면 한꺼번에 샀다. 한 번에 대개 열권 안팎이었다. 어떤 책은 하루 밤새워 읽는 책도 있고, 어떤 책은 며칠이 걸렸다. 대개는 여러 권을 동시에 조금씩 번갈아 보며 한 달에 걸쳐 다 읽었다. 그렇게 36년을 보냈으니 내가 본 책이 적게 잡아도 3천권은 넘는다.

　작년에 고등학교 2학년이 된 딸이 국어 숙제라며 내 책장에 있는 책 10권만 적어 달라고 해서 바쁘다고 적어 가랬더니 한사코 나보고 적어란다. 다음날 숙제를 낸 딸아이는 국어 선생에게 불려갔다. 백지를 제출한 친구와 함께. 아빠의 책장 목록을 적어오라는 숙제였는데 같이 불려간 친구아빠는 아예 책을 읽지 않는 사람이었고, 내 딸이 불려간 이유는 책장목록의 진실성에 의심이 갔기 때문이다. 아빠가 직접 목록을 적었다고 하자 목록과 딸을 번갈아 노려보던 까칠한 국어 선생은 할 수 없이 딸을 방면했다. 뒷장의 목록을 보시고 국어선생의 심정을 헤아려 보시기 바란다.

바가바드 기타 _파라마한사 요가난다 해석_
나는 이 책을 매일 아침 명상을 끝낸 뒤 몇 줄 안팎을 읽었다. 많아도 한 번에 한 장을 넘기는 경우는 거의 없었다. 한 번 읽는데 6년이 걸렸고, 지금 다시 두 번째 읽고 있다. 이 보다 나를 행복하게 한 책은 없었다.

요가난다 영혼의 자서전 _파라마한사 요가난다_
스물한 살에 처음 이 책을 만났을 때 책 속에 등장하는 마하바타르 바바지께 나를 이끌어 달라고 기도했다. 그리고 잊었다. 그로부터 25년이 지나 나는 바바지가 라히리 마하사야에게 전한 최고의 크리야 요가를 전수받았다.

도를 닦는다는 것 _중국 화산파 23대 장문인 곽종인 대사_
내가 벽에 부딪쳐 헤매고 있을 때 빛이 되어준 책. 내가 세상에서 직접 만나본 수행자 중에서 최고수

예수와 함께한 저녁식사 _데이비드 그레고리_
안타깝게도 진짜 예수는 그의 식탁에 오지 않았다. 진짜 예수는 힌두교와 불교에 대한 이해가 훨씬 깊다.

놓아버리기 _아잔 브람_
영국 런던의 노동자 출신. 케임브리지대학에서 이론 물리학 공부. 1년간 고등학교 교사를 하다 태국에서 출가. 이러한 그의 경력 때문에 이 책은 기존의 종교서적과 달리 과학적이고 논리적이다. 공화(空華)를 가장 쉽게 설명한 책이다.

쿤달리니 탄트라 _스와미 사티야난다 사라스와티_
쿤달리니를 세밀하고 과학적으로 다룬 세계 최고의 책. 나는 이 책을 2003년도에 샀는데, 그때는 본격적인 수련을 하기 전이라 이 책의 진가를 몰랐다. 나의 지인 라제쉬 교수는 그가 창립한 비하르대학을 졸업했다.

나는 천국을 보았다 _이븐 알렉산더_
미국 보스턴에 있는 병원에서 뇌전문 교수와 의사로 근무. 희귀한 뇌손상을 입고 7일간의 혼수상태에 있었고, 의사들이 생물학적 사망 판정 직전에 깨어나 '나는 천국을 보고 왔다'는 책을 썼다. 아마존 종합 1위로 베스트셀러가 되었는데, 천국에 대한 그의 설명은 매우 구체적이고 논리정연하다.

산사에서 무예를 배우다_최종렬
양익스님의 재가제자. 매일 청련암에서 배운 내용을 인터넷에 올렸고, 책으로 묶어 펴냄. 양익스님의 가르침과 인생의 여정과 양익스님이 밀교를 만난 과정과 금강영관법이라고 칭한 이유 등이 있는데, 양익스님과 연관된 유일한 책이다.

성명규지_윤진인의 제자 쓰고, 이윤희 옮김
중국에서 내려오던 내단술을 집대성한 명나라 때의 책. 성명쌍수 만신규지를 줄인 것 이윤희씨가 옮긴 책은 믿고 읽어도 됨

국선도 123_청산선사 편저
산중에서 제자에게만 전승되던 우리 민족의 전통수련법을 청산선사께서 받아 1967년에 하산하여 보급한 책. 430가지 동작에 대한 설명과 각 단계별 과정이 상세하게 기술되어 있음. 내가 아는 한 전 세계 호흡 수련법 중 가장 체계적이고 부작용이 없음

삶의 길_청산선사
청산선사께서 어떻게 민족의 전통수련비법을 전수받았는지 이야기 형식으로 풀었음. 책 속에 있는 옛날 도인들의 이야기는 스승이 제자에게 한 자도 틀리지 않게 외우게 하여 전승된 이야기. 우리 민족 9,700년 숨결과 정신이 살아 있는 책

행복순환의 법칙_정광호
빛명상이 과거도 아닌 지금 현재에 엄청난 기적을 일으키고 있는데, 우리 사회는 너무 무관심하고 태연한 게 도무지 믿겨지지 않음. 여기서의 빛은 선도 수련의 빛과는 차원이 다른 빛이다.

태을금화종지_여동빈
중국 선도 책 중에서 가장 신뢰하는 책. 공화(金華)를 모르면 절대 이해할 수 없는 책. 심리학자 칼 구스타프 융이 서양인을 위해 해설서를 쓴 책

하버드 환각클럽_돈 래틴
1960년대 히피문화와 뉴에이지, 사이키델릭 문화의 뿌리를 알 수 있음. 환각제를 통해 님도 보고 뽕도 따겠다는 사람들. 편안하게 즐기며 의식의 변화를 꿈꿨던 실패한 사람들의 이야기.

나는 영계를 보고 왔다 _스베덴보그
1668년에 태어나 1772년까지 105세를 살았음. 300년이 지났지만 아직도 이만큼 영계의 세계를 자세하게 묘사한 책이 없음. 300년 뒤 의사이자 교수인 이븐 알렉산더가 묘사한 천국과 거의 일치함

정본수능엄경 _개운조사 주석
매우 두꺼운 책. 개운조사께서 주먹으로 바위에 쓴 글이 있음. 호흡 수련의 경험 없이 불교만의 시각으로는 이 책의 전부를 깊이 이해할 수 없음. 서두에 청담선사께서 쓰신 글이 유명함

초인들의 삶과 가르침을 찾아서 _베어드 T. 스폴딩
이 책을 처음 읽었던 게 아마 30년은 족히 될 듯. 그때는 이 책만 보면 잠이 왔는데 그래도 좋았는데 이유가 있었음. 책 속의 백색형제단을 이끌고 있는 분은 크리야 요가를 전수한 히말라야 마하바타르 바바지로 추측됨

참동계천유 _위백양 쓰고 이윤희 옮김
옮긴 사람을 신뢰하고 보면 되는 책. 중국 선도의 원조. 2000년도에 영광도서에서 구입했는데 이 책에서 뿜어내는 강한 기운 때문에 샀던 책

라마크리슈나 _로맹 롤랑
프랑스의 노벨문학상 수상작가 로맹 롤랑이 그의 평전을 썼다. 라마크리슈나가 얼마나 위대한 요기인지는 직접 인도에 가봐야 정확히 알 수 있는데, 그의 수제자가 바로 서양에 요가를 처음 소개한 비베카난다임

운명을 바꾸는 법 _정공법사 요범사훈
사람의 운명을 다루는 명리학의 종주국 중국에서 내려오는 운명을 바꾸는 비법. 공부하고 과오를 고치고, 선행을 쌓고, 겸손하면 운명도 바뀐다.

영혼의 도시 라싸로 가는 길 _알렉산드라 다비드 넬
1868년 파리에서 태어난 그녀는 102세인 1969년에 돌아가셨다. 금녀의 땅 티벳에 들어가 밀교의 정수를 배워 서양에 알린 책

티베트 마법의 서 _알렉산드라 다비드 넬
티베트의 신비가들과 주술사들로부터 밀교의 가르침을 받고 서양에 밀교수련의 실제에 대해 과학적이고 철학적인 학문적 시각으로 소개한 책. 티베트 밀교의 명상법에 대해 알고자 하면 꼭 봐야 하는 책

밀라레파_에반스 웬츠
티베트 밀교의 원조. 그는 열반에 들기 전에 이렇게 말했다. '인생은 짧고 죽음의 시간은 불확실하니 명상에 전념하라.'

우주심과 정신물리학_이차크 벤토프
종교와 명상은 과학적이어야 한다. 나는 이 책을 2006년에 샀는데, 이 책의 부록에 쿤달리니 증상이 있는데, 쿤달리니에 대한 과학적 분석이 돋보임

선불합종(仙佛合宗)_오충허
단전호흡법과 불법이 동일함을 풀이한 책

박희선 박사의 생활참선_박희선
참선을 과학자의 시선으로 풀이한 책. 나는 직접 서울에 있는 저자를 찾아가 생활참선을 배우고 1박 2일의 수련회에도 참가함. 배울 곳이 있다면 어디든 내가 가지 않은 곳은 없었다.

진씨태극권_진정뢰
나는 국내 진씨태극권의 대가인 동초스님으로부터 태극권을 배웠다.

돈보다 운을 벌어라_김승호
평생 연구한 역학에서 현대인에게 필요한 지혜를 뽑아 설명한 책. 나는 이 책을 세 번 이상 정독하여 읽었으며, 100권을 구입해 타인에게 선물함

카르마 경영_이나모리 가즈오
한국인이 가장 좋아하는 일본 기업인. 교세라 창립자. 어려움에 빠진 일본항공(JAL)을 정상화시킴. 명상을 경영에 접목시켜 성공한 기업가. 나는 가는 지점마다 직원들과 함께 이 책을 읽고 돌아가며 발표하는 등 그의 경영철학을 배움

제발 좀 조용히 해요_레이먼드 카버
내가 제일 좋아하는 미국의 소설가. 미니멀리즘의 대표작가. 나는 지금도 그처럼 쓸 수 있는 문장을 꿈꾼다. 세상에서 가장 낮은 목소리는 神의 목소리다.

겨 울 산

새벽 어둠을 저어 밝은 곳 골라 디디며
산을 오르니
고운 산까치 어둠을 찢고 반긴다.

혼자 산을 오르면 누구나 수행자가 된다.
인생이란 혼자 묵묵히 걸어가는 것.

그 끝은 늘 죽음이지만
영봉(靈峯)의 정상을 향해 오름은
찬란한 지복(至福)이요,
밝음이다.

9,700년 전의 천기도인처럼,
힘들게 한발 한발 오르는 건
정상에 닿을 수 있다는 믿음과
집념이 있기 때문이다.

마음속 부유하는 것들 떠나 보내며,
한발 한발 오르니
발자국 소리에 대오(大悟)한 아름드리 소나무
머리에 인 눈 털어 내며
어둠을 뚫고 여기저기 할!
무명(無明)을 깬다.

눈 덮인 산사(山寺)
스님마저 잠들었는가 정적(靜寂)한데
천년 넘어 한번도 잠든 적 없는 마애불(磨崖佛)에
깊이 합장하니
바람도 없는 허공에
맑은 풍경소리 영혼을 깨운다.

내 안에서 들리는 소리인가,
내 밖의 소리인가.
물어볼 틈도 없이 사라졌는데
그 자취 너머 얼핏 부처님 옷깃이 스친다.

어느새 산까치 떼로 몰려와
처음 맞는 세상의 아침을 깨운다.
여기 까마득한 날에 세상이 처음 열리는
고요한 아침의 나라에서.

- 2024 갑자년 새해